改变,从心开始

立品图书·自觉·觉他
www.tobebooks.net
出品

The Inner Sky

内在的天空
占星学入门

[美] 斯蒂芬·福里斯特 著　郭宇 译

云南出版集团公司
云南人民出版社

一个世界，一个人

—— 如果你能够感觉到这一点，那么这本书就是献给你的。

作者简介

斯蒂芬·福里斯特于1949年1月6日清晨3:30生于美国纽约州的芒特弗农市。早年天文学是他的主要爱好。有一次他在纽约市偶遇一位欧洲手相学家，这改变了一切。虽然他还是会每晚花时间拿自己自制的望远镜来观看夜空，但却从此开启了他对神秘学的兴趣。1971年他在北卡罗来纳大学教堂山分校获得了宗教学士学位，此后他就一直以占星为业。

斯蒂芬为大部分的美国占星杂志以及几份非占星的国家杂志撰写过占星技术性文章。

他还为两份非常流行的占星报告撰写了"The Sky Within"和"Skylog"的文章，这些内容都可以轻易从网络上找到。

他经常上各种广播和电视节目，著作已经被翻译成多种语言。

他在著名的欧米茄学院、纽约开放中心、马里恩基金会都进行过演讲，并为亚利桑那大学图桑分校的整体医学学院讲过课。虽然他会去世界各地旅游并做占星演讲和课程，但是他的主要焦点还是在自己的占星服务上。

2002年到2006年之间，他加入国际占星研究组织的道德委员会，帮助它撰写规范职业占星的道德条例。很多年来，他一直是美国开普勒大学顾问委员会的主席。

在教堂山生活了40年之后，斯蒂芬和妻子乔蒂最近搬到南卡罗来纳州沙漠的小镇博尔瑞戈斯普林。他们跟三只暴君猫：曼达、克莱斯沃和加图生活在一起。他们自己平时喜欢野营，照看花园，以及做音乐。

明日的新占星学——当下！

占星为我们带来的不是答案，而是问题。我们可以给出自己的答案。占星学提供的只是地图，而如何在这个地形里航行则是我们自己的事。占星学是技术性的，但它是生命的高等技术。它的象征是人类精神的一部分。现在，我们已经准备好走得更远了，准备好重新定义这些象征，将它们看得更加清楚，让它们跟我们经历的起起伏伏更加和谐一致。

对我们所有人来说，关键都是成长——也就是让我们能够更加快乐地回答自己的疑问，去改变，去进化。在我们的内在也许有像珠穆朗玛峰那么高的惯性，但是占星学必须对那一个可以改变的原子说话。它必须对我们内在的生命的部分，而不是停滞不动的部分说话。

感谢辞

我想要诚挚感谢以下朋友，他们每个人都让我写这本书的体验变得更加丰富，使这本书得以出版。

他们是彼得·古查底、梅勒妮·杰克逊、伯瑞·丹尼伯格、吉恩·斯通、米歇尔·安德斯、马克·彭菲尔德、詹妮·努普、迪克·福里斯特、宾尼·福里斯特、菲莉斯·霍凡和宝迪沃诊所的萨米·汉密尔顿。

我还要感谢多年来将自己的星盘分享给我的数以万计的人。没有你们，就没有这本书的素材。

最后，我要特别感谢我的好朋友劳雷尔·戈德曼、我的老师玛丽安·斯特恩斯，我的生活和工作的伴侣乔蒂·福里斯特。

一个人的疯狂和不正常的程度取决于他的个性和他的本质之间的分歧程度。

一个人对自己的了解与他真实的样子越接近,他就越拥有智慧。他对自己的想象跟他真实的样子相差越大,他就越疯狂。

——罗德尼·科林

目录

前言 ... 1

第一部分　基础

第一章　为什么要这么麻烦学占星呢 ... 3
　　形而上学的部分 ... 6
　　七大原则 ... 10

第二章　象征语言 ... 13
　　象征解读 ... 16

第三章　到底什么是星盘 ... 21
　　为什么东方在左边 ... 26
　　行星的运动 ... 27

第二部分　词汇

第四章　基本象征 33

　　年轮 35

　　是季节，而不是恒星 37

　　元素的舞蹈 38

　　模式 41

　　十二星座 42

第五章　星座 45

　　白羊座 45

　　金牛座 51

　　双子座 57

　　巨蟹座 63

　　狮子座 70

　　处女座 76

　　天秤座 83

　　天蝎座 88

　　射手座 95

　　摩羯座 102

　　水瓶座 108

　　双鱼座 115

第六章　行星 123

　　两个太阳系 126

　　逆行 128

	介绍各位演员	130
	逆行的意义	138
	不可见的行星	159
	冥王星之外	174
第七章	宫位	177
	每天的周期	178
	地平线	180
	子午线	182
	大十字	185
	宫位和星座	186

第三部分	句子	
第八章	解盘一：行星落入星座和宫位	225
	行星落在星座	226
	行星落在宫位	228
	策略	232
	五个步骤	233
第九章	解盘二：相位、守护星和月亮交点	237
	相位	240
	零度：合相	241
	180度：冲相	242
	90度：刑相	244
	120度：三合相	246

60度：六合相 … 248

次要相位 … 250

容许度 … 251

如何辨认相位 … 252

守护行星 … 256

月亮交点 … 261

第十章　解盘三：将所有元素放在一起 … 267

五个步骤——对三大巨头的分析 … 271

一个有用的技巧 … 272

上升星座的守护星 … 279

落在自己所守护的星座里的行星 … 281

跟太阳成合相的行星 … 282

星群 … 283

合轴行星 … 284

孤星 … 285

静止行星 … 285

强烈相位 … 286

保持焦点行星的全局观 … 287

月亮交点 … 288

第十一章　一个英国人的星盘解读 … 297

第十二章　梦见宇宙 … 323

常用占星词汇表 … 331

前言

20世纪50年代的时候，我还是个小男孩。有一次我往一个印有各种古怪图案的自动售货机里塞了一枚硬币，机器里面出来一份关于我的太阳星座（摩羯座）的特征报告。基本上，它说我是很害羞和紧张的，并且将来没有任何人会为我激动。不过它还说我很实际、勤奋，将来可能会很有钱，我就用后面这部分来安慰自己。

现在回头来看，我觉得这份报告让我的成长倒退了六个月。

害羞和紧张，的确没错，这说到点子上了。害羞是我当时无法逃避的日常事实。但是这份机器报告更进一步说，因为我出生在一月的第六天，所以我**注定**一生都要在害羞和紧张中度过。虽然它里面并没有使用**注定**这两个字，但是字里行间透露出的就是这个意思。

有多少人曾经同样被误导过呢？不知道从何时开始占星学偏离了正轨。如果以健康的形式，占星学可以是人类最珍贵的伙伴，它是最古老的心理治疗术。但是，逐渐地，"帮助别人"这个目标被"引人惊奇"这个欲望所取代了。

占星学的确可以让人惊奇。只要给出某个人的出生日期、时间和地点，任何一个人通过简单学习以后都能以较高的准确度描述出那个人的一般特征。也许会有一些误差，但是只有思想最不开明的人才会拒绝承认这种描述的正确性。

问题是，在这样的描述中，到底有谁得到了帮助呢？当然不是那个来问的人，因为他已经非常了解自己了。这样的互动最多不过是让客户感到开心，而占星者的自我得到了满足。而这样的过程产生的最大坏处可能是，这个人的一些令别人不快和令自我挫败的部分被禁锢和强化。"我当然会优柔寡断，因为我是天秤座的啊。"

其实占星学可以做得比这要多很多。

一个人的**出生星盘**是一个丰富的、充满生命的陈述，它充满了洞见、指导和警示。它描述的不是一种静态的宿命，而是一种流动的生命形态，充满了选择和风险。一个好的占星师不仅会让我们感到开心，还会激励我们去过更完整、更自信的生活，让我们获得一种更深的目的感，使我们对惯用的自我安慰的谎言更警觉。

现在，距离我将硬币放到自动售货机里并了解摩羯座的特征这件事已经过去很多年了。这些年来，我大部分时间都在学习占星学，让它来教导我。最开始的时候，书本是我的老师。但是我越研究人，就越发现跟人相比，书死板得多。

我在发生改变，但是摩羯座并没有发生改变。看来有什么地方不对。所以我就停止了读书，开始了观察。

慢慢地我意识到：占星为我们带来的不是答案，而是问题。而我们可以给出自己的答案。那些很多世纪以来想要通过我们的出生星盘决定我们行为的占星家们找错了路。占星学提供的只是地图，如何在这个地形里航行则是我们自己的事。

几乎每一天我都要跟一个陌生人坐下来交谈，手里拿着他的出生星盘。这个人和他的盘合在一块总是会教我一些新的东西。他们中有些人是精神科医生，有些是磨坊工人，曾经还有两个是妓女。我通过占星学会了去看到不同的境遇表象下面的共同特征。我认识到这些共同特征中的最普遍的一点，就是每个人都有"让我的生活变得不一样"的渴望。我也学会了去帮助人们成长，让他们能够以更快乐的方式来回答自己的问题。

成长才是关键。这就是区分真正占星学和算命的地方。一个天秤座可以学习去作决定。一个摩羯座可以学习去放松。发生这样的转变是每一个真正的占星者的目标。而对一个算命先生来说，发生这些转变是令人丢脸的，是他的系统中不受欢迎的漏洞。

需要一种新的占星学吗？也许吧。我们都站在前人的肩膀上。我尊重那些创造了我所从事的这个领域的传统的人，但是这个传统按照现在的样子发展已经变得阻塞和僵硬。现在，我们已经准备好再向前一步，我们准备好去提炼这些符号，将它们看得更清楚，以及更清楚地看到它们与人类体验潮汐涨落之间的和谐了。

任何读这本书的人都可以学会使用占星学。虽然真正的技巧需要通过经验来积累，但是一直以来笼罩在这门艺术上的"神秘"光环不过是一层烟幕。占星学是一门技术，不过它是关于生命的技术。即使是一个刚才还没有听说过摩羯座的人都已经研究过这些符号很多年了。它们是人类内在的一部分。

我们在这里学习的不过是一门新语言。这门语言的形式可能会有些陌生，但是其背后的含义就像呼吸一样平常。

那我们为什么要学习占星学呢？这是因为占星知识加上一张准确的出生星盘，可以极大地提升我们的敏感度。它是我们生活的罗塞塔石碑（罗塞塔石碑是一项幸运的考古发现，根据罗塞塔石碑，一位法国人于1821年才第一个译解了埃及象形文字——译注）。它能够解开密码。我们生命中的混乱、痛苦和看似的偶然性，可以在我们眼前化为一个有秩序的系统。而一旦我们掌握了这个系统，我们就不会花那么多时间在生命的河流里逆游而上了。

为自己去学习占星学，你就可以作出更好的选择。将它优雅地分享给别人，不要说教，那么你会成为他们更好的朋友。你能够拨开长久以来困扰着你的迷雾，也能够帮助你所爱的人拨开他们的迷雾。不管你是自己研究还是分享它，我向你保证这都会是一次通向一个未知之境的引人入胜的旅行，其边界就是宇宙和个人意识相交的地方：心灵。

斯蒂芬·福里斯特

于北卡罗来纳州教堂山

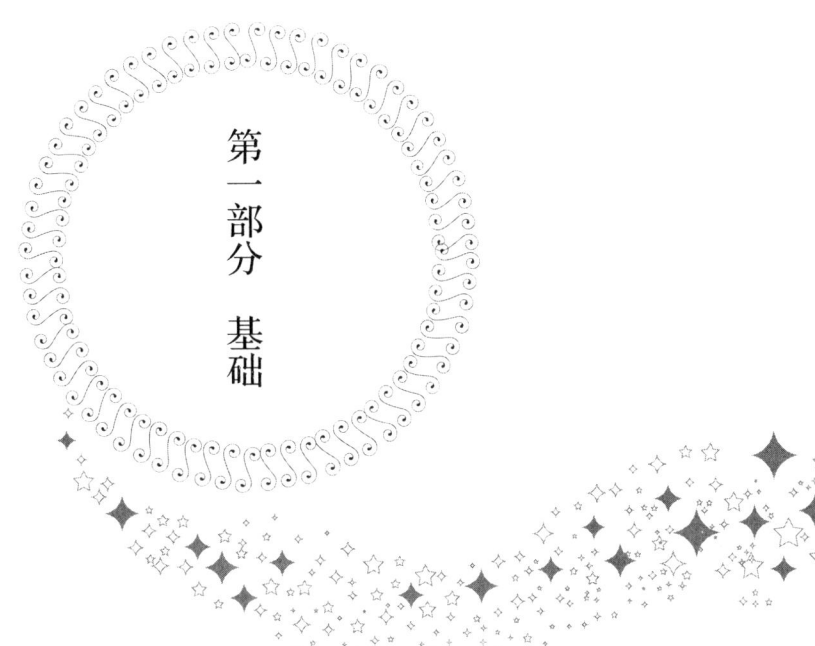

第一部分 基础

第一章 为什么要这么麻烦学占星呢

人是在变的。然而有一个假设却像病毒一样在大部分的占星著作中传播：人不会变。"天蝎座就是性感的，但是不可信赖；摩羯座是勤奋的；双鱼座是博大无边的，但是太散了以至于无法维持日常生活的收支平衡。"即使在一些高阶教材中我们也会发现类似的断言："一个有负面相位的金星暗示盘主会乱交。"——无法改变的，僵硬的断言。从托勒密到琳达·古德曼（琳达是美国近代畅销占星书作者——译注），占星符号都被解释为心理体系中的组成部分。我们在出生时会拥有这些被祝福或者被诅咒的部分，一直到我们死。

这是谎言。生命中有一种未确定、无法预测的因素，这种因素对算命先生来说是一根想要拔掉的刺，然而对任何正向的、帮助人进化的占星方法来说（或者说对任何准确的方法来说）却是一块基石。

占星学已经被误解和扭曲得如此厉害，以至于这个词的真实含义早已遗失。关于这个，我们可以将一部分责任推给那些通常的坏家伙，但是大部分责任却应该由占星师自己承担。通过他们对这门符号学所进行的传统解释，通过他们对预测未来的痴迷，现代占星学已经变成人们讥讽它的样子。大部分像这样的占星学的确是可笑的。我们要承认的是，在文化圈子里，做一个占星家就好像是承认你在看肥皂剧，或是订了一份《国家讯问》（美国的一份八卦小报——译注）一样令人羞愧。我们这些从事这门艺术的人虽然可以为此哀痛和抗议，但是最终还是要承认一个事实：这种状态虽然如此令人尴尬，但的确是我们自己造成的。

占星学只是一根指向真相的手指。就像任何其他语言一样，它只提供一种整理我们认知的方法。当它被最好地运用时，它可以帮助我们更加诚实地面对自己；而当它被最坏地运用时，它会在我们和我们的真实体验之间筑起一道墙。它想要有价值，就不但要能反映出生活的真相，还要能够有益于我们不断成长。如果占星学不能给我们的头脑带来激光般的锐利，让我们的心敞开，那么它就失败了。

要如何做到呢？当然不是通过一张列有各个星体特征的清单。

因为我们不是机器人，我们是人。我们没有在出生的时候被不可改变地程序化，注定要不停地播放我们星相图的磁带一直到电池耗尽为止。不过，这是我们的一个选择：我们可以选择让自己变得机械而单调，行为仪式化，迟钝而可预测。但是我们也可以作出别的选择。做一个人就是要成为可变、易变、不确定的。做一个人就是要成长。

即使我们内在的惰性像珠穆朗玛峰那般庞大，占星学也必须对那一个可变的原子说话。它要对我们内在生命的部分，而不是停滞不动的部分说话。

每一个占星象征所代表的可能性都像光谱那般丰富；每一个出生星盘都包含着上万种性格的可能。这就是这个体系的关键。

一个人可以以一种没有想象力的方式来对自己的出生星盘作出反应，也可以以一种活跃而有创造性的方式来反应。他的反应方式永远是无法预知的。不存在一张好的出生星盘，或者一张坏的出生星盘。也没有一张进化的星盘，或一张未进化的星盘。没有一张正常的星盘，也没有一张精神分裂的星盘。

占星学能够帮助我们的只有三点。它能够告诉我们"自己所能达到的最快乐的生活是怎样的"；它能够告诉我们"为到达那里都有哪些工具可以使用，以及如何使用它们"；当我们走偏了的时候，它也能够提前警告我们"自己的生活可能会变成什么样子"。除了这些之外，我们可以确定的是，所有的选择都在我们自己手上，没有一颗行星或者一个星座代表某种特定的命运。

这些观点一旦确立，我们就可以选择去听星盘所带来的信息，还是忽略它。那就是我们自己的事了。不过，即使我们选择忽略它，生活迟早也会给我们带来相同的信息。

那么，我们为什么还需要占星学呢？其实没有理由。很多人没有它也活得很好。所有通过星盘可以了解的东西也可以从其他地方被了解。去进行心理治疗、跑到一个西藏的寺庙里去冥想、去恋爱、去发掘一座遗失的城市——这些事情中的任何一个都可能让你达到对自己的了解。占星学只是通往自我了解的一条路。而且像其他所有路径一样，它有自己的优势和劣势。

占星学的最重要的优势就是迅速。如果没有占星学，我们可能要在各种已经设置好的虚假真理和空洞的梦的程序中跌跌撞撞走数年，而无法找到关于"我们自己是谁"的准确信息。心理治疗可能会加速这个过程；一次轰轰烈烈的婚姻也可以加速这个过程；一次将我们推到忍耐极限、将我们所有的一切都剥除、只剩下最真实的自己的冒险也可以加速这个过程。

但是所有这些过程都是需要时间的，而且每一个都有其陷阱。而一次占星解读，或者读读这本书，只需要花一个下午。在两到三小时之内，一个新的自我意识层次就能够产生，用其他方法则可能需要耗费数年时间。

那么占星学有什么劣势呢？所有这些美好的信息可以从一个耳朵进，另一个耳朵出。就像心理治疗无法改变一个人一样，占星学也是如此。人只能自己改变自己。

形而上学的部分

进行任何占星学的讨论时，只需 10 分钟，你多半就会碰到一些很难回答的问题。"我的占星师告诉我必须面对这些事，为什么呢？如果我不想这样怎办？"这些问题很快会上升到很高的高度：生命的目的是什么？我为什么会在这里？是谁（如果有这么个人的话）最初把我抛进了这个世界？

形而上学和占星学想要回答同样的问题，不过其中还是有些区别。跟形而上学不一样的是，在占星学里，终点是寻求者，而不是他所寻求的东西。占星学不是神学，它很直接、真实，具有实践性。它只想帮助我们将我们的人格条理化，让我们变得快乐、清晰。在这个过程的后面，你爱挂什么哲学或者形而上学的"窗帘"都行。

让我们试两条"窗帘"，看看它们是否真的会有所不同。

"窗帘"一：我们不是原生质，我们是灵魂。纯粹的意识，永生的存在，在此以肉体的形式不断转世，并慢慢地向一个与上帝合一的状态进化。我们此刻的存在境况反映我们的内在状态。我们在出生之前有意识地选择了对我们的进化最理想的星盘配置。我们可能并不喜欢生活中的很多事，但它们可不是偶然的。每一件事都能被利用，每一件事都是一个祝福。我们的工作、人际关系、生活中的危机，所有的场景都是有意识、有目的地选择。

"窗帘"二：宇宙是完全随机的。150亿年前，氢云凝聚成了恒星，恒星开始烹调出更重的各种元素。一些碳原子结成了一块，然后它们自我复制，慢慢地跟它们周遭的环境产生了一些关系。我们称之为意识的东西是一种电化学现象，完全依赖于大脑的生理机能。大脑死了，意识也就死了。在那之前，我们可以享受生活。不过这并不容易，意识是很低效的，它创造很多静电干扰：神经病、内疲、强迫症。如果我们想要在这个随机的宇宙中从我们的意识里获得最大的愉悦，就必须消除这些能量泄露。

你看到这里面有什么实际区别了吗？

从哲学的角度来说，这两个模型差了十万八千里，但是从实用角度来说它们完全相同。不管我们在头脑中如何构建和理解宇宙，宇宙并不会因此而改变。我们可以在头脑里不断地将各个概念的家具挪来挪去，一直到我们的脸变绿，但是还会碰到一样的心理难题——困难就是困难，不管我们的哲学观是怎样的。

你可以选这两个模型中的任何一个，我们要做的工作都是一样的。

我们是灵魂还是肉体？从占星学的角度来说，标准答案是——管它呢。如果我们处在抑郁、嫉妒、孤独或者其他不愉悦的意识状态中，那么不管我们是核物理学家或者是印度大师，改变这个状况都是我们自己的工作。形而上学的角度也许可以帮助我们，如果是那样当然很好，但是那本来不该由占星学来提供，而取决于我们自己。

在占星学里，唯一重要的就是自我意识的增长。为了实现这种增长，任何一个解读星盘的人都必须对所接触到的每一个人的心智独立性和自我决定性给予绝对的尊重。可不要扮演自以为是的上师。占星师和顾客之间的关系必须是平等的。我们都同样面临自己的迷宫，没有一个人拥有最高的计划。

占星学能够提供的就是一张透镜蓝图，通过这个透镜我们能够看清这些人格迷宫。

从占星学的角度看，每一种人格都有一个理想的形式，这个形式通过我们出生时行星所在的位置来标明。虽然文化和经历对这个形式会产生一些影响，但是它的本质却来源于我们的内部，一个比礼仪和风格要深得多的意识层面。我们可以将这些根源看做是灵魂经过千万次的转世而被扭曲或定型的，我们也可以将它们看成是由基因轮盘的随机指向所产生的。这都没有关系。这些根源确实存在，它们代表了一些需要和倾向的模式，我们的社会人格必须能够反映这些模式才能够让我们的心得到宁静。

宁静是主观的。但是宁静并不会自动升起。我们必须为之努力，将我们的外在人格跟内在本质协调一致。我们必须放开那些困扰我们的社会剧本。我们必须成长。

占星学是快乐至上的。它是即时的，不属于道德范畴的。对它来说重要的就是快乐。它是一面反映生活的镜子，它观察但是不介入。事实是：我们很痛苦，我们想要感觉更好。占星学可以帮助我们做到这一点。

它怎样做到呢？通过提醒我们自己是谁。自从我们学会了如何看电视，就被困住了，从此社会一直在努力塞给我们一些价值观、英雄和神话。当然，我们没有必要去谴责这些，只要知道它们大部分是不自然的就够了。在一个敏感、熟练、善于表达的占星师手中，一张星盘能够带我们越过那些陷阱，帮助我们避免成为一个被中央集成制造的人。在一转眼间，形成我们独特人格的盲点、渴望、创造冲动都被展现出来。而这些跟塞给我们的不自然的价值观、英雄和神话都截然不同。

再重复一遍，通过占星我们可以做些什么呢？让我们看到本质的自己，这可以使我们充满活力。它帮助我们作出更好的选择。我们能更有效率地照顾好自己，我们能够区分那些我们真正想要和被迫想要的。这将使我们更加快乐。

没有必要去谈开悟或者自我实现，快乐就够了。这就是占星学的真正目的：给进化中的自我一面镜子，好让我们看到那些我们内在深处已经知道的东西。

通过占星学我们能够俯瞰组成我们生活的大量细节。我们站在自己的性格之外而短暂地观看自己个性的核心——所有的细节都围绕着它旋转。

我们看到了自己。

七大原则

七个基本原则形成了任何以成长为目的的占星学的主要架构。任何一个偏离这些原则太远的人或者文字都很可能是占星学的恶业，而不是占星学的未来。

1. 占星符号是中性的，没有好的，也没有坏的。

2. 每个人应该为自己如何去体现自己的星盘而负责。

3. 没有一个占星师能够仅仅通过星盘来判定一个人会如何展现他的星盘。

4. 星盘是一个人可能达到的最快乐、最满足、最灵性、最富有创造性的成长之路的蓝图。

5. 所有对这个理想成长模式的偏离都是不稳定状态，通常都会带来无目的感、空虚以及焦虑。

6. 占星学里只有两点是绝对的：生命本身所拥有的不可去除的神秘性，以及每个个体对这种神秘性的独特看法。

7. 当占星学跟任何一种哲学或者宗教结合得太紧密时，它就受到损害。在占星学系统中，除了一个人的自我意识，没有什么是真正重要的。

这七个原则都很基本。去掉任何一个，或者扭曲任何一个都会让整栋建筑轰然坍塌，沦为算命。

我们是自由的。宇宙的力量和人类意志共同以一种敞开、共时的方式运作，它们之间的结合所造成的结果无法预测，就像一个孩子的性格无法通过了解其父母来断定一样。

一切都归结于此：占星象征是动词，而不是名词。我并不是摩羯座，我正在成为摩羯座。成长、改变、进化，这就是占星的核心。把宿命主义和僵化留给那些算命先生吧，我们的工作不是这些。

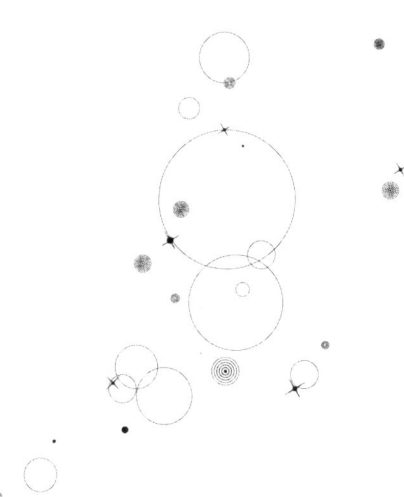

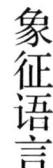

第二章 象征语言

　　星座、宫位和行星。三种截然不同的象征。三种词汇。它们形成了占星学的神圣三位一体。它们每一个都有自己截然不同的目的，回答截然不同的一系列问题。没有它们三个，占星学就不存在了。缺少它们其中的任何一个，占星学就只有宽度和高度，而没有了深度，它就会像你所翻动的这张书页一样薄了。

星座和宫位是一块运作的，让我们先理解它们，然后再把行星加进来。

从广义的角度来说，星座是**身份**，而宫位是身份运作的**场所**。星座揭示了心理构架，需要和恐惧，态度和偏好，并将这些展现在宫位中。宫位代表问题和事件，是我们必须面对的任务。

星座代表了**心识里**发生的活动。每一个星座都是一个成长模式，是一个人高度认同的成长模式：变得更加勇敢，更多意识到他人的需要和担忧，发展出心灵的敏感度或者冥想技巧，或者消除依赖所带来的负面影响。

宫位则更加具体，它们代表**心识所观察到的内容**。它们中的大部分都是可见外在行为的舞台。其中一个代表我们的社会和文化环境，让我们思考自己在其中所扮演的角色；另一个代表我们称之为亲密关系的领域；还有一个表示我们的物质或者经济状况。

有一些宫位的外在表现则没有那么活跃，但是它们总是象征了一种人格**之外**的东西，一种**我们必须意识到**的东西。比如说，其中的一个代表了无意识心识的存在。

行星是占星象征的第三个维度，它们代表了**心识的真正结构**。每一颗行星都代表一种**心理功能**：心智、情绪、自我形象、与人亲近的冲动。

将所有行星放在一起，你就有了一份个人的心理地图。它和历史上的很多其他心理地图一样。比如说弗洛伊德就将心识划分为自我、本我、超我。占星家则以同样的方式来区分水星、金星、等等。

就像弗洛伊德的心识模型一样，行星地图也是空白的。它描述了心理的各个面向，但是它并没有说在每个面向里有什么。每一个人都有一个自我，但是其程度和特质不尽相同。同样地，水星（语言能力）在一个人那里可能会比较强，在另一个人那里则比较弱。同样是心智功能，但是在两个人身上有不同的运作。

想要理解一颗行星是如何运作的，我们必须在星座和宫位的背景下来看它。一个积极进取的行星可能落在一个代表发展勇气过程的星座里，这就是一个有力的结合，会造成一种明显的积极果断的个性。但是那种积极果断如何显现出来？我们会在哪里看到它呢？

想要知道这一点，我们就需要去看宫位。星座和行星的动力就在那里被释放。这种积极果断也许会清晰地表现在事业领域；也许会表现在婚姻和友情里；又或者没有外在的表现，而正在生活的某个隐秘地方持续燃烧着。所以这个问题只能够在宫位里得到解答。弄清楚这三种象征——星座、行星和宫位——之间的互动，是解开个人星盘秘密的钥匙。

简单来说，这三种象征系统回答了"**什么**"、"**怎样**"、"**为什么**"以及在"**哪里**"的问题。永远先看行星，它代表"**什么**"，它让我们知道自己在考量心识的哪个面向。然后让星座来决定这颗行星想要什么以及通过什么方式来达到这些目标——也就是"**怎样**"还有"**为什么**"。最后看宫位，它回答"**哪里**"的问题，准确告诉我们战斗发生在生活的哪个领域。

比如，假设我们分析的那张星盘，金星落在处女座和第六宫，我们如何分析呢？在第八章里我们会详细学习这些组合，不过现在让我用一个具体的例子来解释一下这些抽象的说法。

金星是行星，它的"**什么**"，就是**建立人际关系**的能力。在这个例子里，金星被处女座的"为什么"和"怎样"所驱动，这是什么意思呢？就像我们会在第五章当中学到的那样，处女座的"为什么"，是达致完美的努力，而它的"怎样"包括无止境的分析。马上我们就知道，这个人在关系当中有一种理想主义的倾向，但是这个人必须学会不要因此变得过于挑剔和苛求。爱情和友情中的责任可能容易履行，但是忍耐和原谅必须经过有意识的培养。而这些戏剧可能会发生在"哪里"呢？就是第六宫，我们称之为工作的那个领域。所以，在这种情况下，那些金星在处女座的人，情绪特别容易受工作中的合作关系影响；也是在这里，这个人最可能遭遇来自长期情感关系的发展压力。换句话说，他倾向于在他的工作中（第六宫）遇到他最好的朋友和生活伴侣（金星），并且在一系列处女座的动机和需要的驱动下进入这些关系。

如果这一分析让你有些困惑，不要担心，当你读完后面的章节，了解星座、行星和宫位的基本含义之后，就很容易理解了。就目前来说，你只需要记住：行星意味着哪个面向的心识（**什么**），星座意味着有哪些需要和策略在驱动这颗行星（**为什么**和**怎样**），而宫位则准确告知这颗行星—星座组合会在生活的哪些领域表现出来（**哪里**）。

象征解读

星盘是个了不起的工具，但是想要使用这个工具你必须学习一种已经遗失的艺术。你必须成为一个象征解读者。

解读，这是占星学的核心。将星座、宫位和行星的信息编织在一起，看它们互相交织，如何给彼此添上自己的味道，互为加强，互为削弱——这就是占星师的艺术。

解盘是一种艺术。它不是一个科学的步骤，不是一种通过背诵来完成的过程。它不是机械的，不是像换汽化器和解微分方程那样的技巧。创造、灵感、直觉，它们是这个系统内核的生气。没有它们的话，一个人永远无法从一张星盘中找到意义。

心识是活生生的，就像身体一样。所有器官都会互相作用。如果我们头痛，它也会影响我们的胃。如果一个人按摩我们的脖子和肩膀，也许两个问题都会消失。占星学也是如此。如果我们的水星很痛，这个失衡会显示在我们的星座和宫位上。我们必须学习将星盘作为**一个整体**理解，就像一个好医生将身体作为一个互动系统看待一样。

这就是解盘的第一法则：看到整体。我们不能将一个象征放在真空里看。

但是整体总是非常复杂的，就像心识一样。一张出生盘是一个人内在的多维象征。没有两张星盘是一样的。很多人的火星在水瓶座或者金星在第四宫，这些是基本的片段或者碎片，它们组合在一起构成了心理。这种碎片的数量是有限的，但是它们组合在一起的方式却几乎是无限的，就在这无止境的变换之中占星学显示出它的生命。

没有任何书本能够将所有可能的碎片组合都描述出来，那些组合太多了。我们必须用其他方法来解读一张星盘。我们必须学习这门语言，我们必须熟悉所有的基本词汇——每一个星座、每一个宫位、每一颗行星。只有这时我们才能理解它们的相互作用。

学习解盘就像是学习说法语。如果我们只在巴黎待一周，那么记住一本简易手册里面的常用语就行了，我们就能够找到洗手间，不会吃坏肚子。但是如果我们想用这种语言来交流，那么我们就要用另外一个策略。我们必须记忆词汇，学习语法，开始自己造句。

大部分的占星资料像外语常用语手册，它们包含了很多对"碎片"的常规解释。土星在处女？请查看第39页。海王星在第四宫？第122页。每一种配置都从理论上列举出来了，好像它是独立运作的一样。当我们把这些解释放在一起，我们只有一锅大杂烩。我们就像那个拿着外语常用语手册在法国旅游的人，突然遭遇到一个手册没有涵盖的场景，顿时语塞起来。

很快我们就会具体研究一个英国人的星盘，他的太阳落在天秤座第六宫。如果是传统的占星常用语手册，就会说这个组合意味着他是一个优柔寡断和顺从的人。继续看盘，我们又会知道他的月亮落在叛逆的水瓶座，第一宫里有爆炸性和易怒的天王星。在那本手册的相应章节里，它又告诉我们这是一个自负、固执而有自由精神的人。这两种特征的并列很奇怪。

我们可以迅速从这种占星常用语手册中查到结果，无须学习新的思考方式，唯一要做的只是查找就好。我们学习像电脑一样运作，吐出一段段早已准备好的关于每一个占星配置的解释。如此得出的结论很差，这里面没有生命，它们不会成长或者改变，并且自相矛盾。以这种方式来练习占星，就像是用肢解的尸体来构建活人一样。这里是一只胳膊，那里是一个鼻子、一只眼睛、一颗牙齿。我们甚至可以将所有的部分重新缝在一起，但是我们骗不了任何人，我们只有肉和骨。

一台电脑能够描绘一张星盘，但是它永远无法有效地解释星盘。要做到后者，我们必须像对待一个活生生的人一样，去对待一张星盘。心智、情感、肉体、直觉都要顾及，我们必须对整体进行考量。我们必须学习文字和构建句子，背诵短语无法帮助我们。

学习这门语言真的不难。我们所有人都是占星师，只是我们还没有学会那些词汇。那个拿着外语常用语手册在法国旅游的美国人是一个理智的成年人，她知道公车是什么，还知道政治，能分辨街道和黑胡同，她只是不知道如何用法语来表达它们。只要借助语言上的一点指导，她天然的智慧就会开始自我表达。

像这个旅行者一样，我们都拥有天生的占星能力。我们所有人都具有水星的功能和双鱼座的内在特质。我们都是由同样的材质构建而成的。我们现有的标签可能会不同，但这些都只是用词而已。不管我们用什么来称呼自己的这些部分，我们从出生起就一直带着它们生活，一直在学习它们。我们只需要学习一些新的词汇而已。

从语言的角度来说，占星是简单的。一共只有10颗行星，12个星座，和12个宫位，加起来34个单词。掌握了它们，就好像你高中法语成绩是A，而你现在正飞往巴黎，在那里，虽然不会有人认为你是法国人，但是你的法语还过得去。

你现在拿的这本书不是一本外语常用语手册，而是一本语言课本。前面的章节是词汇课程，通过它们你将熟悉星盘是什么，熟悉各个星座、宫位和行星，然后我们就会继续学习造句。当你读完这本书，如果你一直很认真，那么你所学到的东西就不只是去列一个相互矛盾的特征清单，你将学会说一门新的语言，一门动人的古老语言，一门精准的语言。它会扩展你的想象，加深你的敏感度。它会像匕首一样锋利，像阳光下的水晶一样清澈。

第三章 到底什么是星盘

星盘是占星学的三个基本元素——星座、宫位和行星——独特的排列形式。虽然在占星学之中只有三十几个单词,但是当我们加入语法和句法时,它们的组合数量几乎无限大。星盘代表的是个体的特定组合形式。

从物理上来说,一张星盘就是一幅地图。它显示一个人出生时太阳、月亮以及行星在天空中所处的位置。让我们首先看一张后面会详细解析的星盘,盘主于 1940 年 10 月 9 日晚上 6:30 左右，在英国曼彻斯特出生。那些散布在图上的神秘符号代表了太阳、月亮以及行星。这些符号是**图像字符**，就像速记法一样，为我们省略了很多笔墨。

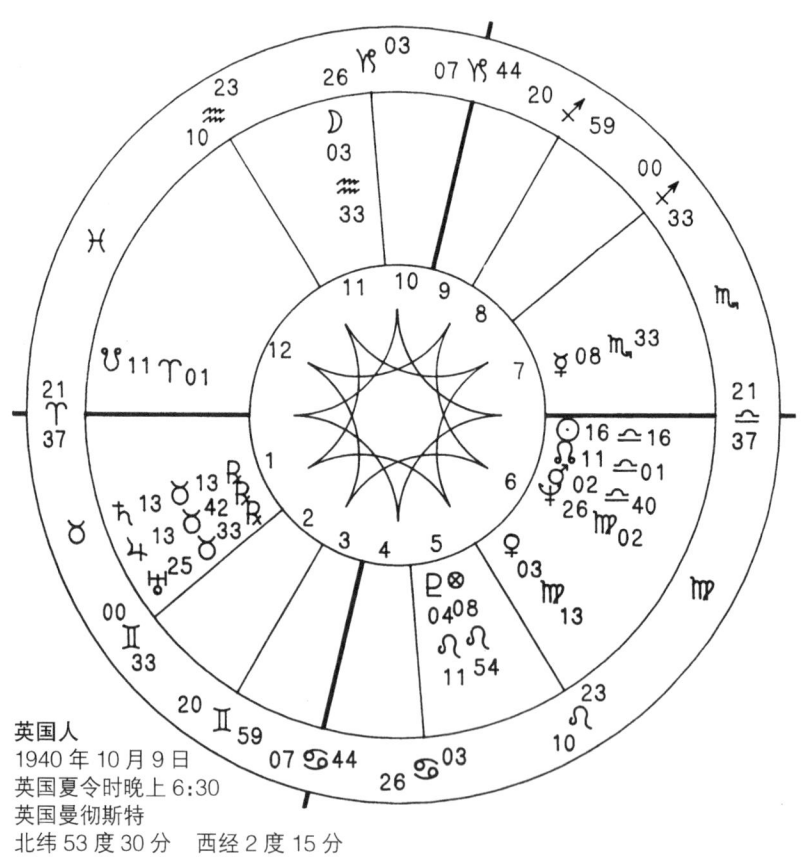

它们是：

太阳： ☉   木星： ♃

月亮： ☽   土星： ♄

水星：	☿	天王星：	♅
金星：	♀	海王星：	♆
火星：	♂	冥王星：	♇

这张星盘中间的水平线是当地的地平线，所有那条线之上的星体在这个人出生时都看得见，而所有那条线下方的都在地平线以下，在他出生时是不可见的。这条线的**左边**代表**东方**，这跟地图的通常设置是相反的，原因我们稍后会解释。

在英国的秋天，晚上 6：30 是太阳刚落山的时候，如果这个地图是准确的，我们应该看到太阳刚好在西地平线之下一点点。我们的确在那里找到了太阳的符号——一个圆圈中间有一点——它在星盘的右边，地平线以下一点点。

我们熟悉的新月符号落在星盘的左上方，月亮在黄昏发出光辉，落在东方的半空。

其他就没有什么看得见了。除了月亮，只有光芒微弱的水星在西边，但它的位置很低，很可能被地面的雾霭所遮蔽。所有其他的行星都藏在水平线以下。

比萨饼般的十二瓣是宫位。（在内圈里你看到的数字即是对应宫位的。）在这个盘里，太阳落在第六宫，这只是太阳落在西水平线下的一种花哨说法。而说一颗行星落在第九宫或者第十宫，就是说它们在天空中央。所谓在第三宫或者第四宫，就是在水平线以下的最低处。

你在星盘上看到的其他东西都跟星座有关。那些外圈的数字和符号显示了他出生时星座所在的位置。（对那些喜欢搞侦探的读者来说，盘主的身份是要注意的第一个线索，他不是一位女士。）

就像行星一样，每一个星座也有一个图像符号：

牡羊座：	♈	天秤座：	♎
金牛座：	♉	天蝎座：	♏
双子座：	♊	射手座：	♐
巨蟹座：	♋	摩羯座：	♑
狮子座：	♌	宝瓶座：	♒
处女座：	♍	双鱼座：	♓

在星盘的最左边，就在月亮附近，你会看到数字21，下面是白羊座的符号。这表示这个人出生的时候，落在东边地平线上的是白羊座，更准确地说，是落在白羊座的21度——每一个星座都有30度宽。

星盘外圈的其他数字告诉我们，在这个人出生的那一刻他的各个宫位跟星座之间是怎样的对应关系。这到底是什么意思？后面我们会更仔细地探究。就目前来说，只需想象星座就是巨大的宇宙空间的间隔，它们由星体所标识。当地球转动时，它们看起来就好像是在升起和落下一样。某一刻，白羊座可能在升起，12小时过后，白羊座又落山了，而与它相对的天秤座又在升起了。虽然每一分钟这些数字所代表的星座、角度都在发生改变，但是在某一刻，每一个宫位开始的地方总对应着一个星座角度。换句话说，每一个星座总在某一个地方，可能在地平线之上，也可能在地平线之下。那些星盘外圈中的符号和数字告诉了我们各个星座所在的准确位置。

每一个星座的大小都相同——30度，一个360度圆的十二分之一。宫位则不是这样，它们的大小不一，虽然有时候为了方便起见，很多星盘使用大小相等的宫位。有时候，我们会看到一个宫位将一个星座的整个30度都包在其中，就是说这个星座被宫位整个吞掉了——它完全没有跨越两边的**宫头**，这被称为**截夺**。在刚才的那张盘上，我们看到四个星座被截夺了，比如说第十二宫，它的宫头在水瓶座的23度，完全吞掉了双鱼座，而它结束的地方是白羊座的21度，也就是第一宫宫头的位置。

每一颗行星都会落入一个星座和一个宫位。我们可以找到它所在的宫位——它落在哪一块比萨区域里？想要找到这颗行星所在的星座，可以看它外圈上的星座符号。在这张星盘上，金星在第六宫，外圈上是处女座的符号，这表明金星处在处女星座的区域里——更准确地说是处女座的4度。而知道它在第六宫，我们便知道在这个男人出生的那一刻，处女座已经转到了地平线以下，并且金星在其中。

有些人一开始会混淆星座和宫位。一个分辨它们的好办法是记住宫位跟当地的水平线相连，而星座跟宇宙空间相连。当地球旋转时，看起来**各个星座在绕着地球转**。因为行星也在空间中，所以它们也会一起随着星座转，在东边升起，在西边落下。我们通过星座和行星的**宫位变化**来记录它们的升起落下，这也描述了它们以当地地平线作为参考点相对地球的位置。换句话说，星盘中的宫位只是空的槽，每一颗行星和每一个星座都会在围绕地球转的24小时之内完全通过它们一遍。

为什么东方在左边

你有没有注意过为什么太阳总是在南边的天空里？我们只注意到它从东边升起，从西边落下，但是它总是出现在南边的天空里。

这是因为我们在北半球，我们在地球的"上半部分"，所以我们要向"下"看才能看到太阳，也就是向南方看。在澳大利亚的朋友，则需要向上，也就是向北方看才能看到太阳。如果我们在南半球卖房，宣传一个房子"朝南"可不会吸引任何人，因为那将意味着它总是背对阳光。

在我们北半球，太阳每天在运行的最高点总是多少偏南的，所以星盘的最高点是一个南方的点，而不是北方的。南半球的星盘看起来是一样的，但是计算方法稍有不同。澳大利亚的读者也能使用这本书。

因为南方在上面，所以星盘的绘制是"上下颠倒"的，这一开始可能会让

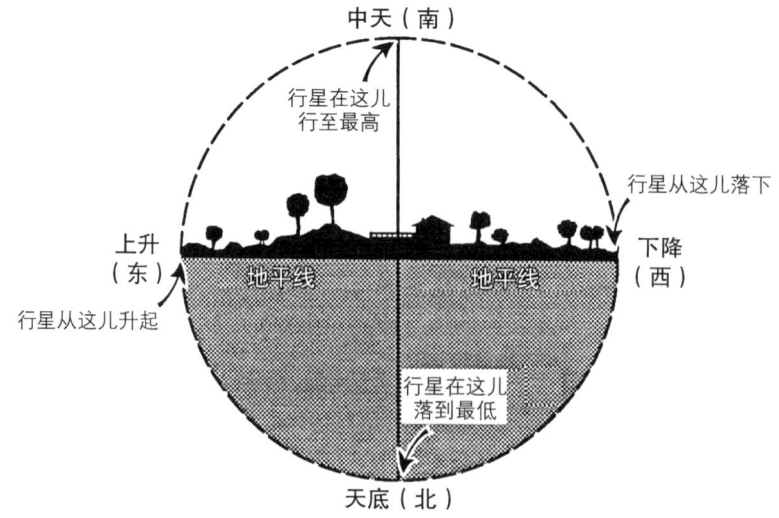

人不习惯。但是另一个选择只能是让地平线以上的行星出现在星盘的下方，这只会更糟，所以我们必须学会习惯这种上下颠倒的思考方式。

出生盘的自然翻转就使得东方在左边，而西方在右边了。所以行星会从星盘左边升起。这个升起的点，我们称之为**上升**。与之相对的那个点，水平线的右端，就是行星落下的地方，被称为**下降**。

中天就是星盘的最高点——正午时太阳所在的位置，而**天底**则是它相对的点——半夜太阳所在的位置。

行星的运动

在一天之中，太阳、月亮以及其他的行星都会升起并落下一次。换句话说，他们会通过十二宫的每一宫。发生这种现象是因为地球在围绕着地轴自转，这跟行星本身的运动毫无关系。

但是行星本身也在运动，它们围绕着地球转。如果我们每天晚上对比它们相对于附近恒星的位置，就会发现一些细微的变化。将你两手的大拇指并在一起，然后向前伸直，两手所成的角度就是月亮**相对于那些恒星**每一天会移动的角度。所有其他的行星会移动得更慢，不过它们的确是在运动。

如果我们花几年时间去记录行星的运动，我们会发现它们保持同一个轨迹。它们从白羊座运行到金牛座，然后是双子座，依次通过这些我们所熟悉的"出生星座"。我们绝不会发现金星在仙后座，也不会发现火星在猎户座，那是不可能的，因为它们不在行星的运行轨迹上。

行星所运行的轨道被称为**黄道**，它被等分为 12 段，也就是 12 个星座。占星学星座和天文学星座有一样的名字，但是它们之间并没有真正的一一对应关系。这是一个很复杂的体系，我们现在无须搞得太清楚，只要记住行星相对于背景上的恒星在运动，而我们是通过它们的星座位置来计量这种运动。

大部分的行星运动是不规则的。水星在每个星座里大约停留一个月。在这段时间里，月亮会通过所有 12 个星座；而遥远的冥王星差不多没有移动，它甚至还可能逆向运动。

示范盘盘主的出生时间是 10 月 9 日晚上 6:30，那时太阳在天秤座——只需要知道日期我们就能判断这一点。太阳会一直在天秤座待到 10 月 21 日，其位置不会因为出生时辰而受到影响。不过知道时辰是晚上 6:30 的确有助我们了解一个重要信息，那就是天秤座的太阳刚刚下山。换句话说，它落在第六宫。

如果这个英国人再晚生几小时，太阳就会落到比地平线更低的地方去，它可能还会在天秤座，但会是在第四宫而不是第六宫。在这段很短的时间内，太阳在星座内移动的距离几乎可以忽略，但是它在宫位中的移动却完全地改变了星盘的状态。

这就是为什么**出生时间**是占星学中的一个关键要素。从出生日期大致可以确定行星和星座的关系，但是我们需要出生时间以完善宫位这个关键要素。

星座之间的相互位置是固定的。金牛座总是在白羊座之后，双子座在金牛座之后，等等。当一个星座移动时，其他的星座也会随之而动，并且是以一种可预测的方式移动。就好像我们在转一个马车的轮子，它的辐条上标了号，如果我们知道七号辐条在哪里，就能毫不费力地找到八号和九号。

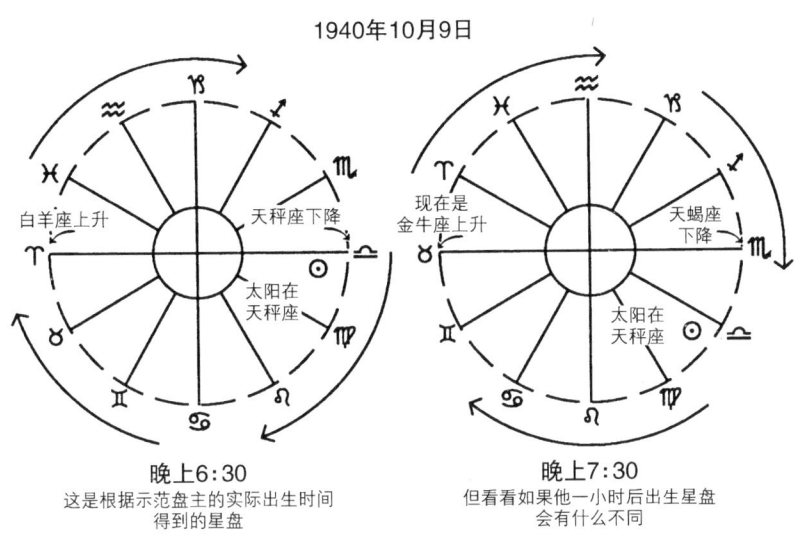

1940年10月9日

晚上6:30
这是根据示范盘主的实际出生时间得到的星盘

晚上7:30
但看看如果他一小时后出生星盘会有什么不同

在那个10月的夜晚，当太阳落山时，天秤座也在落山。在一年中的这个时段，太阳跟天秤座是绑在一起的，我们找到其中一个，就能找到另一个。

但是我们还能知道更多。因为天秤座在西方落下，所以白羊座——它对面的星座——肯定在东方升起；而双鱼座，白羊座之前的一个星座，肯定刚刚升起不久；金牛座，白羊座之后的那个星座，肯定在东方地平线之下，正准备升起。

这就像马车轮子的运作一样。

这就是星盘。我们对这个占星学基本工具的导读就此结束了。如果你已经掌握了上面几页内容，那么我们的示范盘中就没有什么让你感到困惑的了。

这张星空图虽然如此简单，但是没有哪个心识模型比这张地图更复杂。当我们开始将星座、行星和宫位的含意编织在一起时，就形成一幅挂毯般的图景，它包括了人类生活中所有的渴望和忧虑，所有的狂喜和恐惧。而每一个象征的组合形式——也就是每一张星盘，都是独特的。占星学以一种不同于任何宗教、任何心理学系统的方式，**描绘了这个人的画像。**

然而星盘只是一张天空地图，如此简单。它的象征并不出自某个人的理论。它高于个人成见，也高于任何文化神话。它来自于更深、更原始的地方，就像人本身一样，它基于自然。

第二部分　词汇

你可以学习一门语言的所有语法，但是如果没有足够的词汇量，你还是跟电线杆一样是个哑巴。占星学语言也是一样。我们可以记住一些实用的短句，学习用这种方法来进行一些最粗浅的沟通。但是，如果我们想要达到流利的交流，我们要买的第一本书应该是一本字典，而不是一本外语常用语手册。下面的四章就是一本字典。我们会在这部分定义34个基本的占星单词。在第三部分，我们会加入语法和句法。不管你是水瓶座还是狮子座，如果你想要说这门语言，你就需要学习所有这些内容。

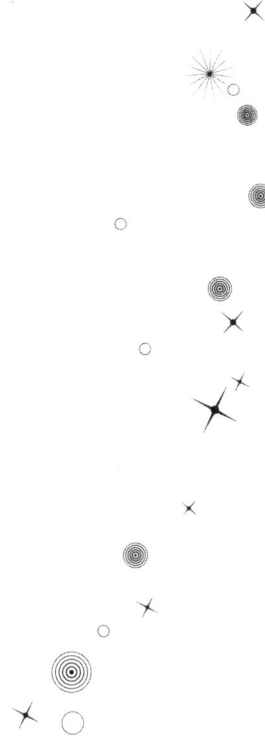

第四章 基本象征

　　天空，这是占星学的**基本象征**。天空是星盘这门复杂语言的基石。

　　但是它有什么含义呢？对天文学家来说，这个问题是没有意义的。他们会说天空只是**存在**而已。至于它的含义——那是诗人和哲学家会去探讨的问题，而不是天文学家。天文学家和占星学家之间的区别在于：天文学家想要知道天空的**形态**，而占星学家想要探寻它的**含义**。占星学是天文学的诗歌，它在意的是意义而不是结构，它在意的不是天空是什么，而是它在对我们说什么。

它到底在对我们说什么？想要回答这个问题我们无须成为亚里士多德或者叶芝，我们只需去看和想。在一个五月的夏夜，当我们看着天空中的银河，而流星划过牵牛织女星时，谁能不惊叹呢？不管愤世嫉俗者怎么去说这个时代的腐败，人们的心灵还没有变得如此麻木。

在古代，天空是神圣的，人们坚信上帝住在那里。这种神圣感简直是早期所有宗教中的共同点。我们的形而上学可能越来越成熟了，但是我们的心却没有改变过，天空还是能让它充满尊崇和敬畏。

占星学的基本象征，就是围绕着我们的巨大球形空间，它是尊崇和敬畏的象征，我们可能会称之为上帝的象征。它代表无限和完美，永恒和普适。无论美国、俄罗斯、欧洲、非洲——大家都站在同一片天空下，就像呼吸、性、死亡，它将我们联系在一起。它让我们想起了普遍的人性。天空代表着我们内在的那个有利位置，在那里我们坐着观看自己生活的展开，客观而淡然。

闭上你的眼睛，清空你的头脑，超越习惯、思维和偏见，去感觉那无法定义的、广阔的意识，不管你是一个原始部落成员还是一名宇航员，它都是你作为人的标记。这时你体验到了基本的象征，那就是无差别的意识背景，而人格——那个远比它脆弱和随意的结构——是从它里面浮出来的。

我们可能会称它为**灵魂**。但是占星学并不是研究灵魂的学科，而是研究人格的学科。占星学的力量在于它的精确性，它描述每一个人的个人现实的独特性。这一点是它的重点，而不是那些形而上学的东西。但是，在这个系统里的任何地方，我们都会发现人类感知的最重要部分：一种绝对存在感，一种自我超越的可能性。实在是令人陶醉！

想要将天空这个象征用在日常生活中，我们必须降低它的电压，将它分解为更合适我们日常狭窄体验范围的更小碎片。第一步就是将它从三维变成二维，从球形变成圆形。

年轮

两种物理运动造就了占星的象征，它们的运动轨迹都是圆形。第一个是地球围绕着自身的地轴旋转，第二个是地球围绕着太阳旋转。第一个圆产生了**宫位**，我们将在后面谈到它。第二个圆产生了星座的象征，而天空这个占星的基本象征就是通过星座而降临到地球上的。

如果我们每天天亮之前起床研究天空，就会很快注意到一种模式。每天早上太阳都会升入一堆恒星之中，如此经过几周时间，我们会看到虽然太阳每天从东方升起，但是它的第一缕光所触及的恒星却在逐渐改变。某天早上它升入一个星座，一个月后它升入另一个，然后又是另一个，一直如此直到一年之后它重新回到最初升入的星座。

这些是我们所感知到的事实，是我们所看到的。真实情况是很不同的。真实发生的情况是，地球在围绕太阳旋转。当我们在自己的圆形轨道的一边时，我们望向太阳，看到它在一些恒星背景中发出光芒；这一年继续往前走一点，我们看到太阳在另一些恒星背景中闪光。

太阳系是如此之大，直接描述它可能会让我们感到比较难以理解，让我们用更加熟悉的词汇来描述。想象我们在为一位朋友照相，我们让她站在屋子中间。从取景框里我们看到她站在一个很高的书架前面，她后面的书会干扰整幅画面。于是我们走到房间的另一边，在这个新的角度，她看起来是站在一面空白的墙之前，构图比先前好，于是我们按下了快门。

对太阳系来说也是一样。为了方便，我们假设太阳是静止的，我们围绕着它就像是一个摄影师在寻找好角度。但是我们却感觉好像自己是静止的，而太阳是移动的。为什么？因为当我们在自己的轨道上运动时，太阳的恒星背景在不断改变，就像我们的那个朋友一会站在书架前，一会站在墙面前，虽然她根本没有移动过。

地球总在"不断地寻找最好的角度"，因为它永远在不停地运行。所以太阳"围绕我们"的运行也永远不停。它从一个星座走向另一个星座，有规律地行进。它的运行轨迹自古以来就已经被描绘记录下来，我们现在称之为**黄道**，但它有一个更为古老的名字：**黄道带**。

黄道是占星学的基本象征——天空——的二维简化。就像天空一样，这个圆圈是永恒和无限的象征，比球形要简单，但因为还是太抽象而没有任何实用价值。

我们面临一个由来已久的问题：这个圆从哪里开始？我们如何分割它？答案存在于我们在占星中始终要用到的东西：我们的眼睛、心和常识。

地球围绕太阳的运行可以通过太阳背景中的星空变化来认知，但变化是很细微的。天文学家可能会注意到，水手也会，但是我们其他人无须这样一双注意细节的眼睛。季节变化会以一种非常明显的方式显现出来，天气变得寒冷，然后又变得火热。这些改变都因为地球围绕太阳的轨迹。

天文学的一个"转折点"标志着一个季节的开端。四个"转折点"使我们得以超越天空这个基本象征,它们开始击碎那终极的绝对,让它变得可以触及。我们通过它们来分割这个圆。

随着冬天而来的,是太阳更低,白天更短,夜晚更长。在夏天,这一切则是反过来的。如果我们记录每天的日照长短,一个清晰的规律会显现出来。在一年中的某一个点上,白天和夜晚的时间是一样长的,然后白天会变得更长。三个月之后我们会到达另一个转折点,此时白昼最长,夜晚最短。不过此后,黑暗开始慢慢拉长,逐渐削弱白昼。如此经过三个月,它们会再次回到均衡,白天和夜晚一样长。

在接下来的三个月,黑暗继续吞噬光明,而另外一个转折点会到来,白昼开始反击,最初很弱小,但是它的动能慢慢加大,如此三个月,光明和黑暗彼此相等,我们回到了最初。

这种地球光线的缓慢呼吸是基本的占星节奏,如果没有它,我们就无法从那个抽象的基本象征之中再向前一步了。

是季节,而不是恒星

占星跟恒星本身无关,它只是基于这种光线的变化,或者更简单地说,是基于季节的转变。那么白羊座、金牛座,还有摩羯座又是什么呢?这些是星座,而不是恒星。那么如果它们跟占星没有关系,我们为什么要提到它们呢?

一千年前，天象观察者注意到，在光明开始逐渐增长吞噬黑暗的那一天，太阳升起在摩羯座。于是这个星座被用来作为一个方便的太阳位置标签。这种知识能够实际地帮助我们的祖先，比如说计划种植时间。然而后来，这种方便被发现只是暂时的。

因为地轴的缓慢摆动，所以冬季的第一天太阳所在的位置逐渐从摩羯座退回到射手座，但是传统说法却不会轻易更改。祭司们习惯于说当地球进入冬季时，太阳进入摩羯座。即使冬天开始时太阳真正进入的星座变成了射手座，他们这么说也是对的。

这种移动对占星学来说没有什么问题，但天文学家会说："白羊座出生的时候，太阳是在水瓶座，所以你们读错了星座。"这里的问题是交流。当一个天文家说白羊座时，他们说的是一群恒星。而对占星家来说，白羊座却代表完全不同的东西，它代表地球绕太阳旋转的一个阶段，或者更简单地说，**代表某个季节**。

所以，星座象征的核心不是恒星，而是季节。通过夜晚长度的变化，我们标识出四个转折点来分割那个圆。于是无限被划分为四个有限的阶段，每一个都有其明显特征。

我们称这四个阶段为**元素**。

元素的舞蹈

火、土、风、水四元素来自古代的意象。它们是存在的四种基本状态，宇宙的四个面向。在我们内在，它们作为意识的状态而存在；在我们外在，它们被当做所有有形的和形而上进程的模型。它们跟季节有什么关联呢？

第一个元素产生于**光明与黑暗的均衡点**，这时的光有更大的动能，光正在增强，天文学称之为**春分**，我们大多数人知道它是春天的第一天。在占星学上，春分象征着**火元素**的诞生，它代表行动。就像春天一样，它是向外冲的能量，冲向宇宙，击碎所有阻挡它的东西。因为有其自己的目标，所以有绝不妥协的不可战胜性——这就是火，后面我们会看到它是如何体现在白羊座、狮子座以及射手座上的。

传统中，**土元素**在火元素之后，它由黑夜的核心升起，对应**冬至**，也就是一年之中黑暗最长的那一天。在冬季，我们在自然中看到的是一种严酷而持久坚定的精神。土元素象征着稳固和持续，它强调跟这个冰冷而坚硬的世界和平共处。实干精神和足智多谋是其特征。土元素是形态的维持和给予者，它体现在金牛座、处女座和摩羯座的那种不停建造、完善和成形的努力上。

在土元素之后是**风元素**。风元素出现在另一个光暗**平衡点**上。这时黑暗处在上升阶段，准备吞噬白天，我们称之为**秋分**，标志着秋天的开始。因为冬天就要到来，所以秋天有一种对灾难的预感。所有生物都感觉到黑暗的降临，感觉到死亡，这种恐惧提高了它们的警觉度。在风元素里，我们发现了感知、理性、联系—心智的功能，它有一种无尽的好奇、抽离以及非常清晰的感知特性。**风元素比其他任何元素都更加意识到在其之上还有未知。**一种探寻的精神驱动着双子座、天秤座和水瓶座。

水元素是最后一个元素，它是在光明最强大的时候出现的，是夏天的第一天，天文学家称这一天为**夏至**。夏天的时候，土地很适合滋养生命，自然仿佛一个具有保护性的子宫，即使是那些生命力较弱的物种也会获得一些悠闲的时光。水元素是**滋养和保护**的元素，在外，它表现为一种温暖；在内，表现为想象和直觉。基于其洞察和敏感的特质，**水元素的主要功能是感受**。巨蟹座、天蝎座和双鱼座是属于水元素的星座。

我们所有人都体现了所有这四个元素。它们在我们的内在互动，造就了我们的个体人格。人类性格类型的千变万化反映了这些元素之间关系的无限变化。

当一个人出生时主要受到火元素星座的影响时，他应当发展**意志**。如果将火元素特性翻译成心理学语言，那么就是勇气和意志力。

同样的道理，一个主要受土元素影响的人来此学习**耐心和自律**；而受风元素影响的人，需要发展出**警醒和清晰的认知**；一个主要受水元素影响的人，则需要学习**在极端脆弱状态下保持无条件的爱**。

没有一个人纯粹是某一种元素的体现，没有一个人会发现自己的功课都在同一个领域里。当我们发现自己风象的抽离特质需要跟自己的水象的情绪起伏相结合，或者火象的刺激和改变需求跟土象的稳固结合在一起时，我们才会看到这些象征的确是真实反映出丰富的人类体验的。

火、土、风、水也是抽象的。虽然从占星基本象征那无法理解的完美走到元素这一层次是一个巨大的跳跃，但它们仍处于远远高于日常生活的层面。想要让它们离我们的日常生活更近，我们必须将另一套基本音节介绍到占星语言里面，然后我们就能将这些音节变成文字。

模式

万物有生有灭，这是生命教给我们的最基本定律，没有一个定律比它更加无法违抗。在粒子加速器中，一个不稳定的原子被创造，在毫秒之间它就分解了。它的存在是如此短暂以至于我们只能够通过一些推测性的证据来了解它。一个孩子出生了，70 年之后，他衰老而亡，被埋葬地下。金字塔被建造时，一个文明在尼罗河流域被创造，它存在了 3000 年，开花结果，然后逐渐凋落解体。

原子、人、文化——有什么区别呢？只有时间长短而已。任何生命周期的核心特征是完全一样的。一个东西诞生，它以一个相对独特的形式存在一段可以测量的时间，然后死了。任何生命周期的这三种原型阶段组成了占星象征中的另一个基本要素：**模式**。

第一种模式被称为**基本**模式。它代表出生，一个周期的开始，代表创始。从无之中，有什么东西出现了。正是这种创造性的推动让新鲜的生命在一个已经稳定和封闭的宇宙中显现自己。

一旦生命出现，它就进入了第二个阶段，占星家称之为**固定**模式，它有一种稳固和延续的精神。个体在这种模式中最容易被辨认，它处在自己的成熟期。不过固定也可能代表顽固和迟钝，它是改变的对立面，是力量的典范。

这种稳固可能会持续片刻或者千万年，但不可能是永远。生命是会腐蚀的。身体会死亡，金属会生锈，文明会凋落。于是这最后一个阶段被占星家称为**变动**模式，它代表生命周期的终结，代表改变和调整，很多时候是完全的消融。

变动是一个非常重要的美德，它具有适应性，它能够随环境变化改变自己的形态。它所付出的代价是可能会失去自己的定义，变得没有形状。它可以死去。

十二星座

元素和模式，本质和变化，它们是如何相互作用呢？

火和土、风和水——这些元素远比我们的纪元要古老，超过我们通常可以理解的意识框架无数光年。我们存在于时间中，而它们存在于时间之外。一道不可理解的墙注定永远横隔在我们之间。

在模式之中，我们引入改变。当模式跟元素互动时，占星基本象征就进入了有形层面，它跟我们自己的节奏就同步了。模式强迫四种元素状态进入时间那不断起伏、倾斜的轨道，在这种结合之中，有12个孩子出生了。这些孩子就是应用占星学的命脉，它们就是星座。

它们是如何形成的呢？每一个元素都可以通过三种模式中的任何一种表现出来。比如说，水渐渐生成；然后它以一种稳定的形式存在，很容易被认出，并且很难改变；最后它还会消失。火、土、风也是一样。四种元素，三种模式，将它们交织在一起就出现了12个星座。通过它们，占星基本象征终于开始在日常生活的世界里运作，以白羊座、巨蟹座、天秤座等形式表现出来。

但这是双向的。星座是表达的通道，也是**回归源头、回到占星基本象征的路径**。它们提供了人格的有效描述，形成了人类性格类型的实用目录。但是它们也是**进化的方法**，成长的途径。

如果我们将星座当做性格类型，那么我们就是倒退，就还是在算命——"你是白羊座，那意味着你是勇敢和爱好冒险的。"而如果我们将它们看做是成长方式，那么每一件事都被转化了，我们就加入了可能性的调料，提供了一个更大的命运——"你是一个白羊座，你必须变得更加勇敢，你来到世界上是为了加强自己意志的力量。自从你出生，富有挑战性和可怕的体验就一直在追随着你，它们会一直跟着你，勇敢地面对它们就是你的挑战，你必须站起来面对它们。如果没有做到，那么你将只会遭遇惊惧。"

成长，冒险，战斗悬而未决的不确定性，这就是进化占星学。没有一个人纯粹是白羊座，那是荒诞之谈。星座是我们所有人都有的心理机制，我们每个人都体现了所有12个星座。我们之间的差别只在于各个星座特征的强度不同。再一次地，我们看到，占星基本象征是一个圆。每一张星盘都是一个圆。以某种方式，每一个星座都在我们每个人身上运作。

想要完全理解一个星座，会耗尽我们的心智。然而，跟一个人相比，星座却简单得像黑白卡通漫画一样。我们每一个人都是所有12个星座的组合。想象一个人没有白羊座的能量，就仿佛想象一个人没有情感一样，这是不可能的。一个人可能生下来没有手和脚，但是他肯定是一个人类；但是如果一个人生下来缺少金牛座或者双子座特征的话，那他可以说是像外星怪物一样奇异了。我们称之为狮子座的心理机制可能会占据一个人人格的主要部分，但是其他的机制也是存在的。巨蟹座可能会隐藏在暗处，永远看不到；双鱼座可能会一直都看不到——直到金钱问题碰到一些麻烦，或者直到这个人坠入爱河。每一个星座都一直存在，**等待着相应的触发**。

当我们将一个人性格中的中心主题单独提出来时，可能会得到一些很有用的洞见。但是当我们说"我是金牛座"时，我们就将自己等同于某一个心理机制，而将其他所有心理机制都排除在外了。我们将自己简化成一个纸娃娃。我们忘记了占星的基本象征。为什么大家会对太阳星座如此着迷呢？为什么我们总是听到有人说："我是双鱼座，你是天蝎座吗？"

虽然有些纯粹主义者会抗议，但事实上如果这个太阳星座系统没有一定准确性的话，它恐怕早就已经消失了。不过，就像任何类型学一样，太阳星座是一种大致的归类。说一个人是"狮子座"就像说他是一个外向的人一样，我们了解了这一点，但是还有很多东西我们不知道。

想进行简化的诱惑很大，不过这样做的代价很高。我们可能得到了类似纲要一样的清晰感，但却牺牲了占星学的真正珍贵之处——各种象征通过其矛盾性格来激发心识的能力。

下一章里没有一个星座是为了描述某一个特定的人的——虽然很多射手座可能早已跳过这些直接去读射手座那一章了。每一个星座都被当做一个"人格"来呈现，但是这个人格并不比20世纪30年代的西部英雄更可信。它们只是一个类型，一些普适主题的一个代表。再往后我们会看到星座如何跟宫位还有行星编织在一起，以无法比拟的精准度来描绘一个人。就目前而言，我们必须将注意力集中在比心灵强大得多的东西上面，那就是象征本身。

我们现在就开始学习这门语言。

第五章 星座

白羊座

元素：火

模式：基本

原型：战士、先锋、无畏者、幸存者

符号：♈

爱上帝，并做你想做的事。

——圣奥古斯丁

符号

撞击。低下头露出羊角，蓄势待发，凶猛的，不屈服的。这撞击是否会撞裂他的头颅？他不在乎。任何事情都无法让他害怕，任何事情都无法让他改变意志。对他来说，要么是胜利，要么在追寻胜利的过程中自我毁灭，只有这两种命运。其中一种会召唤他。

白羊座是**生命力**，是存在的意志。最初什么都不存在，随后出现了一些东西。生命突然冲出来，要求在虚空之中占有一席之地。这个过程是无所畏惧的、爆发性的、猛烈的，使人想起火山爆发，以及白热的恒星爆炸成星云碎片。

一只疯狗将你逼到悬崖边上，它犬牙毕露，口中含着白沫。你手中握着一把猎刀。它逼近你，嘶吼着，眼中泛红，闪着凶光。你振作起来，没有优雅和教养的假面可言，也没有语言，只剩下动物性的生存愤怒。你大叫着，直取它的咽喉。

你找到了自己的白羊座。

目的地

白羊座教导的是**勇气**。它代表通过**意志**而战胜任何威胁、障碍和疑虑的能力。白羊是我们内在那个去实现愿望的部分，它选择并且行动，其他的一切都无关紧要。蒙上眼睛跟鳄鱼搏斗？是的，如果那是我们想要做的。不过这有些离题了。白羊座的确是行为大胆的星座，这行为可能是任何冒险举动，无论它是多么聪明。但是其真正含义是更为深刻的，它代表了**存在的**勇气。

那意味着什么？用一个词来说，就是自私。这是一个很微妙的艺术。不是不敏感，也不是狭隘，不是去操纵，而是说："这是**我的**生活，我有权利去找寻任何我想拥有的体验。任何东西都不能阻挡我的成长，任何一个人、任何一种境遇都不可以，甚至我的恐惧也不可以。"

白羊座的终点就是欲望和行动的完美结合。这就是自由。不迷失在感受中，也不执著于促成决心的心理基础。唯一能吸引白羊座注意的就是塑造一种生活的意志力量。

策略

勇气必须被吓出来，无法通过其他途径获得。压力与勇气是很相配的一对。令人害怕的境遇并不会每次都让我们变得更加勇敢，但是没有它们，我们永远无法变得更加勇敢。

白羊座在找寻勇气。所以，它也吸引压力。它如何去面对压力是无法预测的，可能会坚决而创造性地面对，也可能会像兔子看到一台推土机一样逃掉。我们唯一知道的就是一定会有压力。

危机像阴影一样跟随白羊座。完全去做自己喜欢的事情，这种勇敢很难实现。它所制造的危机都很激烈，朋友可能会离开，权威人士可能会施以镇压。很多时候我们都是在一个更安全，不那么危险的地方去练习这种存在主义的勇气。这就是冒险。

现在想象一下我们被一根绳子悬在一面光秃秃的山崖中间。如果那根绳子没有问题，也系得很牢靠，而我们又不犯错的话，我们那天晚上很可能存活下来。然而在这种情况下，如果说不害怕，那我们肯定是脑子有问题。我相信大部分登山者都会同意，但是登山者学会了控制恐惧，可以在情绪压力中保持高效的工作。用另一种方式说，他们发展出了勇气。

爬山需要胆量，没人会质疑这一点。但是这是一个静态的论断，并没有说出此过程中的动态变化。一个占星师则会以另一种方式来表达它，会说爬山会**唤起**一个人的勇气。自然的情绪被克服了，意识结构也被改变了，所有这些都通过典型的白羊座的进化策略来实现：故意选择一个危机。

不管通过什么方式来实现，这种转变都是成长的本质。爬山是一个例子，而我们每个人都有自己选择的山要爬。对一个人来说，那可能是学习游泳；对另一个人来说，可能是质问专横的上司；对第三个人来说，可能是戒烟。不管一个白羊是否愿意迎接挑战，生活都会给他一座看起来再普通不过的山，而是否去征服它就是他自己的选择了。

白羊在渴望着什么。那可能是一种体验，通常还是危险的体验，它们就像寒冷长夜之后的朝阳一般吸引着白羊。这个渴望，不管它是什么，都是隐藏着的，它被包裹在恐惧的面纱之下。白羊的策略就是去揭示这个需要，不管它是多么令人恐惧，然后他要不惜一切代价去满足它。与恐惧同在，并且清晰而坚决地行动——这就是白羊的艺术。

资源

自然为白羊准备了山峰。白羊生来就具有好战性、活力和生存的本能，它的灵魂直接而热烈，坦诚、活跃、热情、独立，还有对权威的反感——这些是白羊的资源。

在敏锐的仔细观察中，你能够在星盘上出现白羊的任何地方找到好斗的倾向。这种好斗倾向有时是显而易见的，就像一个登山者奋力爬山一样；但是通常它的表现并没有那么明显，可能只是一种好辩。比如我们可能看到一个保护妇女权益或者环境的斗士，我们也可能看到跟自己内在的魔鬼不断交战的人——一个戒酒者，一个跟自己的噩梦交战的退伍越战老兵。通过星盘我们通常能够看到白羊的火会烧向何处。无论如何，一定会有一股战火，会有一个目标，这只是迟早的问题。对此我们可以肯定。

将那些即使是最温顺的白羊人放进一场危机中，我们也能够观察到一种冷静的、神志清明的气质。虽然在对压力的期待之下膝盖可能会颤抖，使他们晕倒，但是在那压力之下，真正的白羊特质会发出光芒。白羊的资源？不管他在这世界上穿着怎样的外衣，在那下面都跳动着一颗战士的心。有可能通过一场危机才能将它逼出来，但是它肯定在那儿。

阴影

一个漆黑的夜晚，一个昏暗的胡同，一个庞大的身体从远处模糊地向我们走来。在这样的情境下,我要是能有一个白羊座的朋友在身边会很好,或者更好的是,在我们的精神中有白羊座的太阳或者月亮在燃烧。

但是一个战士在和平时期该做什么呢?他无法在不抵抗任何外在威胁时保持自我形象。一个战士需要敌人,军队需要战斗。如果他们没有遭遇一个合理敌人的挑战,那么他们就会找一个不合理的敌人,于是可能是去反对他们本来要保护的国家。我们在白羊座身上会发现这种现象。他会战斗,这是一定的。但是没有人知道他的战斗是有助于进化的目的,还是无意义的冲突。

幸运的是,合理的敌人多的是。一次又一次地,白羊会遇到可怕的路障,可能是一个想要夺走白羊自由的权威者,也可能是各种困境的组合,有时候还可能是内在的软弱。通常路障以双方的误解形式呈现,而这种误解往往源自于白羊自己的紧张——这种特质常常让别人进入防卫状态。不管是什么样的路障,它们都必须被面对。如果对白羊来说有一种原罪,那么一定是胆怯逃跑。

这种战斗有一种模糊的吸引力。它可能帮助我们成长,但我们也可能因此变得很累。白羊也可以自由选择阻力最小的那条路,战斗必须是自愿接受的。

不管是哪种情况,白羊都是一块压力的磁铁,区别只在于选择什么样的压力。可能是对个人成长、接受挑战和征服高山有助力的压力;也可能是无止境的炫耀、无意义的争论——这常常是出于白羊自己的无聊、易怒和沮丧。

一个战士充满了战斗的热情,需要它来完成自己此生的使命。但是,如果他不去面对进化的危机的话,那团火还在那里,它不会熄灭。相反,它会带着本该用来解决真正问题的全部热情去攻击一个外在目标。

争论会发生，常常还会伴随着跟争论内容不相关的特别强烈的情绪。"你为什么一定要穿上那件糟透了的黄衬衣？"

这样，白羊座所有的猛烈、意志和勇气就被毫无目的地消耗了。朋友们被赶走了，婚姻失败了，事业也因为细枝末节的小问题而失败了。没有赢家。进化的、助推的火箭燃料像庆典焰火一样冲向天空，冒着硫磺和地狱之火，却没有任何意义。

选择了这条路的白羊因此而受伤，充满了饥渴和挫败感。他可能认为自己是正义的，也可能会可怜自己，不过他的问题总是同样的："为什么我总会让别人处于防卫状态呢？"

而答案却异常简单：这个战士打了一场错误的战斗。

金牛座

元素：土

模式：固定

原型：大地之灵、音乐家、沉默者

符号：♉

追求简单，但要学会不信任它。

——艾尔弗雷德·诺思·怀特海

符号

被白羊座滚烫的火炉烧得筋疲力尽之后,意识开始寻找清凉的池水、古老的石头的安慰、从绿叶间传出的疗愈的鸟鸣。它寻找宁静。它用交响乐取代高谈阔论,用寂静取代激情。精神不再被战斗之火点燃,它将饱经风霜的手伸进土地中,感觉种子、泥土和地球自身的肌体。

金牛座的符号就是一头公牛,不过不是一头对着斗牛士红布发怒的野兽,也不是一头凶猛的公牛,而是一头安静的公牛。在阳春四月,它独自站在一棵橡树底下,静静地看着绿草、太阳、牛群和大地。没有任何事情让它害怕,白羊的恐惧姿态消失了。金牛对自己的世界具有如此的掌控力,他是如此超越恐惧之上,以至于无惧本身对他都没有意义了。白羊的战争已经取胜。金牛获得了宁静。

目的地

五月初的悬崖顶端,暖风缓缓地撕扯着天上懒洋洋地堆积在一起的云朵,山茱萸绽放着,鹰在天空中毫不费力地盘旋着。你独自坐着,在温暖的空气中,感觉到身下被太阳烤得暖暖的石头,感觉到春天的触感如此让人舒心。在你面前山谷延展开去,开满了鲜花,如此肥沃的土地。农民在田地里忙碌着。牛在吃草。春天的绿色蔓延过犁沟,一直伸向远处的森林。

你在那儿坐了一小时,两小时,然后又是一小时。没有思考,只是感受。

没有什么问题在困扰你。你对生命的本质并不关心。在那个时刻，在那块石头上，在那些白云底下，你只是存在。语言不再必要。在那广阔的内在空间里，你的感受是什么？肥沃的土地在教给我们什么？永恒，安详，宁静；如何变得无限复杂但是依旧简单；如何变得无限深刻然而不需要去谈论它。

在那个时刻，你瞥见了金牛的目的地。找到那份安详，并且保持它，那就是金牛的任务。

策略

并非所有的金牛都热爱大自然。但是在山顶坐着是一个基本的进化方向。地球母亲就是金牛主要的老师。她抚慰精神，教导简单和平静。在树林中进行一次散步、在泉水边静静地待一小时、夜晚走过沙漠的灌木丛——这些比任何"说话疗愈"带给金牛的宁静都要多得多。

如果命运将金牛带到城市里，这并不代表一定会出现心理的灾难。纯正的金牛总是会选择乡村的舒适和安静，但是没有一个人会完全只是某一个星座的体现。其他力量可能会将一个金牛能量很强的人带到都市里，在那个环境里要维持宁静是更难的。对一个生活在都市里的金牛来说，定期离开城市是很重要的，可以是周末的登山或者在乡村的小旅店里待几天；有一间满是植物的屋子也会有帮助。一只猫或者狗也能够帮助他跟地球保持强烈的连接。

地球母亲有一个暗中的姐妹，如果我们看到她们中的一个，另一个肯定也离得不远。她是金牛的另一个伟大导师，她的名字是沉默。金牛是所有星座中最沉默寡言的，那些被金牛能量所驱使的人发现说话是一件很难的事。他们的本质跟语言是相悖的，无法用语言来表达。沉默孕育简单，简单孕育宁静。金牛知道这一点，所以会直觉地避免说太多话。

外在的宁静不容易获得，内在的宁静——金牛真正的目标——就更难获得了。但是还有一个导师会提供一个策略，让人感到矛盾的是，她是音乐。当我们被一段旋律的音符所催眠，完全沉浸在倾听之中，会发生什么？有几秒钟，那头脑中一直在持续的说话声静默了，这短暂的宁静来自于听贝多芬还是齐柏林飞艇（英国摇滚乐队——译注）并不重要，无论哪种情况，头脑都停止了自言自语。对金牛来说，这就是一切。

当我们听音乐时，我们静默下来，当我们演奏音乐时，这个效用更明显。对金牛来说，在淋浴中歌唱，或者来段即兴口琴演奏，就是最好的进化策略。在一屋子人面前演奏一段肖邦练习曲，当然也有同样效果，不过这只有在我们将公开表演时的所有自满、造作和紧张都置于演奏音符的享受之下时才能发生。

在所有的星座里，金牛是最物质的。他想挣脱头脑中脱缰的想象所产生的巨大压力，而扎根在物质世界。在肉体上感觉肉体；手伸进泥土中；手指轻抚一把上好的旧小提琴；用黏土、油漆来创造；或者即使是打扫房间；或者切菜，都是自我疗愈的活动。他要通过身体抵达，他不会超越肉体，而是纵情于其中、发光于其中、欢庆于其中。

金牛必须要去碰触，这是最基本的。他通过他的感官、皮肤、指尖来找到世界，他永远无法只是通过他的头脑来找到它。我们感觉到大地在我们的脚下；听到音乐在我们的耳朵里；感觉到伴侣的身体贴在我们的身体上。生命的本性？谁知道呢？谁去想它呢？管它呢。完美的此刻就是生命的本性，谈论只会给它再次罩上面纱。

资源

对戏剧化的反感，对复杂性的怀疑，这些就是金牛的资源。他本能地寻找那些能够让他找到自己的简单宁静的环境。一份稳定的工作，一个可靠的关系网。金牛耐心地、绝对实际地编织着一个茧，在这个茧里面，他的工作有条不紊而不可阻挡地进行着，就像石钟乳在缓慢生长一样。

詹妮有一个新的心理医生，他擅长的是新弗洛伊德轮回式疗法，詹妮很高兴在这么多年黑暗的摸索之后终于找到了最终的答案；比利现在的印度名是巴关，这个名字比他上个月的印第安名还难念；山姆找到了上帝；安找到了高潮；乔找到了自己。

对金牛来说，上述行为都是在发疯。他耸一耸肩膀，觉得此刻就活得很好。他向后躺在自己的皮椅上；他感觉着苹果脆脆的口感；他看着自己的孩子；他感觉到自己房子的坚实，感觉到自己身体的健康。并且，在无法言说的内在深处，在一个无法探测的沉默部分，他能感觉到一些其他星座无法感觉到的东西。

他感觉到敬畏。

阴影

不朽的庞然大物通常都是金牛所找寻的宁静的象征：比如山，还有大橡树。它们指引着他。但是他也许会忘记这一点，而只是去累计物质安全感。这就是金牛的阴影。他找寻的是内在安全感所孕育的宁静，但是却可能被宁静的外在映射所迷惑：金钱、财产、地产、退休计划。

安全感并不邪恶，它不是问题，但是它可能会构建出一种对金牛产生致命吸引力的"愚人的黄金"。如果金牛屈服于安全感的诱惑，那么它所有永恒的宁静都会毁灭，取而代之的只有一种麻木的、扼杀精神的稳定。金牛能够让自己无聊至死。

对金牛来说有一个十字路口，是他迟早都要面对的。一方面，他看到一条物质安全的路，是可预测和稳定的。它很可能是一条诚实和道德的路，对所有人都无害——除了对金牛自己。另一方面，他看见一条令他激动的路，一条会给他带来成长和改变的路——不确定，不安全，但是令人心动。它给金牛带来一个基本的难题：生命是一个防卫性行为还是一个进攻性行为？我来这里是为了成长还是为了安全？

安全感也可能造成头脑的停滞，我们在这里发现了人们常说的金牛的顽固。如同所有的固定星座一样，金牛是意见坚定的，虽然有时候一开始并不明显。很多时候他表面上安静、没有太多意见，但是可不要将这错认为是软弱无力，因为在安静的下面有一个钢铁的意志，给金牛带来了一种能力——完成任何他决心要做的事情。但是这也会带来一种不变通。

顽固可能会造成体验的狭隘和没有想象力的反应，让人无法进行那种存在主义式的、凭着信念的纵身一跃——而这正是生命的基本要素。我们成长并改变，在此过程中，我们的自我形象以及与之相应的态度也必须改变。金牛可能会在这方面失败，就像那些指引着它的古老的山一样，金牛可能会说："我昨天、今天和明天都是一样的。"

然后所有一切都失去了。

双子座

元素：风

模式：变动

原型：见证者、教师、讲故事者、记者

符号：Ⅱ

斩杀自己！将自己整个儿融入直观所见，去看、去看、去看！

——鲁米

符号

双胞胎，他们是谁？兄弟、姐妹、灵魂伴侣、爱人、两个存在体，无可救药地绑在一起，彼此都充满了好奇，但是也被一堵无法穿透的误解之墙分开。

他们怎么做？他们说话，他们倾听，他们扫视对方，为了发现线索、有意味的手势和暗藏的影射。没有什么能逃过他们的眼睛，没有一个细节是无可察觉的，没有一条线索是无迹可寻的。

设想一个炸弹在拼图工厂爆炸了，一千幅拼图被炸成一百万个碎片，散落在地如纸屑一般。两个疯狂的天才准备攻克这个难题，两人都保证在第二天天亮前将五百个拼图拼装好。

想象一下这种情形，那就是双子。

目的地

翻到任何一本讲太阳星座书籍的双子座这一章，你都会在第一段中读到**交流**这个词。对双子来说，说和听是关键问题。但是想要理解他们，我们必须走得更加深入一些。双子座所对应的心理机制还包括更多东西，那就是感知——世界与我们交流的方式。我们通过看、感觉、听和闻来感知包围着我们的千变万化的景象，倾听别人的话只是那个巨大挂毯的一根线而已。

双子生来就要感知，要将自己沉浸在观察之中。稳固——这个对金牛来说最重要的特征——对双子来说却是一种对立的特征。这个星座必须保持在运动之中。有这么多的东西要去看，去了解，一分钟也不能浪费。就像一个孩子只有10分钟却要去扫荡一个玩具店一样，双子匆匆地体验着，有时候是手忙脚乱地，而且通常都没有一个明确的计划，但他总是带着浓厚的兴趣。

机敏的智力对双子来说是很平常的，但是对智力的关注会妨碍我们理解自己此生的目的。对双子来说，思考只是附带现象，是一种附加功能。这个星座的主旨不是智力，**而是纯粹的感知，不是思考，而是看见**。双子是一个记者，而不是一个哲学家。未经消化的、感知的事实而非这些事实的意义，是他的食物。他只是想看到、想见证这个世界。在此过程中，一些想法和理解会升起，但它们不是重点。

揭开这个世界的奥秘、收集所有的线索、看到一切事物，这就是双子的目的地。

策略

看到一切！这是个不可能完成的任务。给一个人一百年的生命，给他 X 光的视力和电子耳、计算机的头脑，还有像四岁小孩一样高度活跃的能量，他又能看到多少？能看透多少生命？这就像是用一根针来勘探大海。不过这就是双子的任务。

双子应该如何前进呢？一个关键的策略就是过尽可能丰富而多样的生活，在一辈子里过三四辈子的生活，将可预测性和无聊当做不可饶恕的罪过，永远不让头脑停止成长。这是很难的。

我们都会在头脑中创造一些关于宇宙是什么样子的图像，而我们不喜欢与之不符的体验。一个医生不喜欢看到一个靠信念而成功疗愈的人；一个种族主义白人会觉得一个聪明的黑人物理学家对自己一点用都没有。我们创造图像，然后寻找证据来支持它。双子必须违反这个本能。不管他的观察多么地不可理解，他都必须努力去看。**双子必须允许宇宙不讲理。**如果他们是迷惑的，那说明他们走对了路，那只是表明他们所收集的信息超过了他们的理解能力。保持这种开阔的开放度、完全的接纳状态，对这个星座来说是最重要的进化策略。再一次地，我们看，更多地看，而不是思考。

生活是收集体验的一种方式，但是还有另一种方式。世界充满了体验，充满了人，每一个人都有一套独特的感知系统。双子消化这些感知，并将它们从较粗略的观察转成更加精细的形式：想法。但是怎么获知想法呢？它们被封锁在筋骨和大脑物质的围墙之后。

双子知道答案。想要获得隐藏在人们内心中的这些珍宝，**我们只需去问。**既然询问，就得精通说话的艺术，对双子来说，这是一个重要的进化策略。双子生来就要说话。

他们也生来要倾听，但是这项特质往往无法自动到来。机敏的心智，还有口才，对双子来说都比用心倾听来得容易。对那些出生盘有挑战而又直接的双子，他们可能会打断别人，替他们说完剩下的话。而在出生盘更柔和而敏感的双子身上，这种模式可能没有那么明显，我们可能会发现他们很安静，对我们的看法显得很感兴趣。但是他们的想法早已跑远了，虽然他们跟我们进行眼神接触，并频频点头，但是并不知道我们在说什么。事实上，他们早已断定了我们要说什么。他们此刻只是在研究我们的鼻子，想着这个鼻子跟他们在高中时看见的某人的鼻子一样。

沟通是双向的。双子必须记住这一点。我们要说出自己知道的东西，但是有时候我们会听到一些自己所不知道的东西。**倾听、理解这个世界，这是双子的策略**。只有当讲话能够加速这个过程时，它才是有用的。

资源

好奇心，就是双子的资源。它是一种对世界的惊叹之感，对每一滴露珠、每一滴泪水、每一朵雪花的孩子般的欣赏。没有了这个，双子就只不过是一个喋喋不休的人。

活力也是双子的资源。他们的好奇永远驱策着他们——这么多要看的，这么多要知道的，很少有星座能够如此不知疲惫地生活，睡这么少的觉。一辈子要过三辈子的生活，这样就没有时间偷懒了。一旦双子的热情被点燃了，他们就像一对流星一样地划过生活。

身体上的这种活力也运作在头脑层面，这给双子带来了第三个资源：**智力**。他们将所有的好奇、精力结合在一起，建造了一个巨大的未经消化的原始信息图书馆，而双子在其中以光速扫描，寻找关联，发现共同点，注意到差异。任何其他星座的头脑都不能转这么快。

最后，双子很能**说**。他们能够探测到别人的想法，能够将那些虚假和编造的东西过滤掉，找寻到金子般的洞见和水晶般的体验。对双子来说，宇宙的基本成分不是分子和原子，而是信息。没有哪个星座的人像他们那样渴望信息，擅长收集信息，找到关联，并传播信息。这就是他们最宝贵的资源。

阴影

双子最纯粹的范型是超越评判的。就像一面镜子一样，它只作观察，而不会评判。双子总是怀疑有更大的构架，以及终极的真理，他们编织了一张线索的网，永远都在犹豫，不会给出一个不够成熟的结论。他们直觉地知道任何事情都可以被事实证明。

双子座适应性强的特征由此而来。但不幸的是，当这个特征跟一些更低等的动机结合在一起时，他们的变通性就会制造出可怕的事情来。当被迫要面对一个令人不快的真相时，他们的头脑可能会重新组织信息。他们并不会真的去撒谎，而会使用一些选择性的强调，策略性的沉默，以及用一串话语来重组信息。通常来说，他们重新组建的蒙太奇般的说法会显得很有道理，不管这些说法有多不真实，它们可能都很有说服力，至少足够说服任何人忘了究竟是怎么回事。一旦双子开始为自己辩护，只有最狡猾和一根筋的人能够看穿他们所编织的迷宫。不管他们是正确的还是错误的，他们很少会在一个辩论中败下阵来。

双子还面临着健康方面的危险。双子一刻不停的"嗡嗡"的能量不可避免地会影响他们的神经系统，头脑中累积的压力会使他们特别容易激动。无法放松常常会造成失眠，并加剧双子座人神经质的唠叨。如果这种内在"嗡嗡"的能量没有被觉察，外在情境会反映出同样的模式：繁忙，压力过大，最后是情绪衰竭。

双子座人如此积累的压力必须得到释放。跟一个有深刻洞见而心态放松的伙伴进行安静的谈话能够帮助他们释放压力，这里面没有智力的斗争，没有言语上的交战，只有**简单的心与心的交流**——没有人记笔记，也没有人想向对方推销什么看法。

体育运动也能帮助双子释放压力。通常来说，他们需要的运动多于他们想要的。走路、跑步、友好排球赛都行，但是俯卧撑不行。请记住，双子到这里来不是为了变得无聊的。

双子到世界上来是为了收集经验的，让生命的奇迹直接通过他们的心运作。在他们的里面没有自大和教条的空间，这使得他们能够与混乱和神秘隔离开来。通过他们无法满足的好奇心，他们能够将各种体验塞满自己的一生。但是他们所骑的是一匹野马，它既可能将他们带至远方的地平线，也可能在原地不停地转圈，哪儿都没去成。纸上谈兵成了很多双子的墓志铭。最后，一切都归于一点：这匹马需要一位驾驭它的骑士。

巨蟹座

元素：水

模式：基本

原型：母亲、疗愈者、隐形人

符号：♋

那些不被别人注意就觉得自己不存在的人不是活着的，因为他们所寻求的存在和永生方式如同鬼魅。鬼的理想才是被人看见，死人的渴望才是被铭记。

——诺曼·布朗

符号

螃蟹是一种柔弱的生物，其肉多汁味美，它是海鸥的食物。它如何生存？它的希望何在？它只是一小块等待着送到掠食者口中的食物。

为了生存，巨蟹必须长出一个壳，它必须在自己和外界之间长出一首壁垒。它太柔弱了，无法以任何其他办法来保护自己。

有了这副盔甲，巨蟹就可以生存了，它跟环境就达成了和平。但是这个成功下面隐藏着危险的蜕变的种子。巨蟹要吃，要成熟，不久它的壳就容不下它了，壳必须被褪掉。如果它机灵而幸运，它就能够活到再长出一副新壳，这个壳会更大，更适合它成长之后的状态。但是只有当它是机灵而幸运的时候，这种情况才会发生。

目的地

被双子座的旋转木马转得有些眩晕，被生活中的混乱所迷惑，意识现在向内转，转向它的根。对双子来说，真理在外在的某个地方，他们在世界里搜索着，用警觉和好奇心填充自己。但是这个搜索若没有结果，生活会比从前更加神秘，充满了更多没解决的问题和没有消化的细节。

于是巨蟹座向着一个新的方向出发了。他不是一路在宇宙中搜寻，而是顺着意识的卷须向内走，探索体验深处的根基，摸索着心灵的位置。

对巨蟹来说，世界的基本构造是感受。巨大的主观性驱动着这个星座。双子座短文式的、新闻式的意识变成了一张由印象和个人反应组成的挂毯。客观的宇宙不再存在，剩下的只有一系列的反应模式。

那些深受巨蟹座影响的人来此是要洞察自己内在的生活——那些任何之前的星座都无法触及的内在生活。他们非常熟悉深层自我的语言——情绪的语言，他们对心识这个主观的、反应式的部分非常着迷，他们的生命过程就是一个长期的心理分析过程，通常是独自进行的。

去**感受**意识、**感受**生活的每一个细微差别，褪去我们用来武装自己的麻木的壳——我们用这个壳来抵挡这个世界的残酷，所有这些都是巨蟹的工作。

巨蟹的目的地？就是看到生命如地狱般的不和谐，但是依旧反对所有的差别，违背所有的常识去**爱**、**信任和接受**存在带给自己的一切。

策略

一个深水自动探测器，它的目的是什么？绘制海面下四英里深处的地形，从沉淀物里采集样品，最后还要毫发无损地返回母舰。

它最重要的一个策略就是生存。海水拍打着它，在它发出的声音中寻找任何可能的弱点和缺陷。在这个全然危险的环境中，防御是最重要的。如果没有盔甲，这个脆弱的"感应器"在毫秒之间就会被压得粉碎。

但是，在防御层上必须得有开口。一层两英尺厚的钢板可以完美地保护这个潜水器。太完美了。但如果在盔甲上没有开口，潜水器就无法跟这个它要探测的环境互动。必须得有放摄像机的窗；必须得有电线将内部的大脑跟外在的眼睛和耳朵连接起来；必须有内部储藏空间用来存放从外界收集来的物质。

潜水器的设计者面临着一个难题：如果他们将机器保护得太好，它就无法完成它要完成的工作；但是如果不将它保护得足够好，它又会被它想要探索的环境毁灭。

巨蟹座人也面临着同样的难题。

巨蟹座的"感应器"是所有星座中最敏感的，任何别的星座都无法以那样的强度去感受。对巨蟹来说，**感受**就是生命的一切。但是这些情感电路板可能会超负荷，它们可能会烧毁。生命必须以一种可控的方式一点点吸收进来。一下子放下所有防御无异于自杀。巨蟹的目标就是让自己跟世界互动的强度达到最大化，但同时又要保护好自己非常精细的情感灵敏度。将自己用一层钢铁完全包裹起来虽然利于生存，但生命的意义不单单是生存。所以，巨蟹的策略就是**在生存的前提下维持最小的防御**。

害羞就是这样一种防御。在早期生活中，白日梦和沉默是巨蟹的伪装，他只有在最无法避免的时候才跟世界发生互动，他戴着一副面具，一副毫无表情的无名氏的面具。就像沙漠中的阿帕切族人（美国西南部印第安人——译注），他就在我们眼前，但是我们什么都看不见，只能看到旁边的灌木丛。

在生命后期，这种防御可能会变得更为复杂。这时候在社交场合，巨蟹可能学会了投射一种非常得体的三维全息人格，甚至可能是一个爱交际的形象。在这个伪装的背后，他像间谍一样，拍着X光照片，偷偷地探测周围人的灵魂。

要么戴一副面具，要么就全然裸露自己，巨蟹的选择很少。他的内在进程是如此精微，而生活却是如此嘈杂，以至于如果没有隔绝，他的神经系统将会崩溃。危险的是，他的防卫系统可能会变得太过强大，安全会被放在首位，甚至放在成长的前面。

如果巨蟹想要进化，他必须蜕掉自己的壳。不过必须计算好蜕壳的时机。没有一个受巨蟹影响的人需要在交通高峰时段站在一个临时演讲台上脱下自己的心理防御。他必须非常小心地选择听众，而时机也必须完美无缺。因为巨蟹如此脆弱，所以他下的赌注也很大。

但是他必须表演，必须敞开，必须信任。爱永远是一场赌博，是有风险的。

巨蟹必须学会冒险。

资源

对我们大多数人来说，坐上去火地岛的旅游车会让人兴奋得像打了一针麻风剂一样。但是巨蟹的反应就不一样。他坐下来，闭上眼睛，然后 10 秒钟之后就进入了传说中的中土世界（Middle Earth）。

对巨蟹来说，外在世界比想象所创造出来的世界苍白得多，那个鲜活的内在世界就是巨蟹的一个关键资源。他比其他任何一个星座都能更舒服地生活在头脑的童话世界中。

想象、主观、感受——这些都是巨蟹的原材料，聚焦在最重要的那个情感——爱——之上。当看着另一个人时，感到心的柔软，有想去帮助、疗愈、滋养的冲动。或者没有任何的竞争、恐惧，除了支持，没有任何别的感受。这时候，你的巨蟹电路一路畅通。

善良和关心对巨蟹来说是不假思索的反应，它们是比巨蟹的自我保护本能唯一更强大的力量。一个世界上最懦弱的人可能在喝了两瓶啤酒之后，壮了胆子，然后去搭讪巨蟹，他成功的概率并不比拿把教堂钥匙开诺克斯堡美国国库黄金大门要高。但是如果让一个如成吉思汗般凶猛的人带着一颗破碎的心出现，巨蟹马上为他敞开心门。

这种爱对巨蟹来说来得很自然，但这只是它的资源，而不是目的地。支持别人、帮助别人、保护别人，这些都是值得称赞的长处，但这并不等同于是褪下自己的壳，也不是赤裸地袒露自己，而是一种很特殊的爱，一种相对安全的爱。

像母亲一样去照料别人，这是巨蟹的资源，对巨蟹来说是自然发生的。但是真正的爱却远比这困难，远比这危险，永远无法不通过努力而发生。

阴影

像母亲一样去照料别人是巨蟹的最高表达，但这也可能是一种陷阱。十次这样的行为之中可能有九次是人类之爱的柔软表达——从任何角度来说都值得称赞，但是在另一次，它可能只是一个隐藏自己的行为，是另一个外壳。

人们——尤其是那些处于痛苦中的人，会被巨蟹充满慰藉的子宫所吸引。巨蟹将他接触的每个人的敏感和苦难都引出来，鼓励他们安心地去笑和哭。巨蟹就好像穿着印有"母亲"字样的T恤一样，任何人都能读出这一信息。让巨蟹坐在那辆开往火地岛的公车上，过不了 10 分钟，就会有一个人坐到他身边，将自己的心里话都倾泻出来。

没有任何别的星座戴上母亲的面具以后能像巨蟹那样令人信服。我们会得到巨蟹的理解和慈悲，而他也获得了安全和隐身，但是没有一个人真正因此前进了——至少在一段亲密关系中是这样。在公车上对一个陌生人扮演母亲的角色是没有问题的，但是这不能够成为一段婚姻或者友情的主题。一旦这种情况发生，那么这段关系的自然平等性就断裂了。关系双方都被剥脱了自然的人性。

巨蟹必须警惕被母亲角色所诱惑的危险。他必须注意不要让自己包裹在过多的智慧、宽恕和理解之中，以至他自己激荡的内在生活、他自己的需要也不被人看见了。巨蟹可以通过这种办法获得安全感和稳定感，但这只是另外一个外壳的游戏。在这个游戏里，赌注的底线就是孤独。

情感的坦露对巨蟹来说很可怕，但是同样可怕的还有外在生活的不安定和不安全：改变、冒险、经历。

对巨蟹来说，一点体验就能够维持很久。驱动白羊和双子的那种存在主义焰火对巨蟹来说就像一部恐怖电影。不过巨蟹也需要一定程度的花样和改变，悲哀的是，他天生的谨慎可能会阻碍这件事的发生。就像金牛一样，他可能会落入一种麻木精神的乏味和可控模式，他可能会一直机械地做一份工作，即使这份工作已经对个人成长没有意义了。关系也可能会枯萎成一种仪式——所有这些都是为了避免面对令人不舒服的改变。于是，在自己安全的壳里，巨蟹浪漫的创造性火花可能会潜伏数十年。

狮子座

元素：火

模式：固定

原型：国王／王后、表演者、孩子、小丑

符号：♌

我们就是自己假装所是的人。

——库尔特·冯内古特

符号

一支来自爱荷华州苏城的乐队，六个年轻人组成，充满热情，但缺乏经验。突然之间，喜从天降，他们获得一张唱片合约，两个月之后他们的唱片就上了畅销排行榜。

他们在麦迪逊花园广场开唱，全场座无虚席，上万双眼睛盯着舞台。在更衣室里，乐队成员都诚惶诚恐，他们因为怯场而想呕吐。当他们踏上舞台时，膝盖都是软的。无数双眼睛紧紧盯着他们。他们弹了几个超重音和弦，调音师调整好声音控制板，观众们全都起立了，欢呼着，鼓着掌。

乐队成员瞪大了眼睛，他们放心了，每个人都很爱他们。他们更卖力更忘情地演奏起来，观众们都疯狂了。乐队接收到这反馈，表现更为狂野。很快地，

场上场下都已不知自己置身何处。

目的地

在上一个星座——巨蟹座——那里，心智的面纱被拉开了，其深处的光彩夺目和变幻莫测显露出来，意识完全被迷住了，它无法转向别处。内在之眼的海市蜃楼令意识着迷，吸引它向内收缩。注意力从外在活动中移开，而消融在被动、观察、感受之中，很少向外投射。

狮子是对巨蟹座内向的一个反拨。通过与意识根部的连接，生命受精了，变得丰富，现在它寻求一种更加明显的表达。炽热的岩浆也许在巨蟹的外壳底下流动，但是在狮子这里，它像雄伟的火山一样喷发，而且有时也拥有同样的精细度。

表达——这就是理解狮子的关键点。心智中的内容借此尽显无遗，没有东西被锁在想象的地牢里了，每一样都被赋予一个形式，每一样都被表达出来。**狮子必须在世界上留下自己内心历程的有形证据。**巨蟹需要秘密！而对狮子来说，秘密是令人讨厌的。

表达心智，为我们内在状态创造出外在象征。狮子的工作就是编织一条透明的线索，在解开这条线索的过程中，人们被引向自己最隐秘的秘密核心。

狮子编织的是一条什么线索呢？那就是狮子的目的地：发展出一种自然的、不加掩饰的、大方的风度。就是说它要发展出一种行为模式，这种行为完全符合自己内在的形态，就像芭蕾舞女演员的舞裙紧贴她的身体一般。

因此，狮子的目的地就是：发展出**个性**。

策略

狮子必须学会对生命说**是**。他的路途是一条肯定、正面的路。他必须从头脑中去除所有的小气、挑剔和狭隘。恐惧和怀疑在他的词典中找不到位置。任何阻碍他进行自我表达的东西都不能被容忍。

如果人们大笑怎么办？没有关系。狮子必须肯定自己所是的样子。他必须说："生命，我爱你！我为你欢庆！我不怕你！"

超越自我是灵性成长的主要比喻之一。我们常常想象这些"进化了的人"苍白地以莲花座的姿势坐着，肚子里满是豆芽菜，毫无恐惧，也毫无梦想，对世界没有任何意见。任何一个陷入那种模式的人都会斜眼看着狮子座的。

狮子代表的是**发展自我**，而不是超越自我。以莲花座的姿势打坐对此一点帮助都没有。狮子必须接受自我的根本荒诞性，陶醉其中，任自我自然地汇入世界。他必须上穿格子衫，下穿紫色裤子，在街上一路走一路用口哨吹美国国歌。如果有人盯着他看，他必须用更大的声音来吹。**为世界而表演也就是去信任它**。对生命无条件的信任就是狮子的圣杯。所有这个星座的创造性、热情、嬉戏和戏剧性，都是为实现这个目的而使用的方法。所有内在的东西都应该表现在外。如果狮子真的抵达了终点，他就不会去在意别人的评价。

诗歌、绘画、装饰——所有传统的创造手段对狮子来说都是有价值的核心工具。但凡狮子对这些方面有兴趣，都值得他去发展。这些技能为我们内在生命的表达提供了一种渠道，而对狮子来说，这种自我表达是进化的动力。

当选择的创造渠道更加直接的时候，狮子会更耀眼。跳舞、唱歌、讲故事，还有最重要的戏剧，这些都是狮子天生的地盘。在这里，表演者跟观众之间的距离很近，反馈是即时的，能量出去之后，马上就能发现目标。对狮子来说，这就是天堂。

艺术并非实现想象的唯一场所。对一家公司、一个事件，甚至是某个人施以影响力显然都是自我表达。任何时候当我们将自己的思想或者价值在世界中留下印记，我们就表达了自己的创造冲动。

狮子的才华必须以一种更加自然的方式显露出来。玩耍对这个星座来说就是一种简单的进化策略。不通过预先设计，想象冲破人们的"成熟"面具喷涌而出，显化在生活的舞台中。

对传统占星师来说，狮子是国王的象征，其魅力和风度很符合国王这个头衔。但是当我们将狮子座看成是孩子般的星座时，就揭示出更为深层的真理。孩子普遍存在的自我戏剧化、活在当下的精神就是狮子的本质。

策略是什么？是庆贺自我，创造，不保留秘密，保持孩子的天真、自然和新鲜。

资源

狮子会发自本能地吼叫。

任何星盘中包含很多狮子座成分的人，都有一颗表演者的灵魂。你只需给出最轻微的鼓励，狮子便会回报许多善意的自我表现：可能是玩笑，可能是钢琴弹奏的一支曲调，也可能是一个真实的故事——稍加修饰过，以一种带着悬念的方式热情地讲述出来。不管以什么形式呈现，每一个狮子的电路中都存有那么一两个表演节目，只要你鼓鼓掌，舞台的幕布就升起来。

狮子通常会通过创造性地发挥原始能量来找到自己合适的位置。狮子的闪耀和大度的个性使他具有一种天生的领导才能，常常能够在一群毫无组织的人群中将那些方向不一致的意见统合起来。拿破仑就是狮子这一面最明显的例子，但同样的例子也能在任何成功的销售团队和棒球队当中找到。

创造力和魅力是狮子的资源，不过还有一个更大的资源：狮子知道如何变得快乐。他的注意力就在此刻，而在这一刻他是国王。昨天也许是一系列的虚幻和失败，明天那些政治家也许真会发动导弹攻击，但今天我的身体还很健康，我的兴致很高，我口袋里还有20块钱。走！一块跳舞去。

狮子的资源，即他比任何其他星座都更清楚自己此刻是活着的。昨日已逝，明天也许永远不会到来，他知道自己必须抓住这个稍纵即逝的瞬间，从中挤出每一个快乐的原子。

阴影

六个年轻人收拾好他们的电吉他，离开麦迪逊花园，上了豪华轿车前往肯尼迪国际机场。下一站：北京。

他们带着美好的心愿来到中国的一些省份进行演出，假设那里的人们从来没有听过西方音乐。主唱阔步走向麦克风，吉他手以一个跪地滑的姿势入场，烟雾弹将粉红色的烟吹向场下一万中国人，他们却将手握着，放在膝盖上，非常困惑——这些美国来的疯子是谁？他们为什么这么激动？

乐队成员慢慢意识到自己的处境，这儿不是麦迪逊花园，这里是中国。纽约观众的热情回应在这里是无法重现的。突然之间，他们重新成了那六个来自爱荷华州的年轻人，离家如此的远。

表演、创造、表达——能量通过这些狮子的策略流出来。但是如果那就是狮子的一切，那么这个星座很快会被耗干。必须得有一个相应的活力的回流，否则狮子很快会筋疲力尽。那个回流可能是一个人说"我爱你，我很高兴看到你活着"。或者是一万个中国人的掌声。不管以什么形式显现，狮子都需要喝彩，否则他就会消沉。

带着他的温暖和风度，狮子是值得称赞的。但是，就像那些来自苏城的摇滚歌星一样，他会投射出一个很自信和骄傲的形象。无意之间，狮子在宣扬自己是高人一等的，这可不会获得喝彩。

人们会贬抑狮子伟岸的自我形象，他们可能会忽略他，或者尝试让他丧气，但这只会逼着狮子更加想要表现自己。他想说："请爱我！"但别人听到的却是"我是最伟大的！"

狮子的恶性循环就开始于这样的误解。狮子需要爱，但是他越是通过打动别人来获得这种安全感，越会让别人反感。在极端状态下，狮子会表现出那些流行的占星书上所责难他的特征：自大、傲慢、"拿破仑综合征"。

狮子的阴影？是它的骄傲。骄傲阻止他去要求爱。他必须学习去分享他如此熟知的脆弱感，去要求支持。如果他做不到这一点，就会像一个在装满石像的房间里表演的喜剧演员，或者在中国偏远地区演出的摇滚乐队。

那令人同情。

处女座

元素：土

模式：变动

原型：仆人、殉道者、完美主义者、分析者

符号：♍

如果一个人无法让自己去冒险，那么他就根本无法给予。

——詹姆斯·鲍德温

符号

处女座，在所有的星座符号中，最难理解。我们将处女理解为不谙世故，但这不是一个不谙世故的象征。也不是假正经，或者逃避激情的象征。

处女座是一个纯洁的形象。她还未被占有过。她不被任何东西所约束，不想要任何东西，也不惧怕任何东西。没有任何东西能够限制她，她是自由的，

不被任何人间戏剧所束缚。

但是，她在这里，在地球上。世界对一个只追求完美的人会提供什么呢？她能够做什么呢？她像圣母一样等待。她不断完善自己，并且为了消磨时间，她会在可能的时候帮助别人。

目的地

嘶吼也会变沙哑。意识厌倦了狮子座的夸耀之后，开始探索更深层的意义，寻找一种目的感。狮子过于华丽，总是惊吓我们，索求我们的注意力。但是慢慢地，我们注意力的范围扩大了，神气的狮子被展示在一个新的视角下：在银河、亿万年的历史、生与死的背景之下，他的骄傲和虚荣是如此荒谬。狮子的嘶吼最终显得空洞。

在狮子座那里，个性达到了顶峰，它无法再继续向前了。我们的下一步只能是跳入一个新层次的体验。在这种需要之下，在这种绝望之下，处女座从中升起。意识进入一种新的感受：向往个人转化。不满足的种子已被种下，处女座必须成长。

但是他们必须向哪个方向成长呢？向着纯净、完美、满足感、意义感。这些严格的大师们，他们所设定的目标都遥不可及。

处女的目的地？你可以说是完美。不过她脚下的第一步却很艰苦，处女必须学会谦卑。

策略

两个愿景在一路上驱动着处女座,一个在前方召唤她,另一个在后面鞭策她。它们让她无法休息。

第一个是一种理想感,即"能够怎样",它赋予处女座以完美主义、道德感和原则性。第二个是对现状一丝不苟的诚实感,处女座从这里获得实际、有条理的品质,以及对低效的憎恨。

传统占星学以一种静态模式描述处女座的这些方面:"处女座人很负责,有分析思维,但是对细节过度在意。"这样的处理方式疏忽了处女座人的动态特征,它看到的是一个僵固的事实。而一个从成长视角出发的人会看到一个具有爆发力的进化策略。

这两个愿景的目的是为了创造一种走向理想的饥渴和需要。处女看到了自己能够成为什么,她看到了自己的潜力,看到如果她打破所有束缚自己的内在锁链的话,自己会变成什么样。她看到了自己真正所是的样子。清晰、带着自觉的意识、绝对诚实,其他任何别的星座都无法如此残酷地解剖自己。

流行的占星师总是用一些暗淡的赞赏来诅咒处女座:"处女座人可以当一个好的图书馆管理员,与其他星座的人不同,他们能够处理单调乏味的事情。"可怜的处女座被当成一个很乏味的星座,成了小家子气和孤僻的代名词。

事实上,没有一个星座比这个星座的人更加令人激动。为什么呢?因为没有一个星座比这个星座的人更渴望成长。她的完美主义促使她不断改变,而她的务实主义又可以让她找到办法去做。

如果这些就是处女座人的所有策略，那么她就会是所有星座中最自私的了。因为所有的一切必须围绕着我、我的成长、我的困扰展开。

不过以自我为中心的需要不必然是自大的。强迫性的自我分析会带来一种扭曲的自我中心，就像任何救世主情结一样。

处女座不会落到这个陷阱里的，在她的个性里还有第二个维度，会平衡她的严肃和关注自我的特点——处女座是服务者的星座。

对传统占星师来说，处女座代表一种卑贱的服务，这是有误导性的。处女座代表着对他人有用的能力，而这种服务是一种自我发现的过程，而不是自我关注的过程。重要的不只是去服务，而是**通过服务表达自己**。

处女座人必须选择自己存在的一个方面，然后擦亮它、教育它。她必须完善它，然后将它献给世界。

出于善良吗？不，并非如此。虽然从表面上看起来是这样的。将这种天赋奉献出来是处女的策略，是她完善自己的一种努力。

准确地说，处女座人不是来这里服务他人的，而是来服务于**服务原则**的。她借此来转化自己。她拿出自己最完美的部分，然后**完全与之认同**。她成为自己的工作。

如果她是一个咨询师，她必须变得充满无限的爱和理解；如果她是一个艺术家，她必须成为毫无缺陷的美之来源；如果她是一个收垃圾者，她必须成为人类尊严的不朽象征。所有其他的东西，她意识中所有其他限制性的方面，必须消失。处女座人要成为她所提供的服务。当她的服务变得更加完美时，她也变得更加完美。

通过无止境的理想主义、谦卑的自我评估以及为世界服务的强烈意愿来完善自己,这就是处女座的策略。

资源

处女座的心识就像一张分辨率很高的底片,生活中的每一个细节都像水面的闪光一样显眼。浪漫的虚饰无法遮挡她的眼睛。她只看到那儿实际上有什么,而且看到了所有细枝末节。当这种 X 光的心识转向她自己时,展示的影像会更加清晰。处女座人以一种残酷而清晰的眼光审视自己,就如同拿出保险政策来反对任何富丽堂皇的欺瞒。

如果她看到自己身上有扭曲,就无法安宁,她认为必须去除这种扭曲。处女座人从不会自满,懒惰从来上不了她的日程表。拒绝任何华丽的假象也是一根无情的马刺,鞭策着她永远向前。不管她已经达到怎样的高度,她的目标总在更前方。

如果我们说处女座人没法懒惰的话,那么这只是一半真相。要想找到另一半真相,我们必须将这些措辞稍微变动一下:处女座无法满足。对她来说,没有时间可以浪费。她将自己的目光放在星星上,而星星是非常遥远的。

有意义的工作对这个星座来说是一件很重要的事。如果一个处女座人的姑妈温妮弗雷德去世了,给她留下一口油井,她有可能会马上退休,搬到度假胜地去。不过六个月之后,我们会发现她比从前更加努力地工作,她可能不会再替人煎鸡蛋了,不过她还是会很忙。把那几百万遗产留给狮子吧,处女座可不是来这里放松的。

技能对处女座人来说很容易掌握，尤其是那些需要耐心和精准度的任务，以及那些需要责任感的任务。她助人的愿望通常来说会通过工作表现出来，不过也不限于这方面。即使在一周的极度忙碌之后，如果一个住得很远的朋友打电话来想要找她帮忙搬冰箱，处女座也会在半小时内就赶到那里。如果这个朋友不但需要人出力，还需要人提供意见，那么她会在10分钟赶到。处女座人心思缜密，她憎恶遗漏任何细节，因而导致误解。

阴影

在星座的曼荼罗展开的过程中，我们第一次遇到了自我牺牲的能力。意识的新领域在前方路上等待着我们，但是也有一些狡猾的匪徒在等着我们。

处女可能会过于牺牲自己，她可能在自我诚实的暗礁上将自己撕成碎片。"我应该是那个样子……而我现在是这个样子……天哪！"

完美是一个凶狠而不妥协的老师，很多处女座人都有伤口来证实这一点。处女座人可能会跌入怀疑和不确定的模式，负面、低估的自我形象会困扰她，减少她的自然活力。她可能会限制自己，在一段失败的婚姻中扮演一个傻瓜般的服从者；可能会被困在一个无聊而卑贱的工作里；在极端情况下，处女座可能会进行自我破坏。

纯洁、完美——这些是抽象概念，但对处女座人来说，这些就是她的目标，不过是永恒缥缈的目标。如果她看不见这些目标了，那么一切都丧失了，她的生活就耗散在一些很琐碎的小事上，她就成了流行占星师们所说的漫画式的大惊小怪的人。

但是想要真正走向完美，处女座人必须学习如何避免被自己所使用的工具所伤害。**处女座人的自我批评必须用完全的自我接纳来缓和**，她必须学习无条件地爱自己，而且必须以最难的方式——以一个诚实的心智——来做到这一点。

再一次地，处女座人必须为纯净奋斗，但是这个过程是非常微妙的，她不能去恨自己的不纯净，她必须按自己所是的样子来爱自己，而不是自己可能成为的样子。这时候，她才能够**避免不断进行自我牺牲以填补自我感觉不好的陷阱**。

处女座人近距离、清晰化的意识聚焦可能让她无法看到更宏大的景象，细节可能会淹没她。她可能会在不断记录人生压力点的过程中，忘记了能够活着是多么好的事。烦躁、挑剔、自我牺牲——当她不能以洞察力和自我接纳来调整这种清晰度时，会产生危险。

如果处女座人被这个阴影抓住，那么另外一个阴影也会扑过来。就像一只追踪狮子的豺狼面临的情况一样，攻击别人总是招致别人对自己的攻击。如果处女座人对镜子中的自己皱眉的话，她也会对自己所看到的世界皱眉。

以完美作为自己的向导，处女座人可以像一只导弹一样扶摇直上，也可能会像玻璃一样被击碎。关键是要保持自尊。不管发生什么，她必须爱自己！她必须停止以自己目前的成绩来评判自己。这枚硬币的另一面就是路的前方，处女是最能够意识到那条路会延伸多远的星座。虽然她有提前计划的倾向，但是她必须学会活在此刻，而且是充满爱地活在此刻。如果她必须评判自己的话，也只在无限的当下以强烈的生命过程来评判。其他的都不重要。任何其他方法都不能如此有效和快速地达至完美。

天秤座

元素：风

模式：基本

原型：恋人、艺术家、调解人

符号：♎

寂静中才有言语，

黑暗中才有光芒，

死亡里才有生命，

雄鹰在空无一物的天际

才闪闪发亮。

————厄休拉·勒奎恩

符号

天秤。不是现代的产品，没有弹簧，没有数字显示屏。只有简单的杠杆，直接出自巴比伦和古埃及的市场。将一盎司的铅放在一个托盘上,在另一个托盘上倒金沙,当它们彼此平衡时,你就有了一盎司金子。

天秤代表着和谐、均衡、两极的和解。铅遇到金,生遇到死,爱遭遇恐惧。没有光是不带影子的,没有阴影是与光无关的。

目的地

天秤座教导从容。它代表心识有意识地控制神经系统的能力,代表我们内在那个不会被任何东西所扰动、激怒、震惊的部分。它跟混乱签署了永久的和平协议。

一个雨夜,我们乘坐的公车引擎烧坏了,在离佐治亚车站三英里之外的地方抛了锚。在我们左边,电视上的付费广告不停地让人用更多的除臭剂,令人厌倦。在我们右边,一个手提式大功率录音机放着刺耳的三岁小孩听的迪斯科舞曲。突然扩音器里传出一个通知,说我们的公车还要晚点两小时。我们在乎吗?不,这就是生活,没有理由苦恼。

天秤座的目标,跟所有星座一样,是意识的转化。它要获得的是牢不可破的内在和谐,从此刻开始没有什么能够动摇这个平衡,任何东西都无法打破均衡。伤痛来了,伤痛走了。喜悦和悲伤起起伏伏,就像黑夜与白天交替。在旋转木马的中心,站立着有意识然而不为所动的天秤。

天秤的目的地?说起来简单,但是做起来很难:那就是**平静下来**。

策略

其他星座的人有一种内置的平衡。不管生活变得如何不和谐，他们都会继续将自己的注意力放在手头事情上。他们的任务跟平静下来无关，而是别的东西。

对天秤座人来说不是这样，获得宁静是这个星座的工作核心。**而且这种宁静必须通过有意识地使用意志来获得**，麻木和漠视不能算。天秤对平衡**天生没有免疫力**，他们的宁静必须通过不屈不挠的努力来维持，那从来都不是自动发生的。

这是一个矛盾：天秤，平静的符号，却将自己的神经绷紧得像小提琴的琴弦。它的艺术并不是去放松它们，而是看到它们从未被拨动。变得完全脆弱，变得极其敏感，但是还能够平静，这就是它的任务。

如何做到呢？天秤必须学会觉察情绪失衡的初期症状。你约会已经晚了10分钟，电话响了好几遍，你还透过窗子看到一个当初让你很烦的大学室友突然来探访。好了，进行一次深呼吸，静心五秒钟。这就是天秤的核心策略：**永远不要让压力形成连锁反应**，在它开始之前停止它。

还有其他方法，但这个是关键。

在任何一本流行的占星书里，你会看到一种说法——天秤座是艺术家的星座。这种说法有其正确性，但是我们必须更进一步去理解它。一般来说，这个星座的确会提升对美的敏感度，但是我们通常没有理解对美的欣赏和创造其实是符合天秤的进化目的：它们都会带来平静。

在山间小道上转一个弯，从灰暗的松树林迈进一片广阔的草地，抬眼看去，数英里的山脊上都是蓝色和绿色，还有黄昏下很嫩的粉红色和红色。感觉这种惊喜，感觉这种舒畅，继而发生了什么？不知不觉地，我们的口张开了，我们的肌肉放松了，我们长舒一口气。当我们看到一名芭蕾舞演员旋转着通过舞台时，也会产生相同的心理和身体反应。而当我们看到一幅美丽的油画，或者望着自己终于打扫完毕后的卧室时也是一样。

从外在世界中感受到的和谐会转化为内心的平静，这就是天秤进化策略中的重点：它必须不断美化自己的内在环境。学习绘画可以达到这个目的，去那些美的地方比如山川或者艺术馆也可以，整理床铺也可以。

和谐不只是通过五官进入意识，还通过内心感受而来。而我们的内心感受往往取决于我们关系的质量。对其他星座来说，友谊和婚姻的问题都没有这么重要。但对于天秤座，它所寻求的宁静同时来自于它的另一半。

流行书通常会说天秤座人在爱情方面很幸运，但事实常常相反。对这个星座来说，关系是一个充满张力的成长领域，这就意味着要在其中做功课，甚至这里面还可能发生很多激烈的起伏。

天秤的目标是建立深入、和谐的关系。其策略是学习**向自己的习性妥协，但是不要向自己的本质妥协**。而危险在于，它在关系中如此在意**维持表面的和谐**，以至于将真正的宁静丢失。

资源

和谐感是天秤座的资源。但是这种和谐指的不仅是颜色、形状或者个性，而是一种意识，即一切整体都由互补的两半组成。女性使男性完整，光明使黑暗完整，邪恶造就美好，美好使邪恶有意义。

塞给天秤座任何一个僵化的教条，它立即就会提出一个相反的观点。告诉它政治左翼人士拥有一切答案，天秤就会颂扬右翼人士的智慧。告诉它保守派会拯救这个国家，它就会指出自由主义的美德。对这个星座来说，真理永远是一个均衡的行为。天秤直觉地感觉到金子必须和铅均衡，每一个真理都被一个相等而相反的真理所均衡。

这是天秤的宝藏。不只是艺术敏感，不只是亲切感，不只是社交场合的优雅，而是一种更深的东西，它渗透在所有这些美德之中，还包括更多的美德。天秤比其他任何一个星座都更能**忍受矛盾**。它并不需要世界有意义。互相对立的哲学、人、选择——天秤能够接受它们全部。

玛丽认为杰克是自私的，杰克认为玛丽是强势的。他们的朋友对此意见不统一，有的说玛丽对，有的说杰克对，只有天秤才理解他们都是对的。真理只在两者的均衡中才能找到。对天秤来说，每一个真理都包含着两个"半个真理"。没有哪个星座像它那样完全无法满足于只有半个真理。

阴影

真理本来就是模糊的。如果我们能够接受这一点，我们的感知就更加清明了。但这个认识也是一个非常糟糕的负担。我们来到十字路口，我们需要作一个决定，而每一个决定又必须是明确的一步。退路上的桥必须被烧掉。

想要念医学院？那就意味着你无法去写关于克里特岛的诗。想要结婚？那就意味着你无法继续单身。心智是很广阔的,它可以同时保持两种可能性;但是生活却狭窄得多,我们必须在生活里进行选择。

在心智领域,对矛盾的容忍是智慧。但是在日常生活中,它只意味着犹豫不决。天秤会站在十字路口,非常震惊地意识到**没有一条路是完全正确的**。选择前面那条路,后面那条路的幽灵便萦绕着你;选择后面的那条路,你又会遇见前面那条路上的幽灵。

天秤唯一能够做的就是扔一枚硬币决定,然后**照此执行,就好像他们真诚相信没有其他选择一样**。如果没有承诺,生活只不过是一个漫长的等待。**我们无法永远保留选择权**。但是天秤却有可能做这样的努力,在这种尝试中它遇到自己的阴影。

天秤可能只是在时间中等待。他们四处游荡,他们甜美地微笑。他们不会有任何敌人,因为他们不会采取任何立场。但是在表面之下,正在积累压力。好像有什么不对劲。是什么呢?没有威胁,没有压力,没有问题。任何事情都没发生。但是有一只古老的钟在某个地方滴答滴答走着,不管你是否作决定,生命都在继续。

天蝎座

元素:水

模式:固定

原型:侦探、魔法师、催眠师

符号:♏

我们必须结交的盟友是敌人中那些知道真相的人。

——莫罕达斯·K·甘地

符号

你躺在自己的睡袋里,身体绷得紧紧的,像一具尸体一样。沙漠中的太阳越升越高,仿佛要将你牙齿中的金属填充物都晒化一般。

只要稍微动一下你就死了:一只蝎子一动不动地待在你的肚皮上。

婚姻中的不和、工作中令人烦恼的办公室政治,昨天你的脑子里装满了这些想法,它们是你世界的中心;今天,这只蝎子立在你的腹部,所有那些想法就像遥远星系中的一颗微弱红星一样不重要了。

这只蝎子待在你的肚皮上,只有极度强烈的当下的存在了。所有其他事情——所有的虚假、虚荣、野心——都被撕扯下来,只有重要的东西留下来。头脑裸露着,非常警觉,像一块被切割过的宝石一般锋利,随时准备活着或死亡。

这种态度,这种意识状态,就是天蝎。

目的地

现在你正坐着读这本占星书,你的头脑集中在它上面。你很可能是平静的,比较舒服的。你忘记了自己的出生，你的死亡也只是未来路上的一个抽象概念。在这两者之间的现在，你向前漂去，抓住漂来的东西，并充分利用它们。

不过想一想：你生活的星球正绕着一颗巨大的核弹飞行，周围有百万吨重的石头随机以每秒数百英里的速度呼啸而过，只有一层薄薄的空气保护你。在这片空气的保护层之内，你跟很多下决心要搞破坏的疯子共处在一个空间，他们有些人有手枪，有些人有核弹。即使你逃过了这些，也无济于事，你被一个身体所困，这个身体注定要死，而且脆弱得像狂奔的牛群中间的一朵兰花一样。

这些想法令人害怕，我们情愿不去看它们。因此我们为自己的生活做计划，买保险，并且避免去想这些无法想象的东西。但是如果我们敢于去想呢？如果我们有勇气去打破死亡周遭的禁忌呢？那将发生什么？

就像那个跟蝎子在同一只睡袋里的人一样，我们马上清楚了什么是最重要的事情。未来消失了，过去蒸发了。我们全然地集中注意力于此刻，其他所有事情都不再重要。在这个当下，所有的礼貌、虚伪、令人舒服的仪态全部都被撕掉了，只有真相残留下来。我们前所未有地知道自己是谁、自己想要的是什么。

如果那只蝎子爬出了睡袋，消失在沙漠中，那么这个噩梦可能会变成一次祝福。也许我们会将那种诚实、紧张和明晰感带入自己的生活。我们将不太可能对一个无法挽回的过去和一个耽于幻想的未来上瘾。

这就是蝎子的目的地。以那样的强度来生活，将所有的虚伪都烧掉，不让任何事情藏在恐惧之墙的后面，让无意识变得有意识。

蝎子的目标，用一句话来说，**要像每一分钟都是自己生命的最后一分钟那**

样去生活。

策略

想象一下，如果你的医生告诉你，你只有六个月可活了，你会怎么做？为了让事情更有趣，我们再给你一百万元，你有自由去做任何你想做的事，但是你必须快点做。

有些人可能会疯狂地安排一趟环球邮轮旅行。其他人，同样疯狂地，可能会去弥补自己过去所做的可耻的事。但是那些能够成功地适应的人有一个共同点：他们都会安静地坐下来，回归中心，然后努力去**感觉**他们想要做的是什么。他们不会去思考，他们直觉地知道就这个状况来说，逻辑、推理、理性都是错的，它们有自己的使用场合，但是在这里不合适。

他们会跟从天蝎的基本策略：基于感受而不是理性而行动。

为什么？因为逻辑太过笼统，缺乏个人性。在生活的十字路口，通常有很多逻辑的选择。比如说，每个人都有很多不同的事业选择，跟很多不同的人结婚的可能性。逻辑只有一个作用：排除不可能以及荒唐的选择，而这之后，天蝎必须**凭感受在生活中前进。**

很多时候，欢乐来自得到自己想要的东西。而我们只能**感觉**到自己想要的东西，却永远无法通过推理来找到它。天蝎知道这一点。

一直以来都是如此，只是死亡让这个原则显得更突出。如果天蝎想要让每一分钟都过得像是自己的最后一分钟，他必须**让自己的感受跟自己的行动完全**

协调一致。要做到这一点，他必须摧毁任何阻止感受进入意识的墙，他必须有勇气去**感受一切**，不管这些感受令他如何恐惧，也不管它们可能会给他的生活带来什么影响。

思考死亡能够让天蝎到达这种自我认识的层面，其震撼会带来情感的清晰度。因此策略就是**完全接受人无法逃避死亡**这一现实。让死亡成为一个顾问，去感觉恐惧，让它扰动你的情绪，然后问死亡一个关键的问题："既然我在这里的时间是有限的，那么我下一步该做什么？什么对我来说是**真正重要的**？我有哪些承诺和行为模式是基于'我的生命是永恒的'这个疯狂的假设？"

"天蝎是性感的"，这句话在流行占星圈里是很普遍的观点。这个论断有一定的准确性，但它常常是被误解和夸大的。关键是要记住在我们的性当中储存着巨大的情绪能量——在这里我们必须以一种情绪的、个人的方式来定义性，而不是以肉体的方式来定义它。它更多是一种强烈的情感交互的需要，而不是一种高潮的需要。

要活得好像每一分钟都是自己的最后一分钟，将这种强度带入此刻——要做到这一点，如果我们失去跟性的联系是不可能的。如果我们失去这种联系，那么我们的很多情感需要，很多心理真相就遗落在一面压抑的墙后面，**而压抑会在行动和感受之间创造不和谐**，那与天蝎的目标刚好相反。

接受一个人的性欲，感受自己在这方面的感受，是一个基本的天蝎策略。越过所有媚人的女孩和所有的坏男人鼓动我们"去做"的诱惑；也让所有的传教士和假正经的人说"不要做"的声音安静下来，优雅而敏感地让自己的性欲成为它本来所是的样子——这就是天蝎的方式。

但是性不是关键，感受才是。感受常常被我们所接受的各种道德或者纵欲的训练所扭曲。我们必须揭示的感受，就是我们必须快乐和坚决地生活在一个所有人都必然会死的世界上。

资源

一个卫兵守在意识的边界上，将有意识的部分跟无意识的部分区分开，他的作用就是将那些可能会令我们不快或者让我们的自我形象受损的意识都阻挡在外。他很保守、审慎，用心理学的语言来说，这个卫兵贴着"**压抑机制**"的标签。

天蝎座的压抑机制有一定的缺陷。它尚能运作，不过运作得不太好，所以那些猛烈的情绪、破坏性的思维，以及对环境作出的令人震惊和痛苦的解释常常爆发性地涌入意识。

虽然听起来可能很奇怪，但是这个**压抑机制的缺陷正是天蝎的主要资源**。没有这种缺陷，对天蝎来说最本质的自我分析工作就不可能完成，那些令人震惊、有时会改变生活轨迹的感受就无法产生。

没有了压抑机制，意识会被情绪所占据，逼它向内转。意识变得极端诚实，它开始不停地描绘自己的内在地图，寻找任何没有被注意到的小细节，要将那块我们用来隐藏自己不愿去想的东西的幕布掀开。

任何其他星座都无法像天蝎这样进行如此无情的内省。

这种内在紧张也会产生外在影响。就像天蝎如此深刻地洞察自己的心识一样，他也会用同样锐利的目光扫视自己周围的世界。带着本能的怀疑，他从精神层面深入探究周围那些人的思想，想要去理解，找到每一个人最深处的动机和最黑暗的秘密。通常他会成功找到它们。

天蝎的资源？即如剑一般锐利和沉默的心识。它一定要撕开任何令人舒服的谎言，每一个安慰人的半真半假的陈述，以及我们生活的所有虚伪的牧歌式的描述。这是一个完全投入自我认识的心识。

阴影

天蝎被夹在两个阴影中间：太多的自我认识和太少的自我认识。它们有各自的陷阱，都很致命。只要天蝎屈服于它们中的任何一个，这个星座所有的渴望、强度和智慧就会变成毒液。

会存在太多的自我认识吗？天蝎也许不太能够接受这种观点。他自发地，有时是盲目地，向意识的更深处挖掘，总是希望找到最终的事实或者终极的领悟，借此来转化自己的生活。

有时候天蝎发现得太多，以至于他无法面对。那个压抑机制的存在是有理由的。当它有缺陷的时候，意识面临一个致命的危险：它可能会被那些复杂到无法阐述清楚的感受所迷住。

一旦发生这种情况，**天蝎就会跌入郁郁寡欢的低谷**。心识无法将自己从深处拉出来。它开始焦虑。它记录下不可能和无法解决的状况，然后不停地播放这些录音带，直到意识的活力变低，进入一种绝望的筋疲力尽为止。太多的自我认识是危险的,至少在它来得太快让我们无法看清的时候是如此;但是太少的自我认识也同样危险,尤其是当我们故意将一些令自己恐惧或者不快的东西阻挡在意识之外时。

比如说,如果天蝎选择不去想死亡,但它关于死亡的本能知识并不会就此消失,相反会在意识之外运作,在潜意识中运作。感受还在,它们继续给天蝎的行为和态度带来压力,但是他却**不再能理解这压力的来源在哪里**。

这会发生什么呢?心识会被一种焦虑所占据和折磨,它总有一种感觉,那就是"有什么糟糕的事情就要发生了"。它会将自己跟任何方便的目标相连:我的车就要坏了,我的老板就要开除我了,我想我生了脑瘤,等等。

压抑的性也是同样运作的,那种感觉还在,不过我们不知道它的来源在哪。屈服于这种阴影的天蝎,会发现自己永远饥渴,永远得不到满足,**但是心识不知道自己想要什么**。心识无法理解自己的饥渴,于是,它会再次找寻一个方便的目标:钱、权力、一间一尘不染的洁净房屋。它着魔似的、强迫性地追寻这些目标,但是仍然无法满足。

黑暗、阴沉、有时会背信弃义,走上这条路的天蝎阴郁地躲在自己的阴影里,被他无法看见的恶魔所慢慢吞噬,直到死亡来关上他自私自利和绝望的帘子。

射手座

元素:火

模式:变动

原型：吉卜赛人、学生、哲学家

符号： ♐

我所寻找的不是一种娱乐，而是理解。理解、理解、更多的理解。我会用理解来填充自己，用每一个毛孔来闻它，将它填塞在每一个小孔中。有一天这种追寻会让我获得补偿。所有一切都会找到它合适的位置，而我，终将能够理解。

——劳雷尔·科德门

符号

不是弓箭手，而是弓箭。手指因张力而微微发抖，射手放开弓弦。弓弦的曲线弹回原处，将带着羽毛的箭杆射向空中。

箭，它以眼睛看不清的速度在空中穿行，朝云端飞去。如果它有眼睛，它会看到弓箭手的身影越来越小，慢慢变成景物中的一个可以忽略的小点。它将会看到下面的景色像一张地图一样摊开，简单而扼要。

如果这支箭被赋予了一个头脑，它会想些什么呢？就像一个在山峰上的人，它会为活力所驱使，产生一些关于全局和体验的想法。谁将我投射到这明亮的天空中？为了什么目的？我在这里的位置是什么？我要去向哪里？我存在的原因是什么？

目的地

对中世纪的占星家来说，射手有三种可能的命运：吉卜赛人、学生和哲学家。这三者以好、更好、最好的顺序来排列，哲学家被放在最高的位置上。

一旦我们舍弃射手的一种表现形式比其他的表现形式更好的想法，那么三种命运的说法，是一种很有效的理解这个星座的意义和目的的方法。

吉卜赛人、学生、哲学家，他们的共同点是什么？如果每一个都是射手的表现形式，那么他们的公分母一定是这个星座的本质。

在三种形式中，心智都将自己向外投射到一个新的地平线上，就像那支飞行的箭。在每一种形式里面，我们都观察到**通过收集不熟悉的体验来扩展意识的行动。**

这种扩展就是射手的生命血液。

在吉卜赛人那里，这种扩展来自于物理行动——他从一个地方转移到另一个地方，进入新的和异域环境中。学生则通过智力来完成这种扩展，吸收新的事实和观点。哲学家则用直觉来完成，总在努力扩展意识，试图认识宇宙的基本原理。

射手的目的地？即意识到生命的终极意义，在宇宙的设计中找到自己的宿命，发现真理。这些就是箭的目标，的确是非常高远的目标。在实际中达成它们，可比爬上一根旗杆要难。

在所有星座中，射手的目的地也许是最难从实际层面定义的。对射手来说没有一个清晰的终点，只有无尽的过程。它是一个移动的、流动的存在状态。生命的形象是永无止境的追寻。在射手的意识里，人的基本任务是找寻意义，以及在这个无常的世界中，如果一种安全感和安定感在阻挡他进行无尽探索，那么牺牲它们不算什么。

策略

吉卜赛人、学生、哲学家，这个中世纪的公式化表达包含了对射手座的进化解读。射手的这三种表现形式并非这个星座特征的固定描述，而是进化的策略。

成为一个吉卜赛人——这是第一步，也就是将一个人从某个特定文化以及与之相关的价值和习惯的束缚中释放出来。重要的不是对旅行的需要，而是**对陌生思考方式保持敞开**的需要。那些旅行只是射手用来实现这种敞开的方法。

在印度待一个月的意义远不止于娱乐，我们要面对的是一个基本运作方式完全不同的社会。如果我们能够放掉自己从小到大所形成的评判和优越感，去那儿旅行可以教会我们**以一种不同的角度来看待生活**——对射手来说，那就好像是按下了进化火箭的点火器一样。

但是去东方旅行很贵，而且有时候也不实际。没关系，吉卜赛人的道路比旅行手册上所描述的可要宽广得多。跟一个在这个国家生活的印度人交朋友，也一样有效。还有，如果你是富人，可以接触穷人；如果你是白人，可以接触黑人。

吉卜赛人的策略不是单纯收集很多异域的护照章，而是通过意愿和敞开来接触不一样的文化，并由此扩展意识。即使只是一次城市之旅也同样如此。

如果我们只是按照表面价值来判断，学习的历程也常常被人误解。当然，正规的教育可以扩展意识，射手很喜欢课程和讲座，但是书本也有同样的作用，即使不是机构化教育所支持的书本也同样有效。任何迫使我们以新方式来看待生活的体验都一样。

站在一座山丘的顶端，将一个悬挂式滑翔机系在你的背上，你准备跳向空中。这也是学生采用的方式。心智向新体验敞开以后，才会有新的学习机会。

就像吉卜赛人慢慢成了学生，学生也慢慢成了哲学家。在此过程中所发生的是焦点的转移，现在我们将自己的注意力从眼睛和耳朵转移到人类最深的感知功能——直觉——上。我们试着用直觉**去理解生命的完整性并找出我们在其中的位置。**

哲学家的道路有赖于吉卜赛人和学生所收集的洞见，没有那些，他不过是一个干瘪的老学究，装了一脑子没有生命的假设。**哲学家凭直觉领悟的结论必须有经验的支持**，否则的话，它就没有现实的根。

基督教、佛教、存在主义——哲学家的策略是吸收所有这一切，但是永远不会让任何一个系统代替他思考。他必须不断收集更多的体验，不停修改和深化自己对生命的看法。

射手的策略，用一句话说，就是将生命当做一场冒险。他必须放弃所有安全的概念，他必须愿意放下任何一个想法或主意——只要他发现自己想要躲在它后面。他必须毫不犹豫地向前，期待奇迹，随时准备去表演射手的经典绝技：信念的飞跃。

资源

个人自由对射手来说是非常重要的，没有它吉卜赛人就枯萎了，学生也会被无聊的常规困住，哲学家无法获得开阔的觉知，也无法在不同境遇里验证那一觉知。

相应地，极度热爱自由是射手的一个基本资源，任何其他星座都不会如此害怕束缚。

热情、乐观、冒险精神——这些也是射手的资源。不管生活扔给射手什么，他都准备好了。他有适应性，有弹性，能够从任何逆境中反弹。

如果一个人射手特质很强，那么他就有了一份抵制抑郁的可靠保险单。虽然他还是有可能悲伤和抑郁，但是对射手来说，这些都只是暂时的，任何时候只要出现冒险或新的可能性迹象，这些状态就会烟消云散。

射手也许不是天生就知道生命有什么意义，但是他天生就很确定生命一定**有意义**。对射手来说，这是一个毋庸置疑的假设。就好像他来到世界上脑子里就带了一个空的圣坛——本能的，他会在那里供一个偶像，它可能是耶稣，可能是文学，也可能是世界革命。他以自由的方式来选择自己的神。不管有怎样的外在压力，他都会选择。

射手的资源？即**对自己理想的信念**。那些理想可能会以一千种形式出现，但是不管以什么形式出现，射手都会用它来指导生活。任何别的星座都没有这么坚定的**原则性**。不惜任何代价，不管是否现实，射手都要去做正确的事。这种"正确"是他自己定义的，并非每个人都会赞同它，但是一旦我们知道了射手的神是什么，他的行为就像行星绕太阳旋转的轨迹一样可以预测。

阴影

在生活中，有些时候谨慎能够救我们。生活有时很黑暗，很复杂，充满了戴着天真面具的死亡陷阱。犹豫和怀疑可能会救我们，但是对射手来说，犹豫和怀疑是很陌生的，就像泳装对爱斯基摩人一样。

射手明亮的眼睛里闪烁着信任的热情，他常常会掉进生活的陷阱。过于乐观，过度扩张，还有判断错误都是他的阴影。就像一只在洲际高速公路上奔跑的友善的金毛犬，以为这些过往的车都是自己的玩伴，结果常常被碾碎在生活的车轮之下。

他常常会过于信任那些不稳的步骤，他可能会在一个看不见的弯道上继续向前，他可能会跟随一个自称上师的人到集体坟墓里去。所有这些都是以信念的名义进行的。

射手最险恶的阴影出现在亲密关系中。自由对射手的进化来说至关重要，但是很少有一个星座会像他那样为了永恒的浪漫之约而抛弃自由。这还是因为他的信任、大大咧咧的态度，让那支箭在半道上落入陷阱。"急于结婚，后悔莫及"，成了很多不快乐的射手的墓志铭。

强大的信念、幽默感、敢于冒险——这些特征帮助我们变得更加完整，而射手拥有这些品质。但是如果他们没有用生命的脆弱和短暂、生命易逝的意识来均衡自己，那么拥有光明精神的射手可能会成为一个悲剧星座。

摩羯座

元素：土

模式：基本

原型：隐者、父亲、总理

符号：♑

当你还是个男孩的时候，你认为魔法师是一个可以做任何事情的人。我也曾经如此，我们全都曾经如此。当一个人真正的力量不断增长，他的知识不断扩展时，他所走的路会越来越窄：直到最后他不再选择，而只是去全然地做他必须做的。

——厄休拉·勒吉恩

符号

它的符号是海山羊，一只有鱼尾巴的山羊：一种并不存在的动物。它在水中扑腾，在陆地上摇摇摆摆前进——它只在象征的世界中才存在。在象征的世界里，海山羊失去所有的笨拙和脆弱，成了终极和绝对力量的象征。

它是两个世界的高手：不管是在海中还是满是石头的高山上。海山羊攀登最险峻的高峰，在空气最稀薄的地方呼吸，横渡最广阔的大洋。没有任何东西能够阻止它。一旦它将自己强大的意志设定在一个目标上，它就是不可战胜的。

它必须做的只是选择，一旦作出选择，就没有东西能够阻挡它。

目的地

充满野心、物质主义、渴望权力——流行占星所描述的摩羯座简直是一个狡猾的魔鬼，他没有鲜明的个性，穿着灰色的裹尸布，算计、操纵、飞快地利用对方的弱点。他通常被形容为圆滑而邪恶的机会主义者。

这是对摩羯座阴影的准确描述，但是与其进化方向毫不相干。

摩羯的确代表了世俗权力，但那并不意味着金钱，并不意味着要让你的面孔上《新闻周刊》的封面。很多拥有权力的人活得像人质一般，被他们的公众角色所限制。是他们的角色拥有世俗权力，而不是他们本身拥有。这不是摩羯的路途。对摩羯来说，世俗权力有另外的意义，它并不意味着荣耀，而是意味着自由。在世界的舞台上，摩羯必须按照自己的本性来行事。**将一个人的天性跟他的公众身份结合**——这就是摩羯的目的地。即内在和外在的合一，获得社会的认同，并且在社会中表达。

用一个词来说，摩羯座就是**整合**的象征。在这个星座的最高表现形式中，没有谎言，也没有虚伪，只有看得见的公共行为和看不见的个人本质的完美结合。一个人的工作和他的生活不可分，两者合为一体。

要达到这一点，摩羯必须完全不受掌声影响。虽然他的公共工作必须在大众面前进行，但是他必须不为别人表演。一旦他被社会认同的钩子钩住了，所有的一切都会失去。但是，他又无法从中逃开，那些掌声会一直在他的身边，诱惑他，挑逗他。

要避免这种诱惑，摩羯必须成为一个**善于独处的人**。重要的并不是他要花时间跟自己待在一起，虽然这也是一个可行的策略，而是说他必须从**自己内在**去寻找认可。想要成功，他必须对成功和失败都无动于衷，宠辱不惊。他必须孑然独立。

摩羯的目的地？即整合和独处。两者都必须达到，如果其中一点没有达到，另外一点也会随之崩溃。

策略

花时间跟自己待在一起对摩羯座来说是一种有效的进化策略，尤其是在早期发展阶段。摩羯必须学会不需要任何人认可，即使没有人欣赏他或者称赞他，他也能够对自己的思想和计划满意。

这可不是说摩羯座是一个没有爱或者冰冷的星座。摩羯可以爱和被爱，这不会违背他的策略，他只须避免**需要**另一个人。

摩羯的策略是找到实际的方式实现自足。独自散步，做白日梦，一个人去滑雪，或者一个人去冲浪，任何一种能够独自进行的活动都能够帮助他；读书、冥想，任何一种能调动热情的事情都行，只要能够将独处从负担变为动力。

只有获得这种内在的独处状态，摩羯才能够安全地将眼睛转向世界。如果他提前这么做，荣耀和光辉绝对比凝视太阳还容易弄瞎他的眼睛。

摩羯是一个攀登者。他看着这个闪耀的世界，对他来说，它是如此有吸引力而具有挑战性，就像珠穆朗玛峰对夏尔巴人一样。他知道自己必须爬到顶峰。他的恐惧是自己可能会作出错误的选择。

这在摩羯的路上是一个关键的转折点。当世界在他面前敞开自己的色彩斑斓和热闹非凡时，他必须退回到自己的独处中去。他必须找到力量望向别处，将目光从总统套服上挪开，而转向内，转向自己的根。

不能永远转移视线，摩羯必须攀爬。他必须面对世界。想要通过躲避世界来抗拒诱惑会一事无成。他转移目光，只是为了回忆起自己不需要他人的称赞和认可。他已经拥有了自我尊重，他已经知道了自己是谁。

当摩羯沉稳自信时，他会冷眼去看名人和名流的世界。他进入其中，不过头脑中只有一个目标：去做那些自己天生要去做的事情。**摩羯座必须选择一个能够表达他个人价值、兴趣和幻想的公共角色**。这个角色也许是一份工作，也许是一种志愿服务，也许是一种公共服务，甚或只是一种个人爱好——比如在迪克西兰爵士乐队里吹单簧管。不管是哪种情况——人们也许会为他喝彩，怀着敬意看他，叫他大师；也许会认为他一无是处——都无所谓，他都必须像星群一样不为所动。唯一重要的是他是否在做自己。

资源

想要成功其实并不困难。一个人必须学会一些技巧，讨好正确的人，并且这样坚持做几年。这并不令人羞愧，但这并不是摩羯的功课。

摩羯的功课是在社会中开辟出自己的位置，这则要难得多。失败、不确定、长期只有很少的回馈——这些都是折磨他的阻碍。但是摩羯是有准备的，他拥有两个资源可以让他承受不可想象的压力：耐心和自律。

摩羯比任何星座都善于等待。但是他的等待并不是犹豫，也不是摇摆，而是高度专注地静候，就像一只在八英尺外专注地静候着老鼠的猫。

摩羯的自律是其他星座无法比拟的。不管压力有多大，一旦他下定决心，就会坚持走下去。恐惧、挫折、抵抗——没有什么能够让他动摇。他也许能够感觉到这些力量，但是**摩羯的真正行为总是反映了他的意图，而不是他的情绪**。

摩羯还有另外一个资源：**天生务实**。当他算 2 加 2 时，答案永远是 4——不管他多么希望那个答案是 5。在他的生活里，幻想有其位置——但只是在这个幻想有成真的合理性和可能性的时候。如果有这个可能性，那么摩羯会非常有效率地带着绝对的坚持去工作，直到这个梦想成真。但如果这种可能性不存在，他会像扔昨天的旧报纸一样扔掉它。

摩羯的资源？即在坚硬的外壳之下，有钢铁般的意志。他的独处、坚决、耐心和准确无误的逻辑——这些都使他能预测日常生活中的风暴和挫折，同时又不会忘记自己的梦想。他也许很慢，看起来就像在路上死机了一样。但是最后，他会得到自己想要的。

阴影

摩羯的道路需要非常强的自制力。运用正确的话，这能够让他攀登任何高峰。他作出选择，然后行动。即使遭遇失败，他也会坚持。但如果这种自制力被误用了，摩羯就会遭殃。

摩羯的自制力必须时时应用在客观世界中，它必须反映他**行动**的本质。如果摩羯的神经崩溃了，决定动摇了，这种自我控制就会发生扭曲，它不再与行为有关，而是主观地展现为一个人对生活问题和生命发展的情绪性的压抑。

这时候，摩羯可能会变成一块石头。

没有其他星座能够显得如此冰冷、没有情感。当摩羯的生命之舟倾斜失控时，他可能会像一块黑曜石一样冰冷。在这条路上，摩羯会遭遇自己最黑暗的阴影。那就是他天生的独处态度的堕落形式：**孤独**。

孤独的、没有表情的摩羯还是令人敬畏的，不过现在他已经扭曲了。当他失去了自己的方向时，他会试图控制周围每一个人的路。他变得独裁，像一个暴君。他待人的态度是一种施恩的态度，但是他本来应该平等地去分享自己的生命。

他在世界上寻找权力，就像饥饿的狼寻找腐肉一样。不管他去哪里，他都想要扩展自己的权威。

他盲目地于外在寻找自己应该从内在寻找的赞同，而他会成功。他一步步爬上最高处，充满了坚持和决心。当他到达那里时，他还是不满足，所以他会继续推动自己前进。他成了工作狂，无情地推动自己，跟自己的身体以及疼痛的心失去了联系。死的时候，他是自己角色和责任的受害者。他也许很有权力、很富有，不过却孤独得像一粒飘浮在星际虚空里的沙。

水瓶座

元素：风

模式：固定

原型：天才、革新者、说真话的人、科学家、被放逐者

符号：〰️

如果你在路上遇到佛陀，就杀了他。

——禅宗佛教徒

符号

水瓶的符号是一对平行的波浪线，它常常被误解为水，这并不对。这些线是蛇——智慧的象征。

在伊甸园中，蛇诱惑夏娃吃了智慧树上的果子。夏娃吃了果子，然后上帝将她和亚当逐出伊甸园，于是人世有了开端。夏娃行为的意义远不止于此。在那个水瓶座的叛逆行为之中，她创造了比安全、智慧更珍贵的一种特质。

她创造了人类的自由。

目的地

自由——就是水瓶座的终点。它是什么？个性，能够选择自己的路的能力，

做自己想做的事情，不接受任何人的命令——不管它来自父亲、母亲、总统、牧师还是其他权威人物。

说起来容易做起来难。

有巨大的力量在压抑我们的个性，如果我们放任它们的话，我们会被它们左右和摆布。来自同伴的压力、世俗常规、社会化、想要被别人接受的愿望，但凡这些控制了我们，我们就要服务于两个主人：我们自己的本性，以及周围人的各种妄想。我们的自由就丧失了。

对水瓶座来说，这种妥协是一种诅咒。**水瓶座的道德敌人就是部落本能**。如果她屈服于这种本能，那么一切都失去了，她将成为我们日常生活肥皂剧里的又一个熟悉的角色。

水瓶座和循规蹈矩无法融合，就像和平与核弹头无法融合一样。

想要征服那种部落本能，水瓶必须培养**对真相的绝对忠诚**。不管后果如何，她必须说出自己所看到的。当她的自由受到挑战时——不管是通过直接的压制还是潜藏的说服，她必须站稳脚跟。她还必须主动接受自己的命运：一个被放逐者，跟她所处的社会永远持不一致的价值与动机。

水瓶座的目的地？即对自我完全真实、绝不屈服的表达。完美的个性。

策略

想象水瓶座是《旧约》里一座有城墙的城市。那是个暴力时代，每座城市都有自己的文化，相邻城市之间的紧张一直存在。

遭到攻打时，如果水瓶座的城墙在压力下崩溃了，她的文化就会被摧毁。胜利的敌人会杀了水瓶座的国王，将庙宇中的神像打碎，然后竖立自己的神像。

决不能投降。一旦敌人通过了城门，一定是场灭绝性的大屠杀。对水瓶来说，只有一个策略：保护那些防御，不让它们受到任何损害。不会有条约，也不会有妥协，只有石头和炮弹的冰冷事实。

这个城市的比喻是很恰当的，只是要保护的并不是一个历史社会的文化完整性，而是要保护一个人的自由和个性。

敌人在城墙外排开，他们挤在城门前，他们扛着攻城木准备撞门。

对水瓶座来说，那根攻城木可以有很多种形式，不过本质上是**顺应文化所建立的行为模式造成的压力**。

我们的内在有一系列偏好和价值，不过社会对我们有其他安排。从我们会说话开始，我们就被编程，这些程序描述了什么是成功、体面和正常。对大多数人来说，进入这些模式是自然的，甚至是有帮助的。但是对水瓶座来说，这就是死刑。

水瓶座必须抵抗攻城木。**她必须不受自己文化的胁迫**。她的策略就是跟随自己个性的命令，总是自己作选择，不管这会让周围的人如何愤怒或者露出不信任的冷笑。

"我是正常的，即使那意味着所有人都认为我是疯狂的。"——这是水瓶座的座右铭。

如果她坚持这个策略，那么社会可能会想要用暴力夺走她的自由——将她扔进监狱或者疯人院。不过这些是直接可见的攻城木，而通常，文化的压力是更加微妙的："如果你一直这样做，你永远都无法保住一份工作。我们会让你挨饿，让你感到不安全和不舒服。"或者"如果你继续这样，我们都会嘲笑你。我们会称你为疯子，我们永远都不会认真对待任何你做的事。"

水瓶的敌人好像觉得攻城木还不够，他们还有第二个手段。他们在城里安插了奸细，这些间谍会从里面打开城门。对水瓶座来说，这些间谍是以**爱她的人**的形式存在的。他们的确爱她，深刻而真诚。不幸的是，这并不表明他们理解她。

这些间谍已经穿透了水瓶的防御系统。他们在城里，他们可能是丈夫或者妻子，朋友或者父母。当水瓶作选择时，他们向她施加极大的压力，强迫她再次考虑，强迫她**服从他们的期待**。

他们的出发点也许是好的，但是不管他们是否有意识，他们的方式都是奸诈的。这些间谍力图让水瓶相信**她有责任背叛自己**。他们让她相信，如果她真的爱他们，就不该让他们看着她在这个社会中与众不同，看着她在一个充满圆滑的世界中做一枚方钉子，并看着她因此而承受责难。

面对这些间谍是水瓶的终极考验，这比抵抗那些攻城木来说难得多。在维护自己自由的过程中，水瓶必须使自己坚定如钢，以面对一个通常是让人恐惧和痛苦的考验：她必须准备好去伤那些爱自己的人的心，不管他们是多么失望和痛苦，这些痛苦来自于他们有多么想将她压进一个她生来不相符的模子。他们的伤痛是真实的，只要一个让步，水瓶就能够减轻它，但是她不能让步，她不能假装自己是任何自己所不是的人。

水瓶是冷漠无情的人吗？不是。但是她常常看起来是这样的。她的路途很严峻，而这条路会将她带到清澈稀薄的真正个性的平流层。如果她的提升会让那些居住在地上的人失望，她有时必须学会跟这种伤害共处。她可以用来安慰自己的是，让这些人心碎是自由必须付出的代价。

资源

"从前每年在种玉米之前，我们都会献祭一个处女给雨神，而他都会回馈我们一场雨。但是今年你居然说我们不能献祭任何人，雨会自己到来。"

一万年前，一个水瓶座听到这些话，但她还是坚持己见。如果她没有因为自己的信念而被杀，那么她的坚定就改变了人类的历史。

为什么会发生这样的事情？因为她**看到了真相**，而没有人能够改变她的想法。在一件很平常的事情里，她看到了别人看不到的东西。

有一个词可用来形容这种思想极端的独立，也是一个可以描述水瓶的最重要资源的词：**天才**。

天才——我们一般认为天才是一个极端聪明的人，这是一种误导。智力只是天才的一个工具，而且没有它天才也能存在。天才是全新思考的能力，以新的方式来看旧的问题。**天才就是以一种我们没有被教导过的方式去思考的人**。水瓶的这种特质非常充沛。

今年我们不要献祭一个处女，第一个有这种反叛思维的水瓶女人马上会遭受极大的压力。也许村庄里有一千个人，其中九百九十九个人都认为这是个疯狂的主意。但是**我们的水瓶女英雄却知道这是真理**——而这会支持她。真理在握的感觉现在还支持着水瓶们，他们知道自己是正确的，即使没有一个人赞同。

水瓶还有一种资源，没有这种资源的话，她的天才没有什么用。只是知道真理还无法让一个人抵抗千夫之指，她的第二种资源就是一种不可改变、不肯屈服的**固执**。一旦她站定脚跟，南极的风暴对她来说也不过是清晨的微风，没有任何东西可以撼动她。

阴影

固执可能为水瓶的策略服务，因为要抵抗强大的随顺部落的本能压力，她必须绝对相信自己。在她内心深处的某个地方，她必须拥有一种无法撼动的确信，那就是**她的认知是正确的**，不管她的反对者如何激烈或者口齿伶俐地否认它们。

但是这种顽固也能够毁掉她。

水瓶可能会制造一个关于自己独立性的虚假故事，然后像一个死守阵地的士兵一样用所有的顽固去捍卫它。她可能会拒绝穿除了牛仔服之外的任何衣服；她可能会坚持自己在总理面前说脏话的权利；她可能会拒绝听除了古典乐之外的任何音乐。这些怪癖本身并没有任何害处，它们的可恨之处在于会使水瓶偏离自己的基本进程——个性化。

那种古怪的顽固是水瓶的阴影。她不是去捍卫创造自己生活的权利，而是默许了社会的压力；她跟随常规的生活轨迹，而不去面对自己该面对的进化难题。然后她的那种水瓶座的叛逆和自由都被吸纳进了一个实质上安全的领域。

天才消失了，不再有叛逆，也没有了革命性思考。只是在人群中多了一张没有名字的脸，过着可预测的生活。她只知道用一些会惹恼别人但最终来说并无妨害的怪癖来给自己的生活增添一点色彩。

水瓶座的阴影对她本身来说显得尤其黑暗。

遵守常规本身并不是一种罪过。我们大多数人天生如此，当我们适应社会时，我们也很舒服。但是对水瓶来说就并非如此。对她来说，常规只是一副面具。她可能会选择戴它，但是当她戴上这副面具，她要付出沉重的代价，她过的就不再是自己的生活。

一个走在这条暗路上的水瓶可能表面上看起来很成功、很稳重、很优雅、富有而风趣，但是她感觉自己像一个局外人，像一个毫无破绽地扮演着一个假身份的外国间谍。

水瓶会感觉自己与外界**格格不入**。

然后，即使是那些与她最亲密的人都不理解她。他们与她共度关系当中的起起伏伏，但是感觉到她很疏离，显得很远，甚至是冷漠或者毫无感受。她言辞恰当，也履行自己的责任，对笑话的笑点也把握得很好，还能自己说笑话，但是别人不会被蒙蔽，每个人都知道她隐藏了一些最基本的东西。

在那双清澈如冰刀般锐利的双目之中，空空如也。那里面没有她自己。

双鱼座

元素：水

模式：变动

原型：神秘主义者、做梦者、诗人、变形人

符号：♓

我们是透明的存在。我们是感知者。我们是意识，不是物体。我们不是固体，我们是无限的。

——唐望（由卡罗斯·卡斯塔尼达转述）

符号

海洋。不是鱼，而是鱼的家——海洋母亲：一个海底山峦、发光浮游生物和遗失城市的领域。海洋：生命的母亲。它的符号象征了所有无法理解的东西，所有能够被感觉但是无法理解的东西。

海洋，冲刷着大陆的海岸，在各个国家之间传递艺术和思想，引发战争，传递疾病和瘟疫，运输美酒和食物，培育诗人和音乐家，将地球上的各种文化无界线地融合在一起。

双鱼的海洋：液体，将我们所有人连接在一起的无法说清的神秘流动的象征。

生命的象征。

目的地

西藏的佛教导师建议他们的学生将世界看成一场梦。人、事、关系，甚至是山峦——所有这些都应该被看做是幻象，只是头脑中无关紧要的一出戏剧。

在西方，我们常常错误地解读佛教观点，认为这是说世界不是真实的，它的原子和分子都是幻觉——这可是一个很难消化的观念，尤其是当你刚把你的脚趾撞到"虚幻"的床脚上时。

对那些佛教上师来说，重要的不是世界是否真实的问题，而是更为深刻的：我们要意识到我们无法直接体验世界——**我们所体验的是对世界的意识。**

意识是头脑中的东西。我们所认为的世界，只是我们大脑沟回中所发生的生化现象，只是一个图像的戏剧，只是一个梦。

对我们大部分人来说，这种知识没有实际作用。我们是被一只狗咬还是一只幻觉的狗咬，这并不重要，反正我们都会痛。

但是对双鱼来说，这个知识却至关重要。为什么呢？因为双鱼就是**意识本身**的象征。双鱼常常跟神秘主义联系在一起，它的进化历程代表心智进化的一个根本改变。双鱼完全换了一个挡，不是去观察世界，**而是观察这个正在观察世界的心智。**客观的宇宙消失了，只剩下一个庞大的主观反应的网络。

只剩下一个梦。

双鱼的目的地？即一种意识，心智的一次微调。这个调整不会改变任何东西，却又改变了一切，那就是认识到不管我们在哪，我们做什么，看什么，我们只能遇到一个无法逃避的现实——我们自己的意识。

策略

生活中的各种事件总是逼迫我们相信"外在"有一个世界，一个独立于心智而存在的客观现实。冷风刮过我们的衣服，寒冷刺骨；锅里面的油跳起来，在我们的前臂上烧了一个疤；我们的爱人消失了，我们胃里连续几个月都有一种恶心感。

作用与反作用。

每一个双鱼的策略总是围绕着颠覆对客观宇宙的信念。双鱼必须丧失自己的确定性。他们必须放开这个世界。怎样做到？一种对策就是每天花一些时间专注在心智上。闭上眼睛，放慢呼吸，停止念头，只是**体验意识**。不是意识的内容——那些日常充塞头脑的焦虑、理论和噪声，而是意识本身——空的，无形的，宁静的。

我们给这个过程取名为冥想。但是这个词已经背负了太多东西，它经常跟焚香与苦行，以及长着长长的白胡子并挂着隐秘笑容的印度男人联系在一起。这些联系都不是必要的。对双鱼来说，冥想是一种自然、有机的功能，它不包含神学，也不包含形而上学。我们可以干脆称之为"隔离"。

不管我们用什么名字，冥想都是双鱼进化的一个基本策略。通过它，心智意识到了自己，暂时与五官所带来的汹涌不停的信息失联。

创造性工作也可以起到同样的作用。当双鱼释放他们的创造力时，外在世界就从舞台中心撤出了。下一行诗，曲子的下一个音符，油画的下一个笔触——所有这些都来自心智，而不是客观世界。他们将注意力从客观世界收回，转向意识本身。

进化策略是什么？双鱼必须将自己的创造灵感释放出来，不管是以艺术的形式，还是以白日梦的纯粹幻想形式。为什么呢？因为**在想象的自由玩耍中，我们体验到内在世界真实而牢靠**。我们赋予自己的主观世界跟外在世界同样的真实性，不管这有多么短暂。对双鱼来说，这就像是将视力带给盲人一般宝贵。

从现实角度来说，我们无法永久居住在想象中。我们还有自己的关系和责任。我们有身体需要照顾。跟其他人一样，双鱼也必须生活在世界中，但是这并不需要减缓他们的工作。以一种愉快和多姿多彩的方式生活在这个世界中，也可以成为双鱼的进化策略。**双鱼只需要改变他们看待世界的方式**，再也没有什么其他东西需要改变了。

苦行？双鱼并不需要它们。苦行是一种过于外在的行为，双鱼座是最无法相信苦行有任何意义的星座。它必须避免任何类似的信念，即**物体和事件是独立于头脑而存在的**。慈悲、助人、与人无争——如果双鱼能够保持这些态度，泰然地看着自己尘世时运的起起落落，那么即使是最繁忙和刺激的生活也能够支持他们进化。

双鱼的策略？那就是丢开世界，就是认识到意识本身是我们能够接触到的唯一实相，也是唯一需要适应的实相。

资源

如果我们放手的话，该何去何从呢？这个问题本身就会让大部分人绝望地去抓住自己的境遇和不切实际的东西，疯狂地尝试去做一件做不到的事情：在这个过山车一样的生存环境中为自己创造一个安全、稳定的小环境。

但双鱼不是这样。双鱼本能地知道，个性只是巨大意识海洋里漂浮的一个软木塞。任何时候只要他们感觉到冲动，他们都能够深吸一口气，潜入心识之中。

对双鱼来说，**心识本身就是首要资源**，那里是双鱼的避难之所。在那里，他们可以逃离生活所带来的羞辱和压力。那里是一个童话世界，一个充满奇迹和宁静的无限神奇的世界，一个永远都可以进入的世界。

它总在召唤着双鱼。

意象总是自发地从深处浮上来，用各种幻想和发明来填充意识。双鱼比任何其他星座都更有**想象力**。这种想象力是带来艺术作品还是白日梦都不重要，因为不管哪种情况，注意力都被内收了，远离了本来占据它的外在境遇。

同情和善良也是双鱼的资源。在双鱼里面，人格是变动的，它会弯曲、流动，适应各种变化。理解他人，怜悯他人，对他们来说很容易，双鱼只需要设身处地**想象**一下那人的状况。他们可以毫不费力地在自己流动的意识中寻找**别人的主观世界**，就好像双鱼的意识里可以同时装下所有可能的人类观点。

最后，双鱼还拥有一种**本能的对更高层次意识的觉知**。他们从童年起就忙着探索内在地图，探索心灵的边界。有些人开始笃信宗教，另一些迷上了心理学，还有很多对透视能力以及其他超自然能力感兴趣。

不管以哪种方式进行探索，它们都代表了双鱼的另一个关键资源：**感觉自己有自我超越的可能性**。双鱼可能会以无数不同的方式来表达自己，但是他们来到世上都带着三个核心洞见：生命是神秘的，境遇是它的面纱，意识是解开它的关键。

给出这三个资源之后，双鱼就要靠自己了。

阴影

双鱼座必须对自己的意识着迷，没有这种入迷，所有的进化工作都会受阻。但是只有对意识本身的着迷还不够，还必须学会自我管控。做不到这一点就会带来恐怖。

双鱼会变得歇斯底里。

他们的头脑会被各种图像和暗示充满，浪潮般汹涌的情绪、恐惧和空想冲刷着他们的意识，淹没了他们的人格。而双鱼只是坐在那里，眼睛睁得浑圆，任头脑牢笼中的东西喷涌而出，击碎个性。

如果这些来自自我深处的爆炸没有被安全地导入创造和冥想，它们将比断头台更致命，也因为它速度缓慢，比断头更残忍。

首先，双鱼只是随波逐流。为了保持一个正常人格的外表，他们付出大量的努力，因此没有什么能量留给生命的策略和承诺了。接受一份工作，建立一份关系，从这时起，双鱼就走上了那条阻力最小的路。

很快地，生命就开始跟随自己的逻辑。它像一匹被激怒的烈马，带着双鱼狂奔，而双鱼只能努力不让自己被抛下来。他们会越来越以第三者的角度看待自己的生活，仿佛自己是一部电影中无法理解的角色。

那种空虚感，再加上双鱼的敏感，会把他们带入最大的陷阱：**双鱼会试图从客观世界中逃走，进入自己的主观世界**。不是为了获得洞见，也不是因为看到了生命的梦幻本质，而只是为了寻求麻木。

双鱼可能开始喝酒，可能会对毒品产生依赖。这些双鱼座阴影在传统的占星书籍中有详细的列举。

但是还有其他一些的阴影，对此人们理解不够。

双鱼可能会将自己沉浸在书本、电视和音乐中。他们可能会对食物和性产生迷恋，可能一天睡10小时。

所有这些行为都不是错误的。这不是关键。关键是它们被用来刺激主观意识，以致客观现实被暂时抹掉了。然而在这里面，并没有发生感知和认识的转化，而进化的问题被浅陋和无意义的替代品所取代。

双鱼的阴影？那就是**逃避**。心识通过所有的想象和创造，来逃避这个世界，它在每一次阻碍面前掉头而去，等待命运自己去面对它最后一手烂牌。

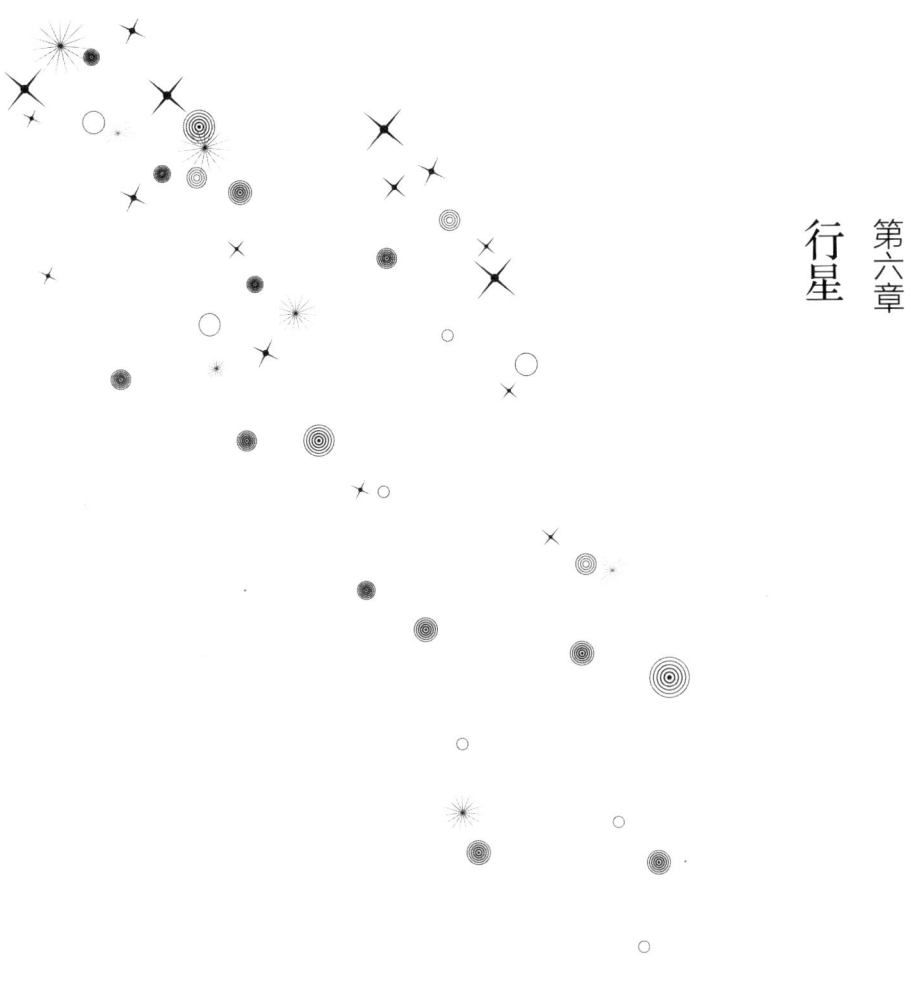

第六章 行星

白羊座、处女座、水瓶座等,将它们全部放在一起,我们就回到了占星的那个基本象征:完美的圆。那个圆是被动的,它只是待在那里,像天空一样永恒。

为了让星座跟我们发生关联,一个主动的力量必须被引进来。必须有一个媒介处在天空与大地之间,将天空的语言转译成人类的话语。

行星就起了这样的作用,它们照亮了这个系统。如果没有它们,就没有占星学，只有死寂和抽象。是行星触及了我们，而不是星座。是行星将星座能量传导下来进入我们的细胞和组织，造就了我们的生活。

这是如何发生的呢？表面上看来，这个说法显得很疯狂。想想看，木星离我们有数亿英里之远！当一个婴儿出生，即使是一个医生对他产生的引力效用都会大得多。一颗行星怎么能对我们产生影响？它怎么可能是什么东西的**象征**呢？

占星学是如何**运作**的？这是一个很棘手的问题。我可以指出月圆之夜和激情犯罪之间的关联；我可以拿出让人印象深刻的关于职业和某些上升或下降行星之间联系的统计研究。但是我写这本书并不只是为了证明占星学是有效的。但愿你读完这几页之后，能够自己去验证它。

不过，当人们说行星不可能影响我们的时候，还是会让我不舒服。且先不谈科学，行星至少以一种方式触及我们，这是真实和不可否认的。在任何晴朗的夜晚走到室外，找到天空中的金星或者土星，注视它一会儿，会发生什么呢？电磁振动穿越数百万英里的空间，以每秒186000英里的速度撞上我们的视网膜，在我们的眼睛和大脑中制造了**生化**改变。至少从视觉的角度看，行星每天都在触碰我们，这个过程的神奇常常因为太过熟悉而被忽略。

可见光并不是从行星到达地球的唯一能量形式，此外还有无线电波、微波、X射线、红外线等，它们中的任何一种都可能最终被证实携带了影响人类思想的占星力量，或者可能这些力量具有一种我们完全不了解的特质。对此我们还不知道，因为处在历史的这一时刻，我们还没有得出一个关于宇宙影响的清晰理论。但是对个人来说，这并没有什么损失，即使不理解该过程中的原理，一份细腻的占星解读也可以对面临生活转变的人产生无法估量的**实际**帮助。

我们还无法精确理解这个过程，但是谁在乎呢？这种不确定性在自然科学中也是完全可以接受的。比如说，物理学家至今还没有一个关于引力如何作用的完美理论，他们到现在为止也只能做到精确描述引力现象。占星学的处境也是如此。我们并不理解这些行星是**如何**运作的，但是我们学会了预测和描述它们的影响。

而这些影响是非常真实的。行星都是电线，它们以某种方式将我们连接到我们还不理解的力量上面。每一颗行星都像一个传送光的滤光器，并且会给光上色。火星会带来一种颜色，水星带来另一种颜色。当一颗行星通过一个星座时，它将**一些东西**传导到地球上来，但是在这个过程中，**那些东西**的性质发生了一些变形，行星影响了它，改变了它。所以没有一颗行星能够让我们**直接**面对一个星座，媒介就意味着扭曲变形，就好像我们必须通过有色玻璃来看星座一样。

具体是怎样运作的呢？对此我们也不知道，但是可以建构一幅可能离真相不远的画面。它只是一个理论框架，也许不需要等太久，科学将为这个框架添上事实和观察。

黄道带是一个巨大的光轮，是一个有 12 个色区的棱镜光谱，像光环一样笼罩着地球。在这个光环下，行星运转着，它们很像染色玻璃，每一片都有不同的颜色，以变化着的速度通过各个星座，有时像是停下来，有时像是向后退。它们总是吸收黄道带的光并将之**聚焦**，然后对准地球照射，就像一个孩子用一个放大镜点燃落叶一样。

但是**在这个传导过程中，光发生了变化**，行星扭曲了它。

现在它不再是红色的白羊和绿色的金牛，它变得复杂了。土星可能会给红色涂上一抹灰色，木星可能会给绿色染上一缕紫色。

有很多道这样的光线。我们所熟知的有太阳、月亮，还有八大行星，以及更多的。所有这些光线汇集在一起影响地球，就像无数不同颜色的光照射到一个单色舞台上。

行星永远不会停下来，光线在不停变动，不断变换星座的背景，传导不同颜色的光。

到达地球的则是各种不同行星的光拼接起来的彩虹，每一刻都在发生着改变。通过某种方式，那无限变幻且永远在变换的彩虹于我们出生的那一刻凝刻在我们身上，它是独一无二的，瞬息万变。它是我们的身份，也是我们的目的，等待着我们用一生的时间来揭示。

两个太阳系

所有上面说的这些都跟天文学家所描述的太阳系不一样，仿佛有两个完全不同的行星系统一样，一个是给天文学家的，另一个是给占星学家的。两个系统都由相同的元素组成：水星、火星、木星等，但是视角的不同造成它们看起来很不相同。

天文学家不是从地球上观察太阳系的，而是从一个处于太阳上方数亿英里外的飞船里看太阳系。从那个位置上看，太阳系很像六年级课本里的几何图。换句话说，天文学家是客观地去看它的，他所看到的是一个有规律的体系。所有的行星朝同一个方向运转,大致上看,每一颗行星都有一个确定轨道,与太阳有一个确定距离,以一个均匀的速度运行。在这个系统的中心,有四颗岩石状的小行星以相对较快的速度运转,它们都离太阳较近。往外是一片很大的空隙,里面是石头所组成的雾:小行星带。在小行星之外,天文学家看到另外四颗行星,它们是巨型气体行星,比之前四颗离太阳较近的岩石状行星大很多,是由甲烷和氨气所会聚而成的巨大球体,所占据的空间也比那四个要大很多,步履也慢得多。最后,在这个系统的外延(我们所知道的)是冥王星,这是行星扑克里的小丑王牌:巨行星中的矮子,沿一个古怪的轨道运行着。

占星学家则以另一种方式看太阳系。他看到的不是它们本来的样子,也不是他想看到的样子,而只是它们**看起来**的样子。

占星学家不是从猎户座方位的一艘飞船上看太阳系,而是从地球上看太阳系。他所找寻的是另一种真理,不是天文学家的抽象真理,而是一种体验真理;不是事物真正的样子,而是它们看起来的样子。

占星学家看到了什么呢?混乱。一些行星迅速通过各个星座,月亮是其中跑得最快的,两三天就通过一个星座。而有些行星则需要很多年才能转一圈,比如说,冥王星需要 248 年才能够走完一圈。

运行速度的不同保证了这个太阳系处在不断的改变之中。

在某一刻,我们发现土星在处女座,冥王星在射手座。29 年之后,土星已经戴着它的光环绕太阳转了一圈回到处女座,但冥王星才刚移动到水瓶座。虽然土星在处女座带有一些明确特性,但是冥王星在不同的星座会让这两张星盘有很大的不同。如果我们再等上两个半世纪,我们会发现冥王星和土星都回到了它们最初所在的位置——不过这时天王星和海王星又改变了位置，于是我们得到的仍然是一张独特的星盘。

必须等千万年时间的流逝，一模一样的星图才会再次出现。即使是这样，因为引力场的相互作用，行星轨道也在发生逐渐的移动。从实用角度出发，我们可以说任何时刻的行星影响都是一个崭新的事件，从未发生过，也无法再重复。

我们从地球上去看这幅图像，画面会变得更加混乱。地球是靠近太阳的第三颗行星，只有两颗行星比地球离太阳更近，所有太阳系的其他行星都处在更远的太空。地球以每小时65000英里的速度运行，并且像个陀螺一样不停地绕地轴运转。从地球上看各颗行星就好像从过山车上看芭蕾舞一样，所有令天文学家感到欣慰的秩序都消失了，取而代之的是一片混乱，没有道理，也没有逻辑。

逆行

地球这个移动的看台还制造了一些更奇怪的假象：行星会停下来，然后改变方向，反向而行。当一颗行星看起来反过来运行时，我们就说它在**逆行**。这是怎么发生的呢？

是什么原因让一颗行星看起来在自己的轨道上转向呢？

让我们想象自己在开车，前面有一匹马在跑。当我们在马后面时，我们看见马在向前移动，但是当我们超过马的那一刻，这一切发生了改变，我们看到马相对于周围的景物是向后移动的。这只是我们眼睛玩的一个小戏法，不过我们看见的就是这样一种情况。

在太阳系中也会发生同样的假象。地球是我们的快车,只有两颗行星比地球跑得更快——水星和金星,其他的都是跑得更慢的马。当我们在轨道上超过它们时,就会看到它们好像停下来了,然后向后移动一会儿。

即使是那两辆高速跑车,水星和金星,也会发生逆行现象,不过是出于完全不同的原因。它们像我们一样围绕太阳运行,只是离太阳的距离更近,但是我们的眼睛不会告诉我们这一点,我们所看到的只是一些发光体在天空中运行。当这两颗内行星围绕太阳运行时,我们会看到它们从太阳的一边荡到另一边,如此来回。这就像是看小孩玩旋转木马,我们的视线紧跟着他,我们的头会首先转向右边,然后再转向左边。水星和金星也是这样的,当它们在太阳的前面通过时,它们好像是朝一个方向运行,当它们绕到太阳的后面时,方向就改变了。因此,虽然原因不一样,但结果一样:水星和金星也像其他行星一样会逆行。

只有太阳和月亮不受影响。

太阳不会逆行,因为它是这个系统的中心。我们总是围绕着它朝一个方向运转,所以就造成了它围绕着我们转的假象——当然也是朝同一个方向。

月亮是太阳系唯一一颗真正围绕地球运行的天体,它的运行轨道不会改变,我们是从一个固定的看台上来看它,所以它也不会有逆行现象。

逆行的含义是什么?我们会在这一章后面的部分回答这个问题。就目前而言,需要知道的是对占星学家来说,太阳系是一个不可预测的、混乱的地方。想象一个放置了很多镜子的射击场长廊,大概就是这样一幅景象。行星会毫无预兆地加速或者减速,它们朝我们飞过来,变得非常耀眼,然后又消失在远处。

它们停在轨道上，在轨道上后退或前行。它们聚成一团，然后又各自分开。我们所看到的跟天文学家所描述的有序宇宙完全不同。

占星学和天文学，它们是天生的敌人吗？很多时候看起来是这样的。著名的天文学家会在电视上读一篇愚蠢的报纸占星专栏里的几句话，并就此声称揭穿了占星学的假象。而占星学家则以"呸"几声来反击天文学的"冰冷"，并表示那些天文学家胸腔里装的是微处理器，而不是心。

这是令人遗憾的，因为虽然他们常常被放到敌对的位置上，但是他们的血脉是相通的，他们工作的原材料是一样的：宇宙空间和心识。他们之间的真正区别在于，对占星学家来说，宇宙空间——尤其是它所包含的行星——对我们在地球上的体验会有影响。占星学是天文学的反面。天文学是用心识去理解宇宙，而占星学是用宇宙来理解心识，虽然这听起来很奇怪，但是它的确有效。为什么呢？对此我们仍然不知道，但是我们可以验证它，你也可以。只需要学习占星这门语言——最初从心理上接受它，接着学习和理解其中的文字，并试着造句——然后你就可以自己来判断了。

介绍各位演员

每一颗行星都有自己独特的个性。它们各自代表了人类意识的不同部分：智力、个人力量、情感连接、自我超越感。

任何人都不会完全缺乏其中的任何一个部分，每一张星盘都包含这10个部分。我们之间的区别只在于哪些部分被强化了，以及我们选择如何表达它们。

如果我们能够敞开并意愿去面对这些行星所代表的问题，那么它们将指引我们，指导我们如何让自己变得更加快乐。如果我们抗拒学习，那么它们就会如暴风雪刺痛肌肤一样严酷。选择在我们自己。我们应该占据有利位置：如果我们选择去学习这门语言，我们可以看到学习计划——那就是星盘。

现在我们只知道太阳系有十大行星，但是随着轨道望远镜的发明，我们很可能会知道更多。不过就目前而言，10 个已经够了。让我们来跟它们见面吧。

太阳

符号：☉

功能：

- 发展出连续的、可运作的自我形象；
- 意志力的聚焦，以及积极行动的能力；
- 自我的创造。

可能的缺陷：

- 自私、冷漠、干涉他人、虚荣、自大、固执、蛮横。

关键问题：

- 我是谁？
- 哪些经验能够帮助我加强和认清自我形象？我能够在哪里找到和扩展我的个人力量？
- 哪些无意识倾向造就了我的世界观？

冲浪一小时之后，我们躺在沙滩上，咸咸的海风徐徐吹来。阳光像蜜糖一般倾泻下来，使我们身体的每一个细胞都放松下来。太阳代表什么？要回答这个问题，你不必跑到喜马拉雅山去找个山洞冥想，你甚至都不需要读这本书。你唯一需要做的就是在八月的晴天里跑到海滩上躺一会儿。

太阳的含意？很简单，它代表**生命**，我们凭直觉就知道。无须任何科学的论证，这是一个如此明显的真理，我们能够**感觉**到它。赋予万物生命的太阳是太阳系的中心，这里的一切都围绕着它旋转。它巨大的质量所形成的引力，将这些行星都拴在它们的轨道上。

在占星学上，太阳也是这样运作的，它是**人的个性重心**。它是我们每个人内在各种不同功能的聚焦点，是我们的身份感。它让我们有一种"自己是一个独特之人"的感觉——有自己的感觉、视角和表现生活的方法。

没有太阳，一个人就会迷失，被一时兴起而相互矛盾的念头牵制，无法动弹，茫然地望着宇宙。

有中心，有组织，这些是太阳的任务。但是太阳怎样去组织剩下九大行星的功能呢？它如何将相互冲突的品质（比如，自控的需要和梦想的需要）组织在一起，并让它们在同一个人格里和谐共处呢？那么太阳是如何在太阳系中完成同一种任务的呢？通过吸引力。在占星学里也一样，不过这个吸引力是心理形式的，它就是我们核心处那无法抵抗的、永远精彩而富有吸引力的**自我。自我是内心的聚焦点，就像太阳是太阳系的聚焦点一样**，两种机制是完全对应的。

太阳通过将一系列假设塞入意识无法言说的维度／层面，从而创造出自我，这些关于生活意义的假设我们可能从来不曾看到，但是它们一直潜藏在我们的每次呼吸之下。

我们面对同样的一张白纸：生与死之间的一片未知。一个人可能会用工作和事业填满它；另一个会去周游世界；第三个成了瘾君子；第四个进了寺庙。

为什么会这样呢？每一个人的生活都反映了他对生活的无意识假设，这些假设对他来说总是显得**自然而明显**。每一个人的生活都反映了他的自我结构，反映了太阳。

那些塑造自我的假设总是非常随机的，对每个人都不同。但是对个人来说，并不会觉得它们是随机的，而是像自然秩序那样明确。那个商人无法理解到底是什么在驱动那个瘾君子；而那个冒险的水手对另一个人选择花 30 年待在一个寺庙的小房间里也困惑得直挠头。每个人的假设总是对他自己来说显得很合理。我们无法理解为什么其他人无法看清。

太阳在创造自我的同时，也导致了盲目性和敏感性的缺失。

我们陷在自我的个性里，而与生活为我们展现的其他各种选择隔绝。**但是太阳本就是让我们得以行动的部分**。没有它，我们就一片迷茫。意识本身无法跟世界互动，它的作用只是去主观地观察和反应。它从来无法主动寻求一种特定的体验，或者从另一种体验中逃开。选择是自我的管辖领域。心灵是**作选择**的部分，如果没有选择，任何事都无法发生。

但是为了选择，自我必须先实现统一。一个抱有各种渴望、梦想的人格，必须以一种形式来呈现自己。神话必须被创造出来，而且对我们来说，它必须是一个具有说服力的神话。这就是太阳的工作。

从一个大的角度来看，我们的太阳身份可能是一种虚荣，一种荒唐的装腔作势。它可能是一个神话，但它并不是一个完全没有基础的神话。这个神话从我们的内心深处升起，它是有根源的。

星盘中太阳的状态能够帮助我们看到这些根源。除了看到，我们还要滋养它们。自我表面上虚张声势，但是它实际上很胆怯，犹豫要不要表现出来。太阳必须很小心地被滋养，让它感觉到安全，同时我们必须防止它以一种幻想的辉煌来掩盖自己的不确定性。这个过程是非常微妙的，如果我们做错了，我们最好错在过度地发挥太阳这个方向，然后生活会慢慢纠正它；但是如果自我到最后都没有能够以自信和活力的方式显现出来，那么所有的一切都失去了，我们一事无成，不过是一团散乱的心理碎片——缺乏统一性、意志和目的，如同一只空空如也的箱子。

我们如何滋养太阳？稍后我们会详述。在这里，让我们看一个简单的例子。比如说太阳在射手座，就像我们在上一章中所看到的，这个星座代表了打破常规、从熟悉的环境之外去收集信息的能力。当太阳的神话来自射手座时，这个人能够通过寻找射手的体验——冒险、信仰的转变、旅行等——来实现更深的幸福感和更深的心理整合。即使一个人星盘的其余特点都表明他像达格伍德（Dagwood Bumstead，美国著名卡通人物，一个爱妻爱家的宅男——译注），但火象特性和吉卜赛人的精神依旧存在。

剩下的11个星座也是同样运作的。它们每一个都是一种体验的维生素，能为精神带来活力。吞下一颗这样的维生素，你的太阳就更加闪耀。你是不是认识一个让人讨厌的人？一个不停看电视的人？或者一个行为程式化、无聊得像自动电梯一样的人?那么他就是一个缺乏太阳能量的人,那些都是相应的症状而已。如果你没有养育自己的太阳,心灵就死了。

月亮

符号:☽

功能:

- 发展感受和情绪反应的能力;
- 发展主观性、易感性和敏感性;
- 发展我们称之为灵魂的东西。

可能的缺陷:

- 情绪的自我放纵、胆怯、懒惰、软弱无力、过于活跃的想象力、犹豫不决、情绪不稳。

关键问题:

- 哪类体验对我的快乐最重要?
- 当我被情绪和非理智占据时,我怎样表达它们?
- 哪些无意识的情绪需要在驱动我的行为?

喝了一半的波尔多酒瓶反射着炉火的光,被丢在一边。在石头壁炉边,沙发上,你跟自己的新情人坐在一起。谈话中止了。尴尬中,期待中,目光碰触,转开,又碰触。就在这时,月亮从云中探头,将月光从窗口撒入。它的美让你们俩沉醉，并在你们的眼中洒满黄色的光辉。你们向彼此靠近。

你们并没有真正坠入爱河，但这一刻再持续五秒也是好的。

月亮，神秘的女王。我们都知道它的浪漫含义是什么，而它的占星意义也差不多——月亮代表了**感受**。想要理解月亮，也像理解太阳一样，要从我们的眼睛开始。然后，一切就会简单得像二加二了。我们可以像最初的占星师一样去解释这首易懂的诗。所有的线索都在其中，我们只需要找到它们，并将它们连在一块。

除了纯净的银白色光辉，月亮所提供的最明显的提示就是它的易变性。它永远在改变之中，总在经历阴晴圆缺。它跟太阳不同的地方就在于，我们根本不知道它现在是处在什么月相，我们也不知道什么时候能够在哪里看到它。月亮总让我们惊奇。我们无意间抬头一看，发现它就在那，在明亮的蓝天中如鬼魅般悬挂；或者它隐藏起来了，任何时候任何地点都看不到它。月亮似乎总对外在的什么东西作出反应，并将那个反应显示在自己所呈现的样子中。太阳支配着周围的环境，月亮则不是这样。它会调整和反应，总是在接受、给予。

月亮象征着起反应和回应的意识部分、对环境敏感的部分、跟环境融合的部分，而不是去改造和抵抗环境的部分。它代表**情绪**——生活感觉起来如何，代表易感性——头脑底层的非理智性和情绪。心——这就是月亮的关键词。它代表纯粹的情感，将理智功能留给其他行星。

跟太阳比，月亮易变，因此它滋养想象力，在意识中装满各种想象和幻想。太阳为了实现自己更动感有力的功能，必须过滤掉很多无意识的东西，它必须保卫自我。月亮可不是这样，它从无意识之中喷涌而出，揭露出心灵的丰富，不会过滤任何东西。但有时它产生的情绪对我们来说可能太过强烈，淹没了我们，使我们变得情绪化，甚至抑郁。

周一早晨要面对的冷酷的、线性的现实，对月亮来说没有任何吸引力。它的作用是感受，而不是行动或者作决定。于是，它可能会懒得像块石头。如果只剩下月亮，它只能去做梦。而选择意味着将我们身后的桥全部烧掉。月亮宁愿生活在想象之中，在那里所有的可能性都能保留——只要不选择其中任何一个就可以。

然而，月亮是生命的灵魂。没有了它，所有的体验都是机械的、没有意义的齿轮转动。月亮带来了快乐和满足。但绝望和厌倦也是它的礼物，因为它们是硬币的另一面。月亮是爱，是恐惧，是人性的温暖和堕落。太阳可能建造了金字塔和空间站，然而是月亮，让我们在看到它们的时候眼中闪出惊叹的光。

想要快乐，我们必须让自己的月亮富有活力，它像太阳一样需要被滋养。而出生星盘给我们提供了一个方向。虽然解盘是后面章节的主题，但是让我们先来看一个简单的例子。比如一张星盘的月亮在狮子座——这是一个代表自我表达和创造的星座，就像我们前面提到过的那样。月亮在这个星座，会有一种想要表演和获得喝彩的情感需要，这个格局可能代表一种玩耍、娱乐、有吸引力的特质。但是也可能事与愿违，表演所产生的活力和侵扰性也可能让人们感到厌烦。于是，当没有了喝彩，胆怯就会接管月亮。一种不被欣赏、不被爱的感觉可能会严重挫伤这个人，虽然这种感觉可能完全没有根据。生活**感觉起来**是空虚而没有意义，不管从表面上看它多么完满。

月亮不讲道理，它也不在乎有没有道理。它是一种情绪，一种想要去爱和被爱的需要。如果月亮枯萎了，生命之心就变成了黑暗之心。我们就成了随机的宇宙中一个不被重视的心碎者。月亮是每个生物内在最短暂易逝和脆弱的部分。它是我们的喜悦。

逆行的意义

太阳和月亮永远都不会逆行，因此逆行这个概念跟它们没有关系。但是从现在开始我们将了解一些能够在自己的轨道上停住，看起来似乎在天空中反向运动的行星。在此之前，让我们理解一下这个天文现象的占星意义。

行星是**表达**星座能量的渠道，从这个意义上来说，它们都是外向的。不过当一颗行星逆行时，它的极性反转了。它不是以一种常规的外向模式向外流，它的能量的一部分转向了内在心识，转向了无意识，而远离世界。

传统占星学家通常宣称逆行的行星是"坏"的，它会比往常难以表达自己。这种说法的内核是真实的，但是在任何时候，如果我们在占星组合中听到"**坏**"这个词，都应该马上产生怀疑。一颗逆行的行星常常会给一个人相应的人格染上害羞和退缩的色彩，但这只是一半真相，与此同时，这颗行星功能也会变得格外深刻和敏感。

最主要的一点是，逆行会带来独立。

当一颗行星的力量不被转向世界时，它并不会蒸发。它还会继续，并且还是同样有力。唯一改变的只是它的表现场所。它安全地躲在心识深处，跟外在那些会影响外向行星的多数社会活动隔绝，像一个野孩子一样成长。它是完全自主的，因此也可能是危险的。问题是如何将这个野孩子从森林里哄出来，他对文明充满戒备，在外面会感到不舒服。如果他带着自己的才能走出森林，那是因为他自己选择如此做。

一颗逆行行星代表了一个人性格中缺乏自信的部分，它感到尴尬和不安全——缺乏价值感——虽然这些感受会披上一件虚张声势和小心防备的外衣。

如果你看到一颗逆行的水星或海王星或其他行星，要像对待外国人一样对待它。请记住，它感觉自己无所适从，很怕做错事。这颗行星是一个充满新鲜主意的金矿，但是它被埋得很深，将它挖出来需要耐心和策略。

关键是要记住不要执著于逆行的意义，它当然是重要的。但是这颗行星的基本功能并没有改变。水星还是水星，木星不会因为逆行而变成土星。逆行的主要影响是使那颗行星安静下来了。

还有一个相关的知识：当一颗行星正要逆行或者准备恢复正向运行时，我们称之为**静止**。静止也不会改变一颗行星的核心意义，就像逆行一样。它只是调大了那个影响的音量，使这个人心识的这个部分正在承受超高电压，因此常常成为这个人性格中的一个主要特征，并且总是一个顽固的部分。

现在让我们跟更多的行星见面吧！

水星

符号：☿

功能：

- 智力；

- 信息的传达、说话、教导、写作；
- 信息的接收、倾听、学习、阅读、观察。

可能的缺陷：

- 紧张、合理化、担心、轻浮、理智主义、唠叨、自相矛盾、活动过多。

关键问题：

- 我的智力和交流的长处是什么？
- 我的智力和交流的弱点是什么？

逆行时：

- 心智向内转，自由地以独立的、有想象力的、创新的方式思考；
- 可能在表达创新思想方面有困难，无法组词造句。

好运突如其来，你被选中参加电视智力节目竞赛。如果好运持续下去，你最后将得到一辆高级新轿车和在夏威夷度假一周；如果运气不好，你会在亿万人面前像一个傻瓜一样出丑。你做足了功课，准备好了。你走进聚光灯下，笑得像个美国小姐，却紧张得像宇航员等待发射倒计时的最后一秒。

你完成了跟主持人的寒暄。你是谁？你是做什么的？你跟你的对手打招呼。现在压力来了。在《夜长梦多》这部由博加特主演的电影中，谁是女主角？滴答、滴答、滴答……最好想得快一点……铃声响了！你的对手抢先了，如果不再快一点动手，他会开着那辆新的雪佛兰回家了。斯塔马尼亚在哪里？圆蛤是什么？比基尼这个名字来自哪里？等等。汗如雨下。思考，思考，再思考。谁是第一个踏上月球的人？叫什么来着？时钟一秒一秒地走动……想起来了！赶紧按铃!

收拾好行李准备去夏威夷吧,你的水星让你通过了。这就是那个掌管我们脑中图书馆的行星,它的作用就是思考、了解、演绎、推理。当它居于舞台中央时,我们的脑子清晰而敏捷,智力以最大限度运作。我们也心惊肉跳得像一个在看肺癌节目的吸烟者。

当行星离太阳越近时,它们的轨道就越短,运行得也越快。即使是遥远的冥王星——走得最慢的行星,速度也有每秒三英里,在交通法庭上这种速度都算得上恶性超速案件了,但是对行星来说简直就是原地不动。相比起来,地球的速度是每秒 18 英里多一点——是冥王星速度的六倍,但是冥王星的轨道长度是地球的 40 倍。

没有行星比水星更靠近太阳,也没有行星走得像它那样快,以每秒 30 英里的速度在太空中呼啸而行。每 88 天它就绕太阳一圈,而冥王星则需要 248 年才能绕太阳一圈,水星比它快了有 1000 多倍。

如果你的脑子现在开始转了,那很好,你正在进入水星的频率。水星是心智的行星——发挥线性的、逻辑的功能。就像它走得比其他任何行星都要快一样,它对应我们意识中的思维——我们头脑电路每一秒钟的运作。

在古老的神话中,水星是天神的信使。传统上,它还跟口头还有书面交流相关。这些联系是正确的。不过纯粹的水星能量是更加基本的,它是头脑中无组织的自由联想游戏,是意识对感官刺激的反应。语言是在这之后产生的,是被文化人为创造出来的,是一种为我们混乱的感知带来秩序的方法。

语言只是水星的游戏场。不过,一个受到水星的强大影响的人往往是一个能说会道之人，通常也是一个思考者。那些思想可能是玄虚抽象的，也可能只是枯燥地背诵脑海中的购物清单。不管怎样，它们都像瀑布一样以极快的速度通过我们的大脑，速度是每秒 30 英里，而且还常常绕圈。

看看那些水星型的人，你会感觉他们就像是在大家每分钟转 33 圈的地方每分钟转 78 圈。

速度既是水星的长处，也是它的短处。它比其他行星都更快速地吸收各种印象，对这个世界中的形状、声音还有概念，都充满深深的迷恋，而且它可以像镜子一样清晰而不加评判地处理这些印象。

但是这些感知也可能未经消化就通过头脑，就像一个不识字的中世纪男爵的图书馆藏，只是在头脑的书架上不停地积累，像是很多色彩斑斓而毫无意义的物件。

你是否认识这样的人，他能够告诉你贝多芬在哪一年写了哪首交响曲，但是在听那些交响曲时却从不会微笑地享受和用脚打拍子？他就有如一颗失控的水星。这颗行星可以运转到接近警戒线的速度，却不会表现出什么。只有很多的话，很多言简意赅的俏皮话。它能够让一个人对琐事着迷上瘾。

水星的另一个危险是：我们的思考和认知功能很容易被恐惧和个人倾向所包裹，而它们构成了我们的自我。

天文学对水星的这种陷阱已有警示。从何看出的呢？水星看起来总是跟太阳连在一起，在天空中，它们两个永远离彼此不远。天文学家早就知道这一点了，但是直到 16 世纪他们才理解原因：水星的小轨道离太阳比我们地球近很多，所以它们之间的角度永远不会超过 28 度。而我们离它们这样远，以至于它们看起来总是相比邻。

头脑围绕着自我转就像是水星围绕着太阳转。

如果没有谦卑和谨慎，我们可能只看得到自己想要看见的东西。我们可能会有选择性地收集自己的感知，总是努力去支持那个自我在其中感觉最舒服的现实模型。

这种合理化和防卫性是水星的另一个陷阱。这颗行星能够用事实证实任何事情，如果无法做到这一点，它也能够以非常快速而愤怒的方式说话，以至于我们会漏掉它论据中的漏洞。在水星的确信不疑之下，唯一的行为就是紧张。没有另一颗行星能够像它那样急速变形。

我们必须去感知。感知对头脑来说，就像食物对身体一样。水星在出生星盘上的位置帮助我们看到如何最好地打磨和完善它们，但是它也警示我们有哪些偏见和盲点。水星的任务是将自己从太阳的应声虫变成它的大臣。水星并不需要知道生命的意义，它关心的是更为切近的问题。它只需收集原始信息，并用它来喂养太阳。观察和传递信息，是水星的功能。再多就不需要了。

金星

符号：♀

功能：

- 恢复破损的敏感性；
- 稳定支持性的情感网络；

- 发展出审美反应能力。

可能的缺陷：

- 懒惰、操纵、虚荣、懦弱、长期放纵于情欲。

关键问题：

- 我如何冷静下来？

- 我想从伴侣那里得到什么？

- 我能够给一段关系带来什么？

逆行时：

- 可能会造成羞涩和社交恐惧；

- 在异性面前感觉不自然；

- 怀疑自己作为一个伴侣的价值，或对此没有安全感；

- 可能具有自由和创造性的心识。

太阳在一片雪景之中慢慢西沉，空气中的湿气都被冻结了，天空清澈如镜。远处大树的枝条看过去仿佛艺术品一般。赤裸裸的阳光照在白雪上所反射的强光开始减弱，影子开始形成，锐利的线条和边缘开始显现。慢慢地，灰色和黑色成了景色中的主要色调。天空的蓝色也慢慢变暗，从天蓝变成靛蓝，从靛蓝变成初夜的紫色。

突然之间金星出现了，发着光，如此华丽。很快它就如此闪亮，以至于在它的光里物体能够有影子。它曾经被数千年地崇拜，被称为黄昏之星。现在，它依旧美得让我们屏住呼吸。

如果太阳是国王，月亮是王后，那么金星一定是天庭中的公主。跟日月的光相比，她的光是暗淡的，但是她比所有其他的天体都要亮。想象一颗在发光的珍珠，那就是金星。如闪电一般雪亮，但是却带着一种更加柔和的气质。笼罩着一层金色，在天庭中，她是最精美的珠宝。

如果你感觉自己被这些描述中的诗意所触动，那么你也正被自己内在那个被占星家称为金星的部分所触动。它是美神。均衡、和谐、平衡——这些是金星能量的核心。它可能会带领我们在色彩、形状、声音中创造出和谐，或者对已经存在的和谐作出反应。金星为我们带来对美的感知，让我们在看到雪景中的日落时流下眼泪。

当金星在一个人的星盘中比较强时，这个人并不一定会是一个米开朗琪罗，或者莫奈。但是他几乎总会在自己家的客厅墙上挂有油画，或者拥有一套音乐收藏。如果问他们有没有个人的创作作品，他们可能会说自己笨手笨脚——但是在阁楼的某个角落里，一定藏了一堆诗作或者一把老吉他。如果你能够诱骗他们弹上一首曲子，你会震惊得目瞪口呆：你可能会觉得自己是第一次看到他真实的样子。

说金星带来了艺术倾向还不够，那是算命。更有效的是建议那些受它影响很大的人去主动发展自己的创造力。他们越是接受自己是一个"艺术家"的形象，就越感觉到跟自己以及世界之间的和谐。他们是那些让所有人快乐的画家、音乐家、演员，以及诗人。如果他们拒绝接受这一点，就会找不到自己深层的精神停泊处。

金星不只是天生的艺术家，她还能够协调一个人内在的所有矛盾因素。内在宁静是她的天赋。在传统中,她是和平之神——思想的宁静以及国家之间的和平。她在星盘上的位置告诉我们一种可以让自己变得平静的体验。她是来自天国的镇静剂。

想要进行更深入的讨论,我们必须回到天文学上。金星是最靠近地球的行星。我们的另一个邻居火星,与我们的距离永远是金星的两倍以上。其他行星就更远了。金星跟地球相近的地方还包括质量和直径,在这两方面她就像是地球的双胞胎。如果不是致密的硫酸大气层,以及它所制造的高温,金星更像是地球的热带版本。

这些都意味着什么呢?让我们来重新看一下这些线索:金星离我们很近,她的外表跟我们很像,她是天空中最可爱的行星。这是否代表她是我们建立关系的能力象征?她除了是爱神,还能是什么呢?

我们生来感觉自己只有一半,将生命的大部分时间花在找寻另一半上,或者在找到之后,花在如何让关系保持和谐上。对几乎所有人来说,关系都是生命中至关重要的事。就像金星是所有行星中最亮的一颗一样,她所代表的问题也是我们所面对的最难以抗拒和最令人疑惑的问题。

如果没有外在的回馈,我们无法在关于爱的学习上有什么进展。我们必须有伴侣。金星知道这一点,所以她为我们做广告。通常她会为我们带来肉体的美,宣告我们正在打造一份关系,即便不给我们带来影星般的美貌,也会给我们带来一种无法抵抗的优雅。她还会带来人格的吸引力——镇定、礼貌、高贵的言谈举止。金星型的人永远不会莽撞,相反他们会像潮汐一样冲刷你,在我们意识到之前,就已经将我们淹没了。

我们跟爱人的互动是如此至关重要的主题，所以金星在星盘上的状态是一个非常重要的信息。她所落的星座告诉我们这个人的需要，这个人会觉得什么是吸引人的。如果金星在双子座，这个人就需要来自伴侣的心智启发——并不一定是躺在床上谈克尔凯戈尔，但一定是新鲜的、有启发性的交谈，以及想要尝试新鲜体验的意愿。或者这个人会有对各种不同伴侣的需要——如果不是爱人，那么就是朋友。当金星在巨蟹座时，状况就完全不同了，她的需要就安静得多，感情上更为纯粹。一夫一妻也更容易被接受。

就像水星一样，金星也是一颗内行星，比地球更接近太阳。这就意味着从地球的角度来看，她也不会距离太阳太远。实际上两者之间的最大可能角度是48度。而且，就像水星一样，这也让她跟自我绑在一起。她可能会跌落为虚荣和占有，将人类的爱变成一系列肥皂剧式的场景。她的优雅可能会退化成油滑，她的魅力可能会演变成操纵力。她可能会成为一个花花公子或者蛇蝎美人，可能会变成一个充满了疲惫、消极、奢侈逸乐的肉欲之人。

最坏的情况是，我们的金星成了一个过时的电影女王，躺在她的长沙发上，周围满是发黄的宣传照，体形很肥，但是依旧虚荣，在吃着巧克力。

我们每个人生来都有一种渴望，知道解药的人很少，更不用说找到了。满足那个渴望，即使只是片刻，都是金星的艺术。她的方法是多样的，但目的却永远相同：帮助我们找到片刻的宁静。这宁静可能来自爱人的臂膀，或者是一首动人的曲调，或者站在一座高山顶峰瞬间产生的超越感。不管她在哪里，金星都会将我们带到那里，只要我们去倾听。我们可以留意或者忽略她的建议，这个选择永远都是我们自己做出的。

火星

符号：♂

功能：

- 意志的发展；
- 勇气的发展；
- 学习肯定自己。

可能的缺陷：

- 易怒、愤怒、自私、不敏感、残忍、虐待、夸大、好斗。

关键问题：

- 我必须面对什么战斗？
- 如果我不想进行没有意义的冲突和争斗，我必须在哪里变得更加肯定自己？
- 怎样才能磨砺我的意志？
- 我怎样表达自己的积极性？

逆行时：

- 巨大的停滞不动的力量；
- 在肯定自己和提出要求时很犹豫；
- 被动倾向；
- 愤怒被控制了，但它转向了内部。

你现在坐在这里,被这本书迷住了。真是个傻瓜!我现在可以告诉你,反正你已经交了书钱了。我的编辑和我正在吃着鱼子酱,喝着上好的圣艾米隆葡萄酒,都是拜你所赐啊。一个傻瓜总是很快就要和他的钱说再见的。

你是不是感觉到一点震惊?一点愤怒?我希望如此。因为如果是这样,说明你正开始理解自己的火星。

再一次,我们遇到了一个对自己来说并不陌生的象征,它只是用了一个我们并不熟悉的标签,如此而已。这个符号所指向的意识面向——感受——对我们来说就像重力一样熟悉,那就是攻击性。

火星是第一颗轨道在地球轨道之外的行星。水星和金星都更接近太阳系中心,从某个意义上来说,我们是围绕着它们转。看起来,它们跟太阳就像绑在一起一样,永远不会离太阳太远。但是火星这颗红色星球可不是这样,它能够去到自己想要去的地方,不受外界影响。

这个简单的天文现象告诉我们很多关于火星的东西。它是自由的行星,独立,自我决断。它是夜空中的红色眼珠。古人马上就抓住了它的含义,他们知道火星是战争之神,他们害怕它。它自大而易怒,当它移动时,他们都会发抖。

千万年过去了,我们有了新的现实模型。我们现在知道火星是一个很小的三等世界,一个寒冷的沙漠之星,被一层烟尘所包围。所以没有什么可怕的。支持这一观点的证据很充分。探测器已经降落到那里,照片被传回来了,没有一星半点表明火星是战神之家。在那里没有肱二头肌特别发达的巨人士兵,没有亚马孙女战士。也没有睾丸激素在运河里流动,事实上,根本就没有运河。

但是，对占星家来说，火星依然是果断和侵略的象征，是战争之神。为什么？只是因为那是我们所观察到的现象。即使只是随意研究一些星盘也会揭示出，当火星扮演一个重要角色时，那个人的个性是强烈而直接的。

传统占星家对火星的看法让人想起伽勒底人的牧师，他们在这颗红色星球每次抽搐时都会赶紧杀一只羊来祭奠。在这些人眼里，火星是绝对的"凶"星，与不快紧密地联系在一起。冲突、不和、敌意、惊恐，这些的确是火星的特质，没有错，但是将它们放在第一位是不得要领的。最重要的是，火星象征着人类意志的力量。这颗行星给了我们去做自己喜欢的事的动力，让我们去实现自己的生活，将任何阻挡我们这样去做的东西踩得粉碎。

很明显，这是一种很危险的能量。当火星向坏的方向发展时，没有一颗行星比它更加恐怖。它可能会变得无法形容的残忍、无法原谅的自私、无法理解的冷酷。如果人真有"杀手本能"，那么火星就是它的象征。

在这本书里，为什么没有"用核弹摧毁火星"这个按钮呢？因为如果没有这颗红色星球，我们就会死去。如果火星被摧毁了，我们都会进入休眠。这是热情的行星，这是为老人的眼睛带来闪亮的生命火花的行星。是火星，让马拉松选手能够加速跑完最后半英里，让一个小提琴演奏家在演奏帕格尼尼的急速乐章时能够具有如此的爆发力。在达豪的集中营，翁迪德尼的印第安人屠杀地，以及加尔各答街头，也正是火星在支撑那里的人们保持自己的生存意志。

杀手本能？有时候是这样的。生存本能？活下去的意志？这是肯定的。

火星无法忍受懦夫。如果我们让恐惧代替自己作决定，那么一定会让这颗行星马上变得不爽。火星需要冒险，他需要压力，他需要一个机会来达到自己的极限。他是一个凶猛而未驯化的斗士，当你在夜晚的街灯下被流氓拦住劫钱的时候，它是你的好伙伴。但是我们可能无法在一个安静的下午将他带到图书馆去——他可能会把那本未删节的韦氏辞典当铅球来掷，只是为了发泄他的能量。

我们怎么保证火星成为坚韧的生存者而不是凶暴的杀手呢？我们将他想要的东西喂养给他，而那个配方则在星盘上等着我们去解读。

现在我们假设有一位女性的火星在摩羯座，这个星座代表自律和野心。她有一个秘密的梦想：独自一人驾驶狗拉雪橇穿越拉布拉多（加拿大东北部的寒冷地区——译注)，并且写一本关于自己经历的书。这将是她的一个火星体验，因为它是多彩的，令人害怕的，需要意志力非常集中才能完成。它的摩羯色彩也很强，因为它需要一种有组织性的持久努力，它是单独的，它也包含有一个事业的目的——她想写一本书。

她是否应该丢掉工作开始寻找一条爱斯基摩犬？没有一个占星家能够确定。但是我们知道她最终必须去体验一些这种火星在摩羯座的冒险。可能是在拉布拉多，也可能不是。如果她如此确信自己必须去那里，但是却没有依此行动，那么她的火星就没有得到健康的释放。它被压抑住了。然后我们看到那个杀手就出来了。她变得越来越不好相处。易怒、爱争吵、为一些小事竞争。当然她身边的人不会忍受她太久。他们也会变得愤怒。换句话说，她还是得面对压力，但这不是她真正需要和想要的压力。她去面对那些北极熊会来得更容易。

面对北极熊：这就是我们需要知道的关于火星的全部。

木星

符号：♃

功能：

- 保持信念；
- 活力和信心的发展；
- 提高兴致。

可能的缺陷：

- 过度扩张、过度乐观、浮夸、虚假、拒绝接受负面现实。

关键问题：

- 哪些体验会使我对自己和生活更有信心？
- 在哪些方面我可能会想当然？

逆行时：

- 非常深入的内在信念；
- 可能会造成一个非常严肃的外表；
- 可能会阻碍情绪的开放。

连续十天，冰冷、如雾一般的雨，被一阵阵的北风吹落。到处是淤泥。寒冷轻易穿透袜子和上衣，就好像它们是渔网一般。你流着鼻涕，病情有些严重，让你很烦，但是又没有严重到让你可以请病假的程度。于是每天早上，睁开眼睛，你都赶紧去看窗外，但每天早上，都是一样灰暗得令人丧气的天气。三天、五天、八天。没有一个人有力气说话了，没有笑容，没有玩笑，只有无尽的等待。

然后突然有一天，太阳出来了，闪耀在碧蓝的天空里。南风透过卧室的窗带来了温暖的空气。鸟儿在歌唱，孩子们在玩闹，树叶闪闪发光，仿佛是绿宝石做的一样。而且这是一个星期六！我们感觉如何？狂喜、感恩、自由、满足、胜利。这些感受的占星标签就是木星。

木星——众神之王。太阳系中最大的行星。如果我们将太阳系所有其他的行星，所有的卫星，还有小行星、彗星，所有的天体（除了太阳）加在一起做成一个球，它们仍然没有木星重。

天体物理学家告诉我们，一颗行星在形成过程中要变成一颗恒星，唯一需要的只是更多的质量。如果它变得足够重，核反应就开始发生，一颗太阳就诞生了。这个过程差点就发生在木星上。我们的太阳系差点就有了两颗太阳。

宇宙飞船也为我们验证了这个图景。当"航行者号"飞过木星时，它们发回了一些数据，科学家现在对这些数据仍然束手无策。这颗行星散发出很多能量，比任何人料想的都要多。就好像木星还没有承认自己无法成为一颗恒星——即使在 50 亿年后的今天，它还在努力用自己的光来发光。

一颗伪装成恒星的行星——这就是木星。就像一个被放逐的国王，他在远离实权中心的地方建立了一个小王国，在那里他统治着太阳系的外围区域和一堆卫星——其中四颗有水星那么大。但是木星不是一个暴君，那不是他的特质。他更像是天庭中的好国王温瑟斯劳斯，心胸开阔、慷慨、快乐。他被传统占星家认为是最吉利的行星。

有一个词抓住了木星的本质：**信念**。木星可以说是信念之行星。并不是宗教意义上的信念，不是那么正式的信念，而是更原始的信念，对生命的信念——一种知道生命值得去活的无法动摇的确信。下了十天的雨，然后太阳出来了，这时我们的木星电路马上开始幸福得嗡嗡直响。当木星在一个人的心理结构中扮演重要角色时，我们会看到一个兴致勃勃的人，一个携带着自然贵族气质的人。他慷慨大度、心胸开阔、对小气和挑剔抱以鄙视。木星特质的人总是带着一种无法形容的特质，一种比生命更大的气质。在我们面前的是一位明星。不过不幸的是，这个人也知道这一点。

木星是虚伪和浮夸的行星。他可能是一个光彩夺目的空壳，里面装的都是自我荣耀的幻觉。像一个被罢免的沙皇一样，他能够以一种专制和苛求的态度支配一整个法庭的人。但是当这些人不听他的话时，他会像一个受责骂的孩子一样生闷气。不过他不会生太久的气。木星的精神很有弹性，他总是会反弹的。就像是喜剧中的小丑，他对生命的信念是不会枯竭的。没有任何事情能够击败它，失败不在他的字典里。

但是在生活的字典中有失败这个词。对我们所有人来说，迟早会遇到一座太高的山、一种无法战胜的疾病、一段不可能的关系。它们是木星无法抵御的魔鬼。他无法优雅地退下，那里不会有一种半自杀式的蛮勇，后者更像是火星的特质。木星只是无法想象失败。

一个蒙上自己眼睛的愚人很开心地踏出悬崖边缘——这是木星的经典形象。不管这颗行星在我们星盘的哪个部分出现，我们都会发现在那个领域中我们非常幸运，但是我们也要小心，不要将它看成是理所当然的。过度乐观、过度扩张、不现实的期待，这些都是每一个帝王的陷阱。而木星可能会一头扎进去。

传统的占星家将木星称为"大吉之星"，他们都爱他。但是他们并没有将他看得很清楚。当他们说木星让我们感觉良好时，他们是对的，但他们没有看到的木星也可能将我们引离花园小径。国王和愚人只是一线之隔，木星在它们之间保持平衡，像一枚抛出的硬币一样不确定。

土星

符号：♄

功能：

- 自制力的发展；
- 自尊的发展；
- 对自身天命信念的发展；
- 与孤独和解。

可能的缺陷：

- 抑郁、忧郁、愤世嫉俗、冷漠、感受迟钝、趋炎附势、单调、没有想象力、情绪压抑、物质主义。

关键问题：

- 在生活中的哪些领域我必须独自行动？
- 在哪些地方缺乏自律将很快让我后悔？

- 我梦想和信念的能力在哪些地方将会受到严峻考验？

土星逆行时：

- 深入的自我满足；

- 可能表明你是一个"不合群的人"；

- 储藏有惊人的内在力量；

- 情绪方面的自制；

- 可能不太会说"不"。

    想象一位年轻的女士，一个梦想家。她有英语硕士学位，可是却没有用它来找工作。在过去五年里她都在等待，等待着什么事情发生。她的志向是成为一名作家，不过至今为止这一直都只是一个幻想。她什么都没有写过。

    突然有一天她发生了改变。她发现自己正在变老，于是变得有些害怕。她意识到要么就是现在，要么永远什么都无法发生。她写了一本小说。这本书反映了她的特质，很梦幻、很浪漫，是一本哥特式小说，名为《摩尔人的激情》。突然之间，喜从天降，她卖掉了手稿，小说大卖，全美各个零售店的柜台里都有这本书。

    又是30年过去了。30年里，她出了15本《摩尔人的激情》，每本的名字都不一样。她变得有钱而出名，你可以在《人物》杂志上看到她的面孔。岁月改变了她，她不再是一个精神恍惚的天真少女，而是一个有远见和信心的成熟女人了。虽然她的书并没有反映出这一点，但她自己是知道的。

    她有了一部新小说的灵感，一部非常不同的小说，更深刻、更严肃，一部会让她自己自豪的作品。她的出版商对此不抱信心,但是她却一直坚持写作。写到一半的时候,她去看医生,知道自己得了癌症,还有三个月可活,而这本书还需要六个月才能写完。不可能了。她哭了。她写了遗嘱,计划进行环球旅行。一个星期过后,她跟自己进行了一场很长的谈话,然后她耸耸肩膀,又在自己的打字机前坐了下来。她一直是作为作家而活的,她也将作为作家死去。她的著作永远不会完成了,但是管它呢?那不是关键,关键是过程。

在那个瞬间,这个女人通过了所有行星中最强烈的考验。她成了土星的主宰者。

土星——传统占星师有时称它为撒旦,一颗凶星。即使是现在,这颗戴着光环的行星也常常被看做是宇宙中的"弗兰肯斯坦"(*一部著名科幻小说里的怪物——译注*)。它常常跟抑郁、忧郁、失败、孤独以及沮丧联系在一起。这是真的。如果我们令它不快,那么所有以上的描述都是准确的。但那不是土星的目的。没有一颗行星是来伤害我们的。

土星教给我们的一个最重要的美德,就是**自律**。这就是理解这个符号的关键。像另一颗所谓的"凶星"——火星——一样,土星想要将意志聚集起来。它教我们最难的艺术:如何完全依照我们的喜好行动,如何让意愿来驾驭我们的恐惧、懒惰和情绪。木星是信念的行星。但是从某个角度来说,土星才真正值得上这个名号。木星给我们带来的是一种信念的感觉,不过它常常提供一千个拐杖来支持我们:"我当然有信念。生活很美好。看看我的银行存款,我的性感伴侣,我的崭新奔驰……"

土星对待信念的方式则不是这样。他将我们的所有拐杖都拿走,向我们展示黑暗、不可能、失败，然后问我们："你还有信念吗？"再申明一次，这个信念与宗教无关，它是对生命、对自己、对我们的梦想、愿景和理想的信念。它是对我们天命的信念。只有当这些愿景在绝无可能实现的时候你还能够无须任何帮助独自站立，我们才能说自己是拥有信念的。在此之前，我们都不过是在进行练习而已。我们故事中的女士知道自己永远是一个作家，那就是她的命运。从那里面逃走就像是从她自己更深的自我中逃走一样。她不可能完成自己的书了，但是没关系，写作行为本身才是真正重要的，没有成功或者失败。

隐士常常被用来作为土星的象征，这是一个非常合适的形象。土星是代表独处的行星，不管它待在星盘的哪个地方，那里都是我们必须独自行动的领域。在那里，最重要的就是自足；在那里，我们无法依靠任何人，除了我们自己。甚至连回报也要由我们自己来提供。

死亡将阻止这位作家因为自己的书获得任何称赞和金钱。没有一个人能够看到这本书，对世界来说，就好像她从未写过一个字一样。但是她还是去写，只是为了通过做这件无瑕的工作而成为自己，并从中获得满足。她成了土星的主宰者。她的独处是完美的，从现在起她将只为一个人而创造：她自己。她可能会爱，但是她永远不再需要任何其他人的赞同了。

如果没有学会土星在星盘中所编织的功课，那我们就会四处漂移，我们会迷失方向。生活将变得空虚、毫无意义，我们会落入愤世嫉俗和绝望中。而学会这个功课，我们可能也不会高兴得在街上跳舞——那不是土星的方式。但是我们能够获得只有土星才能带给我们的满足——这种满足来自于自我认识和自我尊重。没有它们的话，可能还是会有喜悦，但那种喜悦就像是风中的纸一样——没有根。

不可见的行星

两个世纪之前，一场变故震撼了占星学界——一颗新的行星被发现了。两百年之后，占星学界还在因为这场余震发抖，直到现在才开始恢复，重新进行调整。

1781年晚冬，英国。威廉·赫歇尔通过望远镜观察星空，研究已知的星星，结果他发现了一个新世界。出于政治吹捧的目的，他将这颗发出微光的行星命名为"乔治三世"或"乔治之星"，"乔治"是当时国王的名字。不过幸运的是，这个名字并没有被沿用下来。英国人有时称它为赫歇尔星。不过最后还是神战胜了人，现在大多数人都知道这颗行星叫做天王星，它的名字来源于希腊神话里的天庭之神乌拉诺斯。

为什么天王星的发现会令人如此震惊呢？

在此之前数千年，占星学都是一个封闭的体系，包括太阳和月亮在内一共有七颗行星。七是如此奇妙的数字，彩虹有七种颜色，八度音有七个音符，一周有七天。七总是在神秘传统中出现：身体的七个脉轮，《圣经·启示录》的七个教堂。所以天空中有七颗行星似乎是合理的，让人感觉舒服。数千年来，这个简单的观测结果甚至是占星学有效性的一个有力论据。

当赫歇尔公布他的发现的瞬间，这个简洁严密的系统崩溃了。突然之间，有了八颗行星。既然有了八颗,为什么不可以有更多的行星?尘埃落定时,占星学就像死了一样。科学时代开始了。

占星家失去威望的同时,也获得一个前所未有的机会:发现一个崭新象征的机会。天王星不可否认地存在在那里,它必然有一个意义,是什么呢?当60年之后海王星被发现时,这个答案还很模糊。当1930年冥王星被发现时,也是一样。这些新的行星的意义是什么呢?七颗行星的系统看起来是人类心识的完美模型,所有的一切都包括身份、情感、逻辑、爱、恐惧,什么都不缺。这个系统开始于太阳,生命活力之星,并且终结于土星,死亡和结束之星。土星似乎是一个非常自然的终结点,在这颗有光环围绕的行星那里,生命周期完成了。再也没有其他可能性了。

但是,在太空深处,悬浮着那个蓝绿色的星球,诱惑着占星学家去探索。

占星家花了许多时间从正确的角度来处理天王星。当他们成功时,占星学完成了一次量子飞跃。那么,在土星所代表的功能之外,还有些什么呢?或者说,在个性的终极自我实现的形式之外,还会有什么呢?或者更简单地说,在死亡之外,还会有什么呢?

个性之内的结构是可见行星的领地,它们完美无瑕地勾勒出这块地域的地图。这些新的行星则让我们打破了自然、自我和常态的边界,我们来到了个性**之外**。它们的意义到底是什么?我们确实有一个线索:我们无法看到这些行星,只有用望远镜人为地放大我们的感触时我们才能够意识到它们。这种观察是有象征意义的,它是关键。

天王星、海王星和冥王星代表的只是可能性,它们代表只有通过有意识的自我努力才能够获得的一些超越性的、非自然特质。与传统的行星不同，这些功能的正面显现永远无法被自动触发。在我们能够转化自己的存在之前，我们只能够看到它们的暗影。不通过努力，那么这三种神秘象征对我们的精神来说就如同它们对肉眼一样，是看不见的。现在让我们具体来看这三颗外行星中的第一颗。

天王星

符号：♅

功能：

- 个性的发展；
- 质疑权威的能力；
- 超越文化和社会设定的程序。

可能的缺陷：

- 故意作对、固执、僵固、易怒、怪异、不可靠、不负责、自私、对他人的感受漠然、无法向他人学习、为了古怪而古怪。

关键问题：

- 我必须在生命的哪个部分即使得不到社会认同也乐意前进？
- 我必须在哪里学会打破规则，走自己的路？
- 我会在哪里不断接收最误导人的意见？
- 我注定会挑战和冒犯哪些权威？

逆行时：

- 个性可能会消散在幻想之中，而外在表现还是安全和正常的；
- 可能代表天才——并非通常高智商意义上的天才，而是心灵不受文化"俗见"所限制的天才。

在电影《飞跃疯人院》里，当主人公帕特里克·麦克默菲带领一帮精神分裂者逃离了精神病院，跳上一条渔船时，我们都为之欢呼。每一个人都倾向于站在被压迫者的立场上，尤其是当他们挑战当权者的时候。不管理由是多么令人无法理解，"我再也无法忍受了"这样的战斗呼声总是能触动每个人内在同情的心弦。

阶级、权威、规则和制度——这些是每一个文明的基础。没有它们，我们会成为一群互相扔石头的洞穴人。但是我们每个人内在的一部分都讨厌这些限制，无法忍受被告知该做些什么，这个部分总是跟逃亡者、反叛者、打破规则的人相认同。

这个无法驯服的特质在占星学上对应的就是天王星，这是颗**有个性**、爱自由的行星。对它来说，没有什么比反叛更加开心。它独立、叛逆、固执、多姿多彩。如果有一个占星符号可以对应物理上的"测不准原理"，那就是天王星。没有一颗行星比它更加难以预测。

天文观察也显示出天王星的占星含义。大多数行星的赤道都差不多在黄道平面上。换句话说，地球的北面也是木星的北面。但是天王星不是这样。这颗行星并不在自己的轨道里进行陀螺式旋转，而是滚动运行。它的北面跟我们的北面是垂直的。即使在天空中，这颗富有个性的行星也按照自己的曲调来跳舞。

什么是个性？语言、哲学、幽默、风格——这些特征都不是个性，它们只是从文化和经验中学到的面具。我们生在美国，我们看过几部克林特·伊斯特伍德的电影，给几个芭比娃娃穿过衣服，读了一点阿加莎·克里斯蒂，看过一点流行心理学，然后——哇啦——人格就形成了。它只是一个自然累积的过程，是由出生的环境所造就的。

个性则是更深的东西，它是未开化和自发产生的，是**心识先天结构**的一部分。不管我们是生在布鲁克林还是博兹瓦纳，这一部分都是一样的。这一部分不会买那些我们碰巧在此出生的民族里流传下来的神话的账，它不遵守这些规则，它不尊重任何权威。它对祖先、牧师、总统都没有尊重。它不尊敬任何虚伪。

当我们显露自己的个性并开始发展它，我们就会被整得很惨。为什么？**因为自宇宙诞生以来，文化和个性、社会和天王星就一直是死敌**。在它们的战争中没有英雄，也没有坏蛋。可能最恰当的说法是，双方都纠正了对方的极端之处。如果文化赢了，我们都会变成只有两三个简单程序的机器人；如果天王星胜利了，我们会返祖成为野人。

天王星激励我们去获得自由。它在星盘上所处的位置告诉我们，在我们精神电路的哪个领域装满了想要反抗的戏剧。它代表了这样的一个领域，在那里我们的本质会跟文化强加给我们的限制进行战斗。为了忠于自己，我们必须违反规则；但是违反规则的时候，我们陷入麻烦。**我们被迫发展和保护自己的个性。**

我们会在后面章节学习如何解开天王星在星盘上所编织的线索。在那里有一个战斗计划——如果我们不选择战斗的话，那么还有一个非常恐怖的投降协议。但是现在我们只需要抓住一个原则：天王星是我们内在那个拒绝被规则压碎的部分。

作为一颗"看不见的行星"，天王星的嗓门可不小。叛逆有什么卓越之处呢？

超越土星限制的第一步不是通常意义上的"灵性"，而是不再随大流，超越机械主义。人格在被超越之前必须先实现完善。我们必须将自己内在所是的样子呈现出来，不管我们所受到的是喝彩还是中伤。我们必须多少接受作为一个改革者、一个天才所承受的孤独负担。我们必须走出自己的部落。

很少有什么事比这更让人害怕。我们可能会不停地抱怨自己的工作、婚姻、无聊的生活，但是如果我们没有这些支持，完全裸露地站在这个令人畏惧和残忍的宇宙面前，还能够**作出有意识的、前后一致的生命选择**，这才是最高的勇气。这种灵性转化就是天王星纵身一跃的本质。

如果我们不想跳呢？那也是我们的选择。就像所有的外行星一样，如果我们不愿努力，这颗行星就不会对我们的性格贡献什么。但是，它也不会因此蒸发不见。

对天王星的一种软弱的反应可能是进行没有意义的、象征性的抗争。想象一个天王星落在事业领域的人，在他的心里，他想做一名挖蚌壳的人，但是他是一个律师，出生于一个律师家庭，在"要使劲爬上顶端"的理念熏陶下长大。虽然他很想响应天王星的召唤，将他的法律学位扔出窗外，去买一把挖蚌壳的靶子，但是他始终无法鼓足勇气这样去做。

这会发生什么呢？所有天王星的爆发力都被安全地投放到一些怪癖中去，例如他一定要坚持在办公室里穿蓝色牛仔裤，坚决拒绝打领带。他用所有的热情来维护自己这些没有意义的古怪行为。**本来他可以用这些热情来争取过自己想要的生活的权利，那将对他有益得多。**这就是天王星用来驱策我们的鞭子：如果我们没有通过它的考验，我们会感觉自己像是生活在别人的电影里，而我们扮演的角色是一个无害的但有些滑稽的牵线木偶。

天王星以及其他外行星的发现都很精彩，我们是在天文学上和心理学上同时发现它们。天王星是于1781年被发现的，那是一个全球意识处于动荡的年代，美国革命刚刚发生，法国革命即将开始，科学的"启蒙时代"正要开始。在地球上，**个人的尊严以及个人质疑权威的权利**开始进入了集体意识。

巧合？也许吧。但是请考虑一下这个事实：虽然天王星非常的暗淡，不过在某些时候它是能够被看到的。我的眼睛并不是特别的敏锐，而且我生活在潮湿和充满雾气的北卡罗来纳州，但是我看到过天王星。它看起来像一英里外的一只猫眼，不过我还是看到它了。不过它怎么会被迦勒底人、埃及人，还有中国人遗漏呢？旧时的天空没有灯光映照和空气污染，如水晶般清澈，而经过数世纪的辛苦观测却没有人发现这颗行星。会不会是因为我们当时还没有准备好发现它呢？

海王星

符号：♆

功能：

- 减弱自我形象中的小我；

- 在小我之外创造一个自我观察点；
- 减弱意识和潜意识之间、小我和灵魂之间的阻隔；
- 发展出我们称之为上帝的意识。

可能的缺陷：

- 迷惑、懒惰、白日梦、迷糊、逃避、毒品和酒精依赖、缺乏现实验证能力、迷人的幻觉。

关键问题：

- 在哪些领域我必须降低逻辑的重要性，而强调直觉功能？
- 在哪些领域狭隘的自我利益对我最不利，并对我产生破坏性？
- 在哪些领域我最容易将愿望和恐惧当成现实？

逆行时：

- 心灵对外在现实的敏感度不高，很容易被主观因素扭曲，但是相对来说比较少受逻辑的影响。

一个人相信自己是拿破仑·波拿巴，他想象自己所住的精神病院是圣赫勒拿岛。他的穿着、吃饭、说话都像拿破仑，他渴望约瑟芬，他为滑铁卢悲叹不已。他的幻想毫无漏洞。他完全相信它，演得也无懈可击。

另一个人相信自己是美国总统，每天他都跟自己的顾问见面，每天他都作很多重要的决定。不管他去哪儿，他都被保镖环绕。他的幻想也毫无漏洞，事实上，它是如此完美以至于我们都相信，他真的就是总统。

疯狂和正常的界线像一根头发丝一样细，它的确存在。不过这两种状态的交集比我们许多人想象的要大得多。

那个"拿破仑"在头脑中创造了一个关于自己是谁的图景，完全相信了它，并且基于它作选择。那个"总统"也是如此。在这两种情况下，那个无限深的、无法想象的复杂灵魂将自己跟一个纸娃娃的身份认同。身份是一个多维存在物所戴的三维面具。一个疯子所戴的面具完全没有一个正常人所戴的那么奏效，它跟周围的环境完全不搭调。不过这两种情况的相似之处也很明显，在两种情况下，精神都围绕着一个神话组织自己。意识进入了世界的剧院，得到门票的原则很简单，我们必须在其中扮演一个角色。

我们里面的某个部分非常清楚这一点，它从不会被美丽的神话抓住，从不会忘记世界只是一个剧院。我们里面的某个部分**从不会跟身份认同**，它孑然独立，只是观察。占星家称心理中的这一部分为海王星。

这颗行星就是**意识本身**，而不是意识的内容，不是身份，不是哲学，甚至也不是智慧。它只是意识，是一张白纸，如此而已。

对这颗行星的态度，传统占星师分成两大阵营，有一些喜欢它，有一些不喜欢。那些喜欢它的占星师常常称自己为"神秘占星师"，他们将海王星看做一种神秘的影响，充满慈悲和灵感。那些不喜欢它的占星师则将它看成一种令人软弱的力量，让人容易酗酒和陷入幻觉。

两个阵营都拥有真理的一部分，在意识褪去自我的外衣时这两种行为都会发生。我们的敏感度提升，跟世界的一体感开始苏醒，我们看透了地位和身份的虚假，我们的伪装和担心、野心和恐惧、风格和自负都变得特别可笑。

我们能对那种意识做些什么呢？有些人会跟它待在一起，然后将自己包裹在壳里，变得完全被动。我们成了梦想者。所有的意愿，所有的方向感，都消融了。我们就只能发呆。我们失去了认真看待自己的能力，所以我们就什么也不做。这样，我们迟早会想些法子来麻醉自己。

其他人以更富创造性的方式来作出反应。他们有意去探索这个新的领域，对那些超越身份的地带进行一些短暂的探访。当他们回来时，就会获得很多洞见、获得丰沛的生命一体感、对分裂和个体面具充满怀疑。他们所获得的信息是一样的：所有的身份感都是错误的。

有些人称这些海王星的短暂探访为禅坐，还有些人称它们为祈祷或者冥想。对海王星来说，宗教标签是很自然的，不过却不是必要的。一个心理学家也可能遭遇那部分意识，他称之为自我催眠；一个牛仔可能也会碰触到这种意识，他称之为看着篝火发呆。这个过程是普遍存在的。海王星落在出生星盘的哪个位置，我们就会在哪里找到一根暴露在外面的神经，一个超级敏感和脆弱的地方。在那里，它拒绝接受"真实世界"的限制。这通常也是一个充满灵感的区域，一个充满愿景的地方。但是在这个领域，我们也必须小心被混乱、逃避和一厢情愿的想法所控制。

问题永远是一样的：海王星要求我们走出充满自私、饥荒和冲突的世界，而**不要牺牲我们作为一个个体运作的能力**。前者是相对容易做到的，后者则没有那么容易。

幻想、梦、幻觉——这些都是海王星的领域，同样可以对应这颗行星的发现过程。它是在 1795 年被一个叫做纳兰德的人发现的，不过他认为这是一颗恒星，也就没有特别对待它。海王星欺骗了他，没有让他永留青史。后来天文学家注意到新发现的天王星的运行轨迹有些异常，似乎有什么在影响它的运动，于是怀疑是来自一颗更遥远的行星的干扰。之后，先是巴黎的一位名叫勒维耶的数学家计算出了它的位置，最终德国人加勒于1846年发现了这颗海王星。

就像海王星的发现是经由它对天王星的干扰，**海王星所代表的体验也只能通过自我及其盔甲上的裂缝引起我们注意**。它们往往通过超自然的干扰到来。我们做梦了。我们有了超感官体验。我们突然有了艺术或者诗歌灵感。我们有了精神分裂的幻觉。这些海王星的精神事件**间接**指出意识有一个更大的框架，正如天王星的轨道偏移间接表明海王星的存在。它们指向心灵的一个广阔的维度，我们的意识像软木塞一样漂浮在那个维度上。

在海王星被发现之后的数十年，它的价值观和能量像风暴一样席卷了人类。艺术界的浪漫主义运动；招魂术——降灵会和催眠术的兴起；一些神秘学组织比如神智学会的形成；第一波印度和佛教老师也来到西方，因为大英帝国将欧洲和印度联系在一起；红十字会和救世军组织的建立；还有社会对贫困、妇女权益、童工和奴隶等问题的意识和关注也在增长。海王星的哲学以及慈悲理想**占据了大众思想**。作为一个种族，人类当时已经准备好发现海王星了。

再一次地，我们看到一颗行星的发现不只是一个科学上的奇闻，而是一个具有深刻意义的象征性事件。占星家的宇宙如同海王星的世界一样，其中没有任何感知不是跟意识中体验到的更深的事件相关的。

冥王星

符号：♇ 或 ⚨

功能：

- 意识到一个人的天命；
- 意识到所有狭窄追求的荒唐性；
- 发展出分辨真理的能力。

可能的缺陷：

- 自大狂、夸大、暴力、说教、教条、僵硬、暴君行为、渴求权力、无意义或荒唐感、认为为了正当的目的可以不择手段。

关键问题：

- 在我的生活中，我到哪里去找持久的意义？
- 在我的内在，我到哪里去找这个世界非常需要的智慧？
- 在什么地方我必须小心不要有教条、肆无忌惮或者暴君的行为？

逆行时：

- 可能会造成一种丧失个人力量的恐惧；
- 可能会造成是否要说出自己所看到的真相的犹豫；
- 在拥有强大力量的同时会保持谦卑。

莫罕达斯·甘地和阿道夫·希特勒，这两位强人是善与恶的象征。这两个人在集体意识中就像阿波罗神像一般若隐若现，在我们大多数人的矛盾生活中投下无法逃避的阴影。巴力、拉、阿波罗——这些神的庙宇都已经倒下，再也没有绵羊或者麻雀会为了祭奠他们而被杀掉和焚烧。我们现在崇拜的是人，并在那些新闻和杂志上向这些人致敬。

甘地和希特勒。他们之间的共同点是什么？眼睛？耳朵？头痛？虽然我们拒绝承认，但是这两个人在一个更深的层面是兄弟。两个人都造就了历史，都触动了一代人的意识，将他们自己的梦想和愿景编织进历史。他们都成了个人权力的象征，都以世界永远不会忘记的方式使用过这种力量。

我们所有人都有梦想。是什么让一个人的梦想如此具有磁力，以至于能够改变历史的轨迹？是什么将一个人从他的安全区和默默无名之中推出去，让他成为一个改变世界的人？在太阳系的外端，冰冷黑暗的地带，环绕着一颗很小的、像瘟疫一样不祥的冥王星，它是所有这些问题的答案。

在这个冰冷的边缘地带，太阳是如此遥远，它的光不过像一颗很亮的星星。这个观察是非常具有象征性的：在冥王星那里，我们的确体验到，太阳不是那么特殊，地球不过是一颗微尘，我们都是转瞬即逝的微生物。我们怎样能够接受这个认知而不毁灭自己呢？只能通过存在的根本转化。如果没有做到这一点，冥王星会强迫我们看到自身存在的终极无意义性。没有任何事情是重要的。怎么可能有任何重要的事情呢？我们不过是在一个冰冷的宇宙中等待灭绝的寄生虫。

面对冥王星就是去面对生命本质的无意义。这颗行星是在1930年被发现的，同时被发现的还有存在主义，这不是一个巧合。冥王星将我们带进荒诞的剧院，它让我们面对星云、超新星、以及无尽的时间。它直视我们的双眼，宣读最后的审判:"你什么都不是,你的生活是一个玩笑。"

要生活在残酷的真相中,我们必须超越人格的情节剧,我们必须与更大的、永恒的东西认同。在逃离荒诞的绝望旅程中,我们只有一条路——我们必须在永恒中留下自己的印记。我们必须改变世界。

冥王星是代表梦想、愿景、征服和转化的行星。被空虚所驱动,被默默无名所纠缠,它撕裂了我们安全的常规,将一种使命感、宿命感刺进意识中。只是生存是不够的。只是活着不算什么。我们死后,一会儿就被遗忘了。就像甘地、希特勒一样,我们必须将自己姓名的首字母刻在历史的树上。

印度独立和非暴力抵抗并不是甘地一个人的主意。希特勒并没有制造纳粹主义。如果这些神话没有更深的根源,那么这两个人可能只是理论家,只是无害的学者。当一个理论家说话时,地球不会颤抖。

冥王星是如何赋予他们神一般的力量呢?它让他们说出人民灵魂中已经存在的呐喊。

冥王星是穿透一个国家心脏的主根,它将人类整体所孕育的火热力量传送到每个人心灵中去——所有的梦想、所有的噩梦、一个民族的所有天使和恶魔。

但冥王星不只是将各种幻影带到我们的头脑中。它是一颗主动的行星,跟海王星不同,它在运动和改变中才更有生命力。我们通过它来**体现**人类的愿景和恐惧。我们表现它们。我们成为集体需要或者恐惧的**活生生的象征**。在这样做的过程中,整个文化会将力量投注在我们身上,我们的生命被赋予了**超个人**的意义。我们不会丧失个性,但是我们会披上第二层身份:不是作为一个人格,而是作为一个傀儡。

这就是那些改变世界者的秘密。他们所获得的权威并不是他们自己的，而是我们的。他们拨动琴弦，但是我们才是让声音回荡和共振的教堂。他们的力量并不是个人的，而是集体的。希特勒和甘地是催化剂，如此而已。他们的力量是我们自己力量的反射。

历史没有为很多个希特勒和甘地留下空间。冥王星又是如何更近地体现在我们自己的生活中呢？其实一样的，它还是给我们带来一个使命，还是要求我们去改变世界。我们还是在妄自尊大中被嘲笑，还是被引诱想要去滥用权力。本质问题是一样的，不管我们是上了《新闻周刊》的封面，还是上了高中的年刊。

冥王星代表我们每个人内在的一种特殊智慧。这是一个珍贵的礼物，它必须被找到并且滋养，用甜言蜜语将它从躲藏中哄骗出来。当我们找到它，我们可能会发现自己在表达一些自己不曾意识到的洞见。这些洞见也许跟生死有关，也许跟自己的婚姻有关，也许能够激励一些感到迷惑、失去方向的朋友。这个智慧的特质有赖于冥王星在星盘中的位置，不过不管它的形式是怎样的，当我们以自己的冥王星意识说话时，人们会仔细倾听它，就好像摩西倾听燃烧的灌木中的上帝的声音。

很少有其他体验比影响大众让人感觉更好，这就是冥王星的恐怖所在。它催眠般的力量可能会被误用，为一个低等得多的主人——虚荣——服务。我们可能会变得夸大其词和独裁。我们可能会表现得好像自己被神圣秩序赋予了一个信息，想要传达给世界，或者想要扮演它。但是这个信息没有神圣性，它只是我们基于自己的不安全感和个人经历产生的意见。令人害怕的是，一旦被冥王星的激烈姿态加速和加强，它还是能左右大众。

阿道夫·希特勒就是这条路上的信徒。

而甘地掌管的是另一条路，是对冥王星的一个纯净得多的反应。这并不是说他是"好的"而希特勒是"坏的"，这些概念对这个冰冷的行星来说没有意义。说甘地的方式更好，是因为它奏效了。他真的超越了自己，印度的解放只是这个超越的表现方式。他没有了个人虚荣和私人梦想，没有了荒诞，通过**成为自己的使命**，他没有给冥王星存在主义的嘲讽留下空间。他不再是冥王星的一个嘲讽对象。

冥王星，冷漠的空虚之王，无情的捉弄者，毫无表情满不在乎地向下瞪视莫罕达斯·甘地。而甘地就像银河系一样，像那些千亿年古老的原子一样毫不回避地回视它。以一种冰冷的、无法理解的方式，他和冥王星完全相互理解对方。而当冥王星用自己能够使任何虚伪凋零的眼光转向阿道夫·希特勒时，它眼里没有死去的六百万犹太人，也没有德国精良的国防军，它只看到希特勒荒唐可笑的骄傲、咆哮和趾高气扬的步子，像一个空虚的小木偶想要逃离令自己绝望的无足轻重，但是却失败了。于是冥王星的大笑声盘旋萦绕在迷宫里达几个世纪之久。对冥王星来说，希特勒不是一个现代的魔鬼，不是撒旦，没有这么壮丽。

对冥王星来说，他是一个傻瓜。

冥王星之外

在冥王星的轨道之外发现新行星的可能是非常大的。也许在这本书过时之前，就会有一颗被发现（本书第一版出版于1982年——译注）。在这一点上，天文学家和占星学家并没有分歧。有些占星学家已经提前一步，他们如此确定冥王星之外存在着行星，以至于已经给它们取了名字，并且出版了它们的位置数据表。通常他们会说这些数据来自于"另一个世界"（意指通灵——译注）。

对我来说，如果这些数据被证明是正确的，将会令我震惊。天王星、海王星和冥王星，是在集体意识准备好理解它们的时候才被发现的，它们的发现是**具有象征意义的**事件。未来行星的发现也应该是一样的，我们只有在准备好的时候才会找到它们。而在那之前，反正我们也无法理解它们。

第七章 宫位

年岁和日子是我们生活的空白页面。数千年来我们的星球都围绕着自己的轴旋转，并且围绕着太阳旋转，地球的这两个节奏生成了最初的原始蕨类植物和变形虫，现在继续在我们每个人的内在跳动着。就像一座城市里不断汹涌的车潮，我们习以为常，它们只是背景中的噪声，但是它们一直都在，并定义了我们体验的边界。这两个地球节奏是占星学的基石。前面我们已经研究过年，以季节作为标识，我们围绕太阳运行的轨道是十二星座的来源。

现在我们要去研究第二个重要的行星脉搏了，那就是日子。在这样做的过程中，我们将引入第三个、也是最后一套占星象征，即与行星、星座并列的宫位。除开一些细节的调整之外，这些就是整个系统了。

宫位，像星座一样，也是12个象征，是另外12个更为基本的人类领域。不过现在关注点不一样了，变得更加直接、明显、具体。

从物理上看，宫位是当地地平线分开的上下空间。就像我们在第二章所学到的那样，它们以分钟为基础来定位行星。忘掉宇宙里的星座大背景吧，现在我们只关心一颗行星**出现**在哪里。在头顶？还是落在西边的低处？宫位回答的是这些问题。

从象征上说，宫位代表了具体的活动领域。它们是生活的舞台和场所，**供人格通过行动得以表达**的真实剧场。其中一个代表事业，另一个代表语言技巧，还有一个代表婚姻和深厚的友谊，等等。即使没有宫位，一张好的心识地图也通过行星和星座描绘出来了，但那张地图只是一个博物馆碎片，毫无生气，距离日常生活还很远。宫位为其加上**体验**的维度，将它们组合在一起，于是占星学就不只是心识的模型了，它成了生活的模型。

每天的周期

我们知道地球是一个湿润的岩石星球，围绕着自身的轴旋转，同时也围绕着一颗遥远的恒星旋转。它被一层稀薄的气体包围，在高出绝对零度之上几度的位置飘浮着。但是从地球上来看却不是这样。从我们的视角来看，地球是一个巨大的平面，看起来是圆的，上面盖了一只蓝色发光的碗。每一天，恒星和行星都从这个平面的东边升起，绕过头顶，然后消失在世界的西边。在我们看来，我们是静止的而它们是移动的。当然这并不正确。所有这些表现是来自于地球自转的事实。但是这就是我们所看到的。

"**我们所看到的是什么**"——眼见的真实，而非头脑里的真实——永远是占星学的核心。但是科学怎么办？客观真理怎么办？天文学在过去五个世纪的进展没有任何意义吗？确实是地球在旋转，而不是那些行星。

当然，占星学并不反对天文学，只是它所问的问题不同。天文学研究的是**事实本身**，而占星学不是这样，它研究的是**事实和观察者之间的空间**，是反应、感受和表现。

在占星学里一切都是相对的，每一件事都是个人化的。揭示的并非真理，而是亿万人中的某个人在适应生活时内在所升起的那亿万分之一的真理。这就是为什么占星学必须以地球为中心。我们感兴趣的是天空**看起来**是什么样子，而非它真正的样子。将占星学变得和天文学一样客观就会使它变得绝对，失掉人性的部分。我们这些占星学家并不直接关心太阳系，我们只是在寻找**它跟我们之间的关系**。而这种关系是我们所**看到**的样子，没有抽象思考的必要。

这种精准性在宫位里表现得比其他方面更明显。宫位就是我们所站立的地面之上和之下的区域空间。说一颗行星处于第一宫，是说它在我们东方的地平线之下；说它在第七宫，是说它在西边天空的较低处。这些观察完全有赖于我们所在的观察点。

只需移动数英里远，一颗行星的宫位位置就会发生改变。当水星在美国位于天空的正中时，它可能在伦敦位于日落处，在新德里它则位于地平线以下很远。在上述例子中，星座所在的位置没有改变，但地点不同，星座所在的宫位就不一样了。一个新的视角，就会产生新的宫位。而新的宫位就意味着一套新的体验，一个新的出生盘。

地平线

一共有12个宫，它们合在一起形成一个环绕地球的圈，正如星座一样。我们再一次回到了占星的基石，回到了那个最基本的象征：圆。无限、完整、绝对的象征。不过现在从另一个角度来看这个基本象征，它不是被一年之中的季节变化所分割，而是被一种更加直接的方式分割——被我们所站立的地点分割为两半。无限被一分为二。

一半的天空可见，另一半不可见。地面以上的六个宫代表一个明显的、为大家所共同享有的实相，所有人都能看见；地面以下的六个宫象征了一个只能通过推断来了解，只能通过想象来触及的实相。

主观，这就是那些隐藏的宫位——地平线以下的宫位的主题，它们代表着感受、秘密和内在生活。反应在这里形成，不过它总是在黑暗之中，总是在不可见的地方。

当一个人的大部分行星都落在地平线以下时，我们并不一定会看到一个内

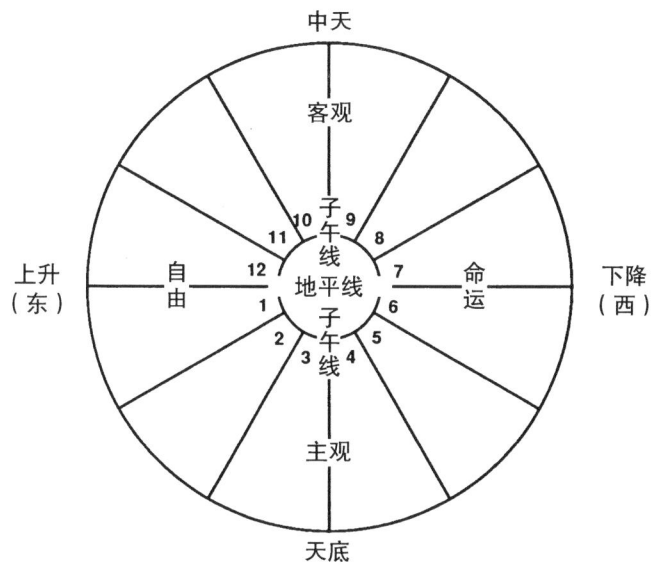

向性格的人。如果一个人的太阳落在射手座，月亮落在水瓶座，并且有一个很强的木星，那么即使他的所有行星都落在地平线以下，他也不会是一个害羞的人。

在这种情况下，我们所看到的东西会更加微妙。情感和直觉会影响他的所有感知。他的交谈会看重对事实的感受，而不是事情本身。他的生活是对**内在状态的探索**，即使当他完成巨大的转化时，也不会于外在表现出一丝波澜。

在地平线以下，重要的并不是完成抱负或者实现梦想，并不是这些具体的东西；而是一种**领悟**，而领悟的发生是看不见的。

如果大部分行星落在上半球则有完全相反的含义，对那些地平线以上的宫位来说，具体的、可触碰的体验被加强了。头顶的天空能被所有人看见，也被所有人所分享，它不会隐藏秘密。客观的结构和共同的意识在这里显现，以均衡下半球的私密、神秘和非理性。

一个出生时大部分行星落在上半球的人并不一定是一个外向的人。再一次申明，这个问题比较微妙。一个人的性格特征由星盘里的行星和星座决定，而不是宫位，不过不管她是一个书虫还是一个跳艳舞的，她的生活都将一样忙碌，她路途上的每一个重要发展里程碑都会由一个**可见事件**来标识。这个事件也许是搬迁到另一个城市，也许是一段婚姻，或者是去东方旅游。具体是什么很难确定，不过它一定会发生。对这样的人来说，**每一个重大进化的步骤，都由一个可见的生活仪式来标识**。没有一个重要的变化不伴随着相应的仪式性事件——如天空一般可见的仪式性事件。只有意识是不够的，她必须精心制造一个**事件**来投射和提升自己正在改变的个性。

我们对天球的第一次分割很容易理解，大地本身就是分割线，将宇宙分为两个平行的空间：客观和主观的世界。我们的第二次分割则不那么直观。

子午线

日出和日落，它们是很清晰的标志。但是太阳每天的运行轨迹至少还有一个转折点，那就是它走过的圆弧轨迹的最高点——正午。正午之后，太阳停止攀升而开始西落。如果我们仔细思考一下，我们会意识到太阳还有一个转折点要经过，即在地平线下的某个点上，它必须停止下降而开始上升。我们称之为午夜。

地平线是一条可见的分界线，而连接正午和午夜的线则是一条虚构的线，不过它的作用却很真实。这条竖直的分界线是**子午线**，将出生盘分为东西两部分，它们各包含一半可见的天空和一半不可见的天空。它们各有其特殊意义。在子午线的东边有六个宫位，在其正中间，我们会发现一个象征性事件，它会解开所有这些宫位的含义。那个事件就是**日出**、黎明。

即使一夜不睡，带着宿醉，也没有喝咖啡提神，谁又能在看到黎明时不升起一丝希望呢？这个词抓住了日出和东边宫位的精神：**希望**。新的一天是一块空白的石板，上面空无一字。我们也许会继续浪费它，在里面填满恐惧和懒惰，但是我们还没有这样做，也许我们不会这样做。

当然希望也发生在任何时刻。生命的改变并不一定要发生在每天清晨，任何时候都行。但是在时钟和电灯发明之前，黎明代表了一天的开始。它是一轮新的选择、一个新篇章的开端。从占星学上说，黎明依然保存着这一含意。

希望、可能性、新机会——它们的共同点是什么？也许是自由，这当然是其中的一部分。但是又是什么决定了自由展现自己的方式呢？那个主动的部分是什么？答案是宇宙中最柔弱和最不可靠的力量，这种力量的发展是建设性的占星象征的核心。这种力量长期沉睡着，它是缥缈的、不确定的。它就是**人类意志**。

黎明**象征**着意志——我们作选择的能力，投入某种经历的能力。在它所统辖的那一半天空里，我们会找到自由。我们在东边六个宫位里作出的决定，构成了我们的生活。

如果一个人的大部分行星落在星盘的东边，那么自我决定对这个人是最重要的。她并不一定是自信训练的奇才，但行动还是无为，将决定她生活的基调。单纯是外在环境几乎不会给她带来任何决定性的打击或者改变生命的机会，在她的字典里没有好运或者厄运，每一件事都有赖于她有意作出的选择。她必须完全依赖于自己意志的力量，必须创造自己的命运。她的生活，无论好坏，都掌握在她自己手中。

那么另一半天空是怎样的呢？黄昏的那一半呢？虽然从景观上看，日落和日出几乎没有区别，但是意义却完全不同。在黄昏，一天已经结束，对我们的祖先来说，这表明一个活动的周期要完结了。它是一个睡眠、安静和等待的时刻，即使是现在我们也将日落体验为一种结束、完结的感觉。我们已经完成的事无法更改了。生命也许给了我们一手自由的牌，但是现在已经玩完了。也许明天我们还会获得另一手牌。

西边的宫位比东边的宫位多了些限制性的基调，它们代表已经建立的、无法改变的力量，已经完成的事实。我们也许可以跟它们谈判，但是它们永远无法被推开了。

在西方，自由遭遇了它的另一极，遭遇了限制。命运、业力、偶然、上帝，不管你如何命名它们，它们都存在，而我们必须学会跟它们相处。不应该鼓励一个大部分行星落在西半球的人不去作决定或者承诺，不过看看他们的过往经历，我们就会看到更多表面上的偶然力量在起决定性作用的证据。大笔的遗产、跟有地位之人的偶遇、酗酒的父母，这些成为命运的转折。

一个有着这样星盘的个人必须培养警觉和适应性，他必须学会解读预兆，从一片纠结的梦和境遇中理出自己命运的线索。跟那些东半球为主调的人不同，他的生命会在一个更大的模式中展开，他的生命可以用一句现代格言来总结：

"随波逐流"。并不是懒惰，也不是放任自流，而是在自己的意志和周围的现实之间建立起一种合作和顺从的关系。

大十字

地平线和子午线，两个自然的切口，各自将天空切为两半，将基本象征的圆分割开。它们都将这个不可理解的整体分割为可理解的二分体。地平线为我们划分了主观性和客观性：内在的世界和外在的世界。子午线为我们划分了自由和宿命：意志的绝对力量以及意志与其他同样自由而有力的意志所遭遇时产生的碰撞。

地平线和子午线合在一起形成一个十字，生命的十字。秘教的人认为精神是被钉在这个十字架上。这个比喻很戏剧化，但是很恰当。这个十字所造成的两极像"第二十二条军规"（出自美国同名小说，意指两难之境——译注）一样撕扯我们的心：自由和爱，梦想和现实，愉悦和责任，等等。

在这个十字之上悬挂了12个宫位，每一个都是战场。在每一个宫位里，都有一种个性跳出来亮相。在每一个宫位里，日常生活中的神奇和恐惧都跟星座和行星所象征的原始心理机制在发生互动。在这些心理机制跟宫位遭遇之前，它们都是未经锻炼和检验的，安全地躲在头脑里面，只是梦想的材料。而当它们与宫位遭遇之后，就发生了转化。它们体验伤痕，学习勇气和爱，学习希望、忍耐和慈悲。它们最后从理论的子宫中诞生，成为个性的活象征，人的象征。它们成了人。

宫位和星座

十二宫位和十二星座，这两个象征系统是平行的。白羊座是第一个星座，它的剧本也是第一宫的剧本。第二宫和金牛座也有相同的对应。双子座和第三宫也是。这种对应一直到双鱼座和十二宫。学会一个系统之后，你对另一个的掌握就很容易了。它们都是以12为周期的象征，两个系统的各个阶段相互对应。

星座和宫位之间的区别只是各自偏重不同。星座是心理机制，代表的是发生在你头脑中的事情。宫位则是**体验性**的，描述的是当你的头脑想要在生活的舞台上表演时所发生的事情。我们**是**我们的星座，而我们在宫位里将之**表现**出来。

比如说水瓶座可能会让一个人有叛逆气质。如果在事业宫，这种叛逆可能会表现为自主创业，他无法忍受任何老板。如果在关系宫，这个叛逆主题就不会在工作方面表现出来，他会害怕自己被一个强势的妻子所掌控。

当我们遇到一个人，会对他有所感觉——内向还是外向？是开朗、漫不经心，还是一丝不苟、有自制力？——你已经在注意她的星座结构了。

观察一个人的行为，看看有什么问题一直在困扰着他——总是关系紧张？总是担心钱的问题？不要去看他的性格，只是关注其行为。生活的哪个领域需要他持续关注？事业？创造力？家庭生活？下一次欧洲之旅？**他的生活发生在哪里**？这就是他的**宫位结构**。

第一宫（上升）

传统名称：人格宫

对应星座：白羊座 ♈

对应行星：火星 ♂

领域：

- 建立个人身份感。

如果成功通过此宫：

- 行动明确、果断；

- 对人生方向有掌控感；

- 清晰的身份感。

如果没能成功通过此宫：

- 会导致恐惧和缺乏自信，并因此带来僵化，以暴君的方式来压制别人的意志，或者完全抹杀自我，没有方向感，总觉得会失败。

我们每个人都由一张相互矛盾的感受之网构成。我们被记忆和先入之见所困扰，被梦想所折磨。我们爱，我们恐惧，我们创造。我们知道生命的悲剧性。当我们在限速 25 英里的路上开 35 英里被警察拦住时，我们知道自己无法将这些都解释给他听。在这个世界上，

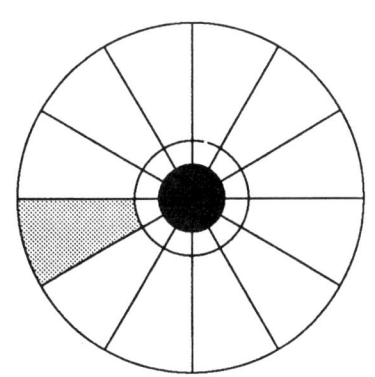

如果要有效地运作，我们必须简化自己。我们必须将自己心灵的所有丰富性转译成一条流水线的形式，这种转译与我们的真实状况相比可能是苍白的，但是我们别无选择。无论这种形式跟我们的真实自我相比是如何平面化，生活还是要求我们拥有一个人格——人格总是我们所扮演的一个角色，比我们真实所是的样子要单薄得多。一个人格是一副面具。

第一宫代表我们最理想的面具，**最符合我们内在需要的外在表现**。我们对它的反应越敏感，我们就感觉越强大、越归于中心。它为我们带来一种**自主**、有自我认识以及掌握自己生活的感觉。

上升无法创造出外在人格，参与创造外在人格的各种力量要复杂得多。上升只是**将一张星盘的整体特征在行动的世界中表现出来**，表达出这些深层的东西，并为之添上一些调料。比方说一个女性的出生盘显示她是相当羞涩、内向的——她是一个受到很强的土星影响的巨蟹座，那么单单是她的上升射手并不会让她过一种整天玩乐的生活，但是她沉默的内在也不会在见面时就表现得那么明显。受其星盘其余因素所带来的距离感的影响，她的第一宫会给人一种活泼的稳重感。而将上升射手放到一个狮子座特质特别强的人那里，她可能会在葬礼上开玩笑。

如果我们将心智健全定义为发展出合理的、有目的的行为能力，那么**上升就是疯狂的解药**。对它的微弱回应会让一个人疯狂和不满，他会迷失在角色冲突中，想要同时成为各种人。没把握以及一种反常的感觉会折磨这个人，没有一件事顺利。这个人就像一个忘了台词的演员，总是支支吾吾、慌慌张张。

为什么呢？**因为他没有面具**。在这个世界的舞台上，一个没有面具的人是哑巴，是局外人，是隐形人。如果没能成功创造一个有效的第一宫面具，我们就不清楚自己是谁，感觉生活是失控的。而当我们感觉生命失控时，就会害怕。如果一个人第一宫里有未解决的问题，他的身份感和方向感是不清晰的，常常会像暴君一样压制别人，表现出自己的恐惧。他变得自我中心，因为他无法控制自己的生活，所以他试图控制其他的一切。

没有成功通过一宫的人，会不会变成一个暴君或者一个懦弱的做梦者？要回答这个问题，我们必须理解这个人的整体星盘，但是现在我们还没有准备好解读它。就现在来说，只要记得我们所有人都戴着面具，这就足够了。我们都拥有社会身份——"人格"，并且我们需要它，没有它我们就只能睁大眼睛望着天空。那些面具，不管是什么形式，都由上升来创造。当我们看到一个人跟世界友好互动，散发着自信和稳重，我们就看到了一个拥有完美面具的人。

第二宫

传统名称： 金钱宫

对应星座： 金牛座 ♉

对应行星： 金星 ♀

领域：

- 对自我价值的挑战；
- 金钱和财产。

如果成功通过此宫：

● 通过具体的自我调整和自我发展获得的信心和自尊；

● 不带任何担忧的、有效的资源管理。

如果没能成功通过此宫：

● 物质主义，将自我价值跟自己的财产价值等同；

● 缺乏自尊；

● 对风险的恐惧；

● 意志力崩溃导致的失败；

● 太关注物质安全从而限制自己的生活。

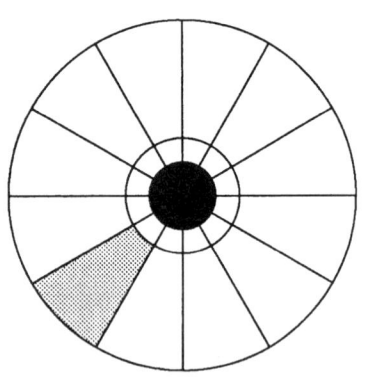

一个小伙在大街上开着自己改装的车，车身漆满艳俗的橘色火焰，消声器被拔掉了，车子发出巨大的轰鸣。如果将我们的各种评判反应先放到一边，我们会看到他所传达的信息是简单而可怜的——他在乞求我们承认他的存在。他的内部有一些东西在驱动他，让他将自己的存在强推到我们眼前。我们的任何反应都会让他满意，仇恨、嫉妒、恐惧、愤怒都行，只要我们反应，他就感到满意。当他开着车轰隆而过时，任何坐在角落、有一点洞见的人都能感觉到这个孩子缺乏自我价值。这种观察很可能是对的。那种吵闹而侵犯式的行为通常都来源于自我怀疑。

但是这个孩子怎样解决自己缺乏自信的问题呢？他想通过**将自己跟一个令**

人印象深刻的事物等同来消除自己的不自信。"我是这辆花哨的车,你没法不注意我。"这是一个古老的游戏。一个总是提到自己巨大收入的商人在玩这个游戏,一个购买了很多高价服装的都市家庭主妇也在玩这个游戏。

第二宫的影响会制造自尊的危机。这个宫位的星座和行星特征,可能让我们感到自己愚蠢、笨手笨脚或者不吸引人。而我们如何选择解决这个不安全感的方法,就成了一个关键的生命主题。如果我们以负面的方式反应,那么一种强迫性的物质主义就会包裹我们的意识,我们寻求通过操纵外在物质环境来减轻这种自我怀疑,而不是直接去处理这个问题。有时金钱成了我们所需要的自信的象征,我们永无休止地追求它。我们向别人宣称自己已经积累了多少钱,但并没有减少自身的痛苦。

第二宫的问题并不一定非要关联银行账号或者购买汽车和衣服,我们也可能会收集有声望的朋友或漂亮的情人。我们甚至可能将自己的身体物化——痴迷于日光浴或者健身,这也常常是第二宫的压力表现。永远不停地照镜子也是一样。

成功地通过第二宫必须能够做到**向自己证明自己**。我们会通过自觉的努力和具体的成就来补偿自我怀疑,如果被恰当利用,这种个人安全感的缺失可能会驱动一个人达致成长的极限。

一个热闹的第二宫可能成为星盘中最弱的部分,也可能成为最有弹性的部分,这有赖于个人如何去处理它所造成的压力。

对第二宫的有力回应总是表现为**有意地改变一些令人尴尬的个人特征**,而软弱的回应则总是试图**将这个特征掩盖在金钱、魅力或者安全感之下**。我们如何认定自己的价值,才是真正的问题,金钱只是一个转移注意力的事物。

第三宫

传统名称：交流宫

对应星座：双子座 ♊

相关行星：水星 ☿

领域：

- 信息收集；
- 信息共享；
- 清晰、准确、没有偏见的感知。

如果成功通过此宫：

- 愿意忍受模糊不确定的感知；
- 发展出用语言或者心智去探究这个世界的能力。

如果没能成功通过此宫：

- 急于保护某一种世界观，造成过度戒备、唯理主义以及过度注重言语技巧。精力分散的好奇心会造成阶段性的时间浪费和混乱。

说话、教导、写作——这些是传统占星学归类到第三宫的活动。很准确，但是第三宫比这些要更宽泛。任何时候，只要我们表达了一个思维或感受，如果它能够被另一个人所解读和理解，我们就启动了第三宫的电路。手势、

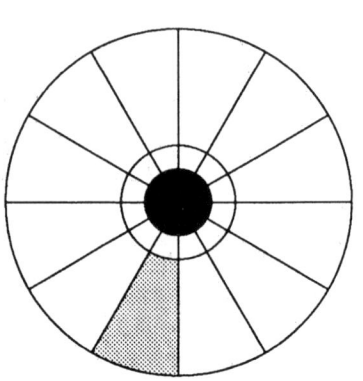

眼神、肢体语言——这些表达方式跟语言一样，是这一宫的活动，甚至占据了这一宫一半的疆域。

交流是双向的，所以第三宫也跟倾听有关，还有阅读和学习。不过并不一定用到语言，就像天空将蓝色传达给我们，夜晚将黑暗传达给我们。世界在不断地以无尽的信息轰炸我们的感知，而我们都"听到"了。

交流宫？是的，不过这个名字可能不够准确，它太狭隘了，我们可以叫它**感知宫**。请记住感知总是双向的：我们从世界上收集信息，然后将它反馈回去。这其中有两个过程，首先，我们感知；然后**让别人也感知到**我们所感知的。这两个过程都很重要。想要成功通过此宫，这两个过程都要发展出来。

如果某人在哪里都看到冲突，他的话语总是言过其实且充满对抗味道，即使没有遭到人反对，他也像是在争吵。为什么？也许他的火星在第三宫，或者有两三颗行星落在那里的白羊座。而另一个人也许已经像大黄蜂一样愤怒，但由于温柔的金星落在星盘的这个位置，那些爆发性的能量会非常柔和地表达出来，他会选择礼貌的词语、平衡的词语，甚至是讨好的词语。对他来说，表达热情和支持是容易的，他需要学习的是更直接地表达怨言。

同样，每一颗行星和每一个星座都能为我们和世界之间的流动的信息潮着色。射手座为其添上一种扩张的、哲学的色彩；土星带来严谨、结构和实际；水瓶座意味着原创性，而它们也各自创造了某种偏见或者盲点，扭曲了这信息流，部分地将我们与周围的环境隔离。正确地理解，这是第三宫的主要目标。在我们周围有一个物质世界，基于这个世界，我们又在头脑的神经元和神经突触中仿造了第二个世界。我们真正生活的世界是第二个世界。

想要清晰地感知，这两个世界必须协调一致。我们如何纠正那些扭曲呢？**只能通过与其他的感知者交换意见**。其他人可能也被偏见包裹着，不过他们的包裹与我们的互不相同。我们必须尽可能清晰地向他们表达自己，分享自己所有站不住脚的偏见和疯狂主张，然后我们必须真正去吸收他们的反馈，不管这些反馈在我们的内在世界构架里看起来是如何难以理解、令人不快或者充满危机。

那些已经精通这门微妙艺术的人就是第三宫的大师。他们成功通过了这一宫。他们比我们大部分人更清楚地看到了真相，真正的真相。真相从来不在我们里面，而在我们之间。

那些没有成功通过的人则必须生活在这样的一个世界中：在那里，梦想、噩梦和现实相互重叠。他们的决定可能是基于事实的，也可能基于恐惧，或者基于别人的宣传，而他们永远不清楚到底基于什么。他们的生活也会反映出这种不确定。他们唠唠叨叨、浅尝辄止地从一个任务过渡到另一个任务，从一个意见过渡到另一个意见，从一个事实过渡到另一个没有意义没有重点没有关联的事实。到最后，他们所做的不过是盲目地原地转圈。

第四宫（天底）

传统名称：家庭宫

对应星座：巨蟹座 ♋

对应行星：月亮 ☽

领域：

- 无意识的、情绪化的、直觉性的基础人格；

- "英雄"和"阴影"；

- 家庭生活、家。

如果成功通过此宫：

- 对自己的动机、需要和恐惧有透彻的理解；

- 扎根于家、家庭以及内在的自我协调。

如果没能成功通过此宫：

- 缺乏基本的心理层面的自我认识，从而造成神经质的、不满足的、强迫性行为；

- 过度关心自己和自我分析，以致与世界隔绝；害羞。

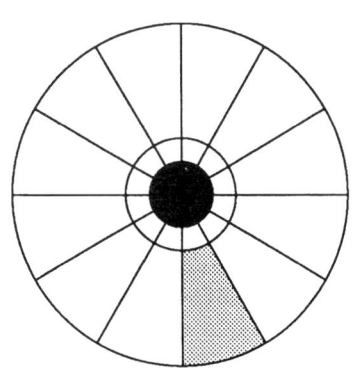

天底，即一颗行星能够到达的最低点。当太阳在这里的时候，时钟大约会指向半夜。一个黑暗的时刻。神秘，也许是恐惧。在黑暗之中有一些模糊的形状隐约浮现，我们尽力想要分辨它们。朋友？敌人？或者只是家具？此时，我们的眼睛没有用处。我们尽力用自己的耳朵，伸出去的手指，还有直觉——去"看"。或者那只是我们的想象？在半夜很难分辨出区别，我们的愿望和恐惧感觉起来就跟实实在在的物体一样。

第四宫是十二宫里面最主观的一个宫，它所代表的是一个秘密场所。除我们自己之外，没有人能够看到它。当我们进入它模糊不清、不确定的疆域时，我们也消失在视线之中。我们所有的注意力和能量都从外在世界转向自身。感受的宫位？是的，但是这个词还显苍白浅陋。无意识的宫位？又说对了。不过如果我们想要感觉完整和完全，就必须去**意识**锁在这里面的东西。

想要掌握天底的重要性，我们必须完全了解一个关键点：**第四宫里的内容跟外在世界是完全隔绝的**，它们只存在于头脑中。我们通常所说的"现实"跟它们不相干，它们按照自己的逻辑发展。你有一个秘密的幻想？当你在办公室做白日梦的时候，你在悄悄地驾驶一架星际飞船？你在帮助那些饥饿贫穷的人？在拉斯维加斯开一次演唱会？你在这儿遇到了**英雄**——天底所代表的含义之一。

英雄。一系列宏伟、想象的自我形象。第四宫的星座和行星决定了它们的样子。虽然它们总是有些尴尬地不现实，但是它们在心智生态学中却有非常真实的功能。它们带给我们灵感，它们帮助我们理解自己真正想要的是什么。你想要在拉斯维加斯开一个演唱会？也许是你的第四宫在告诉你，在家中你需要更多的喝彩；或者是时候清理那把老吉他上的灰尘了。英雄——总是以一种不断重复的幻想的形式——来告诉我们，我们需要什么在**自己的真实本性和自己于世间所戴的面具之间建立平衡**。

在与英雄平衡的另一端，我们找到了第四宫的另一个含义：阴影。这里储存了所有与我们自己有关的可怕的、不讨人喜欢的、恐怖的图像。噩梦就是我们跟自己的阴影遭遇。此外还包括那些长期的、非理性的担心，比如对癌症、杀人狂、疯狂的强迫性恐惧。

就像英雄形象一样，阴影也在向我们传达一些信息，但是解读这些信息并不容易。总是很害怕那些杀人狂吗？也许是因为你自己有一些积压的愤怒，而你很害怕释放它。阴影告诉我们内心的恐惧是什么，但是它还会做得更多。**阴影会将我们害怕去感觉的恐惧画成一幅图画。**去解读它，并面对它，我们才能够再次在内在自我和我们对外所呈现的个性之间达成平衡。

理解英雄和阴影是需要时间的，此外还需要宁静，以及不受外界刺激影响的自在。虽然第四宫的主要含意是情感和本能，但是传统占星师会强调它隐居的特质，并称它为家庭宫。就他们所能达到的深度而言，他们是正确的，第四宫的确描述了我们为避开世界的噪声而创造的避风港。如果我们想要触及天底，我们就必须创建这个避风港。

但是创造家庭只是手段，而非目的。只是躲在家里的话，就不算成功地完成这个宫的功课，就像只是简单地去理解英雄和阴影的表面价值，而不去解读它们的信息一样。不管选择这两种方式中的哪一种，内在生活和外在生活都会发生分离。这时候，两种生活都像是四岁小孩第一次撒谎那样单薄和虚假。

第五宫

传统名称：子女宫

对应星座：狮子座 ♌

对应行星：太阳 ☉

领域：

- 享乐、创造性自我表达、恋爱、玩耍。

如果成功通过此宫：

- 每天对生活都怀有喜悦的期待；
- 发展出一个创造性的出口，一个人的内在活动借此能够表达；
- 跟有趣的陌生人初次见面建立融洽关系的能力。

如果没能成功通过此宫：

- 被滥用的、自我破坏的、伴有某种愉悦的失控的关系；
- 没有创造力；
- 无法放松和玩耍。

快乐——我们多么需要它啊！没有了快乐，就像是要节食十年，或者一个月没有氧气一样致命。没有了这朵火花，我们就会枯萎，我们对生活会丧失兴趣，变得冰冷和机械。就像一个没有空气的世界围绕着一颗死寂的星旋转。

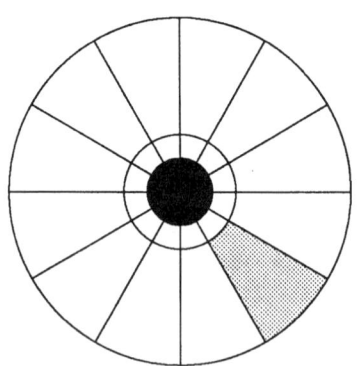

但是怎样滋养快乐呢？我们如何维持它呢？大多数时候，生活并不会帮助我们。我们的身体有病痛，我们的账单堆得很高，愚蠢的事件败坏了我们的关系。还有那些渴望权力的国家首脑们整天计划着核战争，就好像它是一种新的电子游戏一样。

在面对所有这些烂事的时候，只有一种力量挡在我们和绝望之间，那就是娱乐。从某个无法否认的层面上来看，娱乐是把我们留在这个世界上的东西。而娱乐就是第五宫的主题。

对这个宫的传统描述读起来像是享乐主义者的购物单：派对、淫逸、恋爱、赛马、赌博、游戏、奢华。这些当然都是娱乐，它们也的确能够给我们带来快乐——只要我们能够带着一定的优雅在这些领域中航行。但是想象一下，当米开朗琪罗第一次退后一步端详西斯廷教堂时，他的感受有多么好；或者当佛陀坐在菩提树下，头脑终于安静下来的时候，他的感觉是怎样的。这些也都是娱乐，只是更加微妙。它们来自一个人的洞察，来自他本身。

第五宫是娱乐之宫。但是想要成功地完成此宫的功课，我们必须记住，并不是所有的娱乐都是肉体的。创造也是快乐的，冥想也是快乐的，爱上一个头发斑白的90岁老船长也是快乐的。所有这些活动——创造性艺术，宁静地坐着，建立一段新的人际关系——都属于第五宫的领域。

如果没能成功通过第五宫，往往都是因为卡在某一项娱乐上，而忘记了有那么多其他形式的娱乐。新年前夕喝得酩酊大醉并不会让你的生活变得糟糕，如果它符合你的个性的话，这甚至可能使你的生活变得更加丰富。但是如果你每天晚上都喝得酩酊大醉，情况就非常不同了，你的生活就会在你的眼前崩溃，**而且你根本不会从中得到任何快乐。**

第五宫的星座和行星告诉我们如何去保持住快乐，它们代表**一系列具体的娱乐**，有些以身体为中心，有些以心智为中心，有些注重纯精神层面。学会去享受**所有的快乐**，发展出它们所需要的技巧和习惯，注意不要一直停留在某一个上面。如果你做到了这些，那么即使到你死的时候，人们也擦不掉你的笑容。

你牛角花般的笑纹会一直留在你的脸颊、鼻子和眼睛上。

如果没有做到这一点,那么即使是好东西来到你的面前也没有用。你看到它们的时候可能并不理解,与它们小心保持距离,怀疑它们有什么圈套;或者你会扑上去,努力将它们压个粉碎,希望它们变得更多。不管是哪种情况,你都一无所获,剩下的只有生活的痛苦。快乐像一条鱼一样滑,就这样从你的手指缝中溜走了。

第六宫

传统名称:奴仆宫

对应星座:处女座 ♍

对应行星:水星 ☿

领域:

- 责任;

- 技能和技术;

- 奉献和自我牺牲。

如果成功通过此宫:

- 通过发展一种对自己有意义并且对别人有价值的技能而获得满足。

如果没能成功通过此宫:

- 不断地为那些对自己无意义的事情而忙碌、做苦工,沦为工资的奴隶;

- 在重要关系中扮演令人羞辱的从属角色。

一个朋友给我们打电话，心急如焚。她有一个两百英里外的工作面试，需要在一小时之内上路，但她的车却发动不了。我们开车过去，打开她的汽车前盖来看，发现旧电池上的电极腐烂了。我们取出钳子和"童子军"牌小刀。旋开电线，将它刮干净。三分钟之后，她的引擎就"吭哧吭哧"发动了。

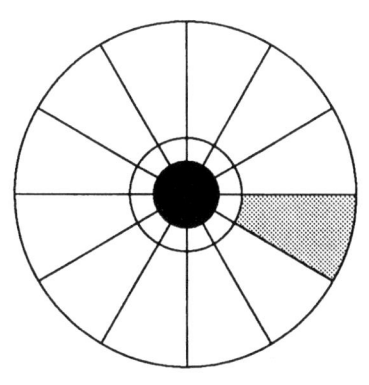

我们感觉如何？当然是开心、自豪，止不住地笑着。我们从中得到了任何东西吗？没有。至少没有得到任何可见的东西。从一个纯粹自私的角度来看，我们只是浪费了自己的半小时而已，但那并不是我们感觉到的。我们在此已经成功地通过了第六宫：**我们展示了自己的一项个人技能，并以此帮助了别人**。任何时候我们这样做时，都会感到一种独特的满足。

在中世纪的占星学里，第六宫是奴仆宫。你跟自己的马童还有女帮厨之间的任何问题，都可以在这里找到答案。很明显，现在我们需要对这个宫位进行彻底的重新思考。奴仆宫不再是告诉我们关于自己奴仆的事情了。现在**我们自己是奴仆了**。不过这个词在此处并没有一种劣等或者卑下的意义，在这里我们意识到一种基本的人类需求：**想要练习一种技能，并且希望得到认可**。修车、拉小提琴、做一个非常有效的占星解读，技能形式可能是多种多样的，但是如果我们没有发现自己内在的这种特殊技能，或者如果没有将它发展到极限，那么我们的生活就会有一种空虚。某种基本的东西就缺失了。

我们如何找到这种技能呢？答案在第六宫里。这里的星座和行星表明我们人格中的哪个部分最适合去寻找这种技能，也暗示我们，一旦我们发现、发展这种技能，并展示给世人，会有怎样的效果。

如果我们没能成功通过它，那种想要发展出有意义的责任感的需求并不会消失，但是我们没有任何东西可以给出。没有技术，没有特殊技能，我们只会为了工作而工作，像仆人一样做着**跟自己毫不相干**的苦力。我们成了一个为了工钱而干活的奴仆，做着苦工，每天都在期盼周末的到来。

很快，我们会发现自己生活在一个满足老板的世界里，因为我们的工作缺乏内在方向，所以外在的方向很快就会接过指引的工作。很快，我们就会丧失自己作决定的信心。

除了我们的工作，还有更多的东西在腐烂。当我们对自身技能的尊重越来越少时，我们的友情、爱情、亲情都会受到玷污。我们对自己也失去了信心。不管我们走到哪里，我们都像在乞求别人给我们一份工作。他们会这样做，然后我们会去完成它。然后我们看着自己的生命无止境地耗费在没有意义的琐事上。我们强压怒火，充满怨恨。

第七宫（下降）

传统名称：婚姻宫

对应星座：天秤座 ♎

对应行星：金星 ♀

领域：

- 亲密关系；
- 跟他人的认同。

如果成功通过此宫：

我们拥有的关系会具有如下特征：

- 互为平等；
- 开放性，比如当环境发生改变时关系还能维持下去；
- 独特性，特殊的融洽感，奇妙感。

如果没能成功通过此宫：

- 在亲密关系中会形成一种循环：从过度服从到过度掌控；
- 没有能力建立稳定的情感关系；
- 害怕亲密关系；
- 极端的依赖或者极端的害怕依赖。

一部电影刚刚开始20分钟，你已经后悔本该把钱省下来。剧中人物是肤浅而不可信的，他们的价值观、动机，甚至他们的个性，都像是你14岁之后就毫无兴趣的那种戏剧里的。

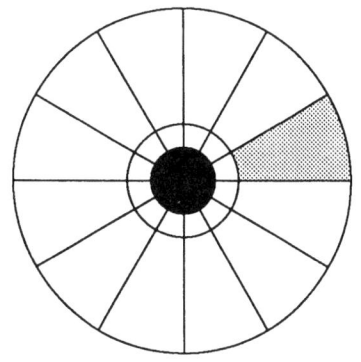

一小时过后，你却还在电影院里。电影并没有改进，但是突然你意识到自己的眼角有一滴眼泪。发生了什么呢？在某种层面上，你感到很不好意思：如果有人知道这么蠢的一部电影都让我想哭的话，我看上去会是多么天真啊。但是在另一个层面上，刚才所发生的事情就代表你已经进入第七宫的领域。你将自己所有的评判、模式和骄傲都放在一边，你让自己超越了这些障碍而真正地去**感受**电影角色的痛苦。虽然你很抗拒，但是你还是跟这些人产生了**认同**。**认同感就是让我们能够成功地通过第七宫的重点。**

认同感，就是将你自己放在别人的立场上。它是所有剧本艺术的基石：电影、小说、戏剧，甚至歌曲。而它也是任何亲密关系的基础。如果心灵没能够建立"我＝你"的方程，那么没有一个故事可以感动我们，也没有一个人能够触动我们。

但是建立这个方程可能很难。别人不是我们，他们是不同的，甚至格格不入。就像那部电影中的角色一样，他们的动机和价值观跟我们的相冲突。要跟他们认同——换句话说，去爱他们——我们必须**暂时将自己的观点放到一边**。我们必须将自己的个性放到一边，我们必须通过他们的眼睛来看生活。这是一个危险的过程。如果我们做不到，我们就无法保持长久的亲密接触。我们可能会结婚，有朋友，但是我们必然是孤独的。在那些真相显现的时刻，我们必须承认一点：我们的宇宙里充满的只是陌生人。

但是如果我们成功地将自己个性的局限放到一边，会面临另一种危险：也许我们再无法拾起它了，我们可能会在关系中迷失，为另一个人的世界观所左右。我们失去了自己的身份，我们成了另一个人所投下的影子。我们会攀附在那段关系之上，仿佛我们的身份有赖于它，同时充满了绝望和怨恨。

想要成功穿越第七宫，有一个品质至关重要：能够感觉到你和你的伴侣之间有一种**平等**。没有一个人会一直处在驾驶座上，没有人是老板。有依赖，但那是相互的。**平等意味着相互依赖**。在关系当中还有一种开放意识，老式婚礼上对此的说法是："直到死亡将我们分开"。要成功穿越第七宫，我们无须走得那么远，但是我们必须跟另一个人有一个**承诺**。这段关系不应该是为了方便。必须得有一种感觉，那就是即使环境发生大的改变，关系本身也不会受到影响。**为什么？因为这段关系不基于情境**，而基于每个人的特质。

最后，最关键的是，在伴侣之间必须有一种很特殊的融洽感。必须有一种**奇妙的感觉**。你可以称它为浪漫，也可以称它为心灵契合，还可以称它为业力、宿命、上帝的意志。怎么说不重要。但是如果没有这些神秘的焰火，即使进入婚姻宫，也无法炸毁自我和恐惧之墙，更别说通过它了。

即使这三个需求都满足了，这里的航行还是很棘手。不过第七宫里的行星和星座会引导我们，它们描述了在我们生命的这个领域，我们最可能跟哪种**类型**的人取得成功。它们也显示了**我们自己性格中的哪些地方**必须进化，然后我们才知道如何跟这些人互动。

第八宫

传统名称：死亡宫

对应星座：天蝎座 ♏

对应行星：火星 ♂

　　　　　　冥王星 ♇ 或 ♀

领域：

在人类意识中所普遍存在的一些本能行为遗传因素，包括：

- 在性的层面建立生命关联的本能欲望，交配的本能；
- 对肉体必死的本能意识，以及我们应对死亡的方法；
- 对不可见的、超自然的实相维度的本能感觉，死亡之后的生命，神秘学。

如果成功通过此宫：

- 健康的、流动的、自然的性；
- 对死亡的接纳，并将它整合进日常生活；
- 对自己意识的永恒感受力。

如果没能成功通过此宫：

- 性功能障碍或者是对性上瘾；
- 对死亡过度恐惧，甚至是拒绝；
- 坚决反对宗教、神秘学和神秘体验。

性、死亡和神秘学。真是个大杂烩。为什么这三个似乎完全不相同的领域会被这一个宫位联系在一起呢？它们之间有什么共同点呢？

在它们那里，我们都遭遇人类生活的一项基本**事实**。在它们那里，我们遭遇一系列每个人都能感觉到的，**释放强烈的具有破坏性的情绪能量**的需要。在它们那里，我们都面对一种**本能**。

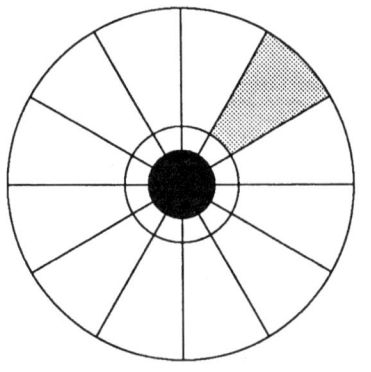

我们最好的朋友宣布她要离开了，去巴塔哥尼亚工作。我们是什么感觉？当时一定会觉得伤心。不过还是会有一些正向的感觉，更加体会到我们之间关系的珍贵。但是如果我们的伴侣或者爱人告诉我们同样的事情，我们又会感觉如何？我们会不知所措、心碎、暴怒，感到自己被丢弃了。

这两者之间的差别就像是第七宫和第八宫之间的差别。虽然第七宫对于理解我们的关系是非常重要的，但是在第八宫，我们遭遇到那些潜藏于性关系中的本能感受。而这些感受能够像洪水一样将我们淹没，打破我们性格中本来的正常平衡。一旦搅动起来，它们几乎会停不下来。我们已经将大坝上隔离自我和本能的软木塞拔出来了。

同样的情况也适用于遭遇死亡。再一次地，自我遭遇了一些既**无法理解又无法控制**的感受。再一次地，它不知所措。我们的兄弟突然死了，我们的医生宣告我们有无法医治的疾病，我们的孩子被一个醉酒的司机撞死了。在这些情形下，**人格都不见了**，取而代之的是本能的反应。

在任何一个非学术的场合讨论死亡，你会马上遭遇另外一种本能。你会讨论死亡之后生命的存在形式。根据调查，我们中的大部分人相信意识在死后会以某种形式继续。冰河世纪的穴居人将死人和食物还有武器埋在一起，为死后的世界作准备。从那时起到现在，在众多文化、仪式和宗教中都持有一个观念：只有我们的身体会死亡。

这个观念是否正确，超出了这本书的讨论范围，对我们来说，重要的是要知道，**相信死后有生命是人类心识的一个普遍观念**。不管我们在何时何地，看向哪里，我们都能找到它。这并不是说每一个地方的每一个人都接受这个观念——并非每个人都选择生存，但是我们可以确定地说每个人都有生存本能。跟死后的生命一样，其他神秘现象也是如此。似乎人类心识会**自发和本能地**生出这些观念。

看到鬼魂，回忆起前世，在一个朋友心跳停止前从她脸上看到一种突然降临的宁静，在一个刮大风的夜晚途径一片偏僻的坟地，这些体验都会让心识充满情绪。它们都是一次与**正常人格界限之外**的东西的相遇。它们都是跟本能的相遇。

这是一个能量巨大的鬼神出没之地。我们如何成功地通过它呢？

成功通过第八宫需要我们去**接受超出我们人格感受的实相**，或者说接受非理性的感受，接受那些违背我们惯常对世界的感受。这些感受会损害我们的自我形象，**使我们面对失控的威胁**。这并不是说我们必须总是跟随这些感受而行动，而是说我们需要去接受它们，并意愿经历它们。**通过接受这些本能的感受，我们会获得一些无法仅仅通过大脑获得的感受**。我们学会了顺应一种通常潜伏在心识结构之下的神秘力量。

就像第四宫一样，第八宫也是一扇窗，自我通过它能瞥见意识更为全面的构架。但是它们之间有所区别。第四宫是很个人化的；而在第八宫，如果我们勇敢，愿意敞开和信任，就有机会超越个人领域，利用这个机会，我们可以吸收一些宇宙性的东西。

如何做到呢？即跟随性的动力，感觉这个结合过程中各个层面上的奇妙之处：肉体层面、情感层面、个人层面、灵性层面。还有接受死亡，整合它，吸收它，通过它来学习而不是逃避它。死亡教会你什么？请审视你的工作、你的关系、你的价值观。当你 101 岁的时候你会如何看待它们？在你自己的内在搜索一些永恒的东西。努力去感觉你的"灵魂"。放掉逻辑。停止对自己感知有效性的评判。看看在你的内在是否有什么古老而无法平息的东西？

去做所有这些，你就能成功通过第八宫。这里的星座和行星会给你建议和警告，但是你需要自己去通过它。

如果失败了，那些本能转而会妨碍你，让你变得情绪化且刻薄，充满沉重感。你可能拥有一个美丽的伴侣或者一百万个情人，但是你还是不满足。你可能拥有一个健康、强健的身体，但是你还是成天担心一些说不清楚的恐怖事件会发生在你身上。你可能会完成一些创造和自律的奇迹，但你还是会将它们看成是空虚和没有意义的，嘲笑它们在你无法逃避的死亡面前是如此无足轻重。

第九宫

传统名称：旅行宫

对应星座：射手座 ♐

对应行星：木星 ♃

领域：

- 处在机械而僵化的生活的对立面；
- 个人的道德、哲学系统的形成，个人世界观的形成；
- 与不可预测性以及外来事物的接触。

如果成功通过此宫：

- 打破常规，创造新的行为模式；
- 对生活的进化意义和目的产生清晰的个人感受；
- 理解未曾预料、突如其来的感知的能力。

如果没有成功通过此宫：

- 程式化体验，无聊；
- 思想僵化，教条主义；
- 机会主义，思想狭隘，无聊行为，虚无主义。

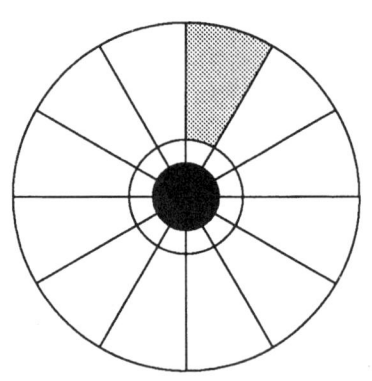

当你从母亲的子宫出来时，你跟克鲁玛努人的孩子没有什么区别，他们在大象和老虎群中间降生。当时你在文化方面还是一片空白，不过这种情况不会持续很久。当你几岁大的时候，你已经将飞机当做理所当然的东西，胡乱拨弄着那些复杂电子仪器的调节控制盘，并且在思考自己长大了要做什么。换句话说，你已经够格成为20世纪工业文明的一员。你已经被灌输了一种看待生活的方法，一套价值系统，一个在世界上的位置。你已经被给予了一种**宇宙模型**，它会在你的余生影响你的哲学、幻想以及生命选择。

现在让我们想象你在完全理解这个模型之后，参加了志愿者组织和平队。你被派往亚马孙盆地，开始生活在一群我们大多数人会马上称之为原始人的当地人中间。起先，他们的生活方式让你震惊——卫生条件恶劣、僵化的性别角色、用蛆当早餐、邪灵迷信——每一件事都陌生得让人困惑。你觉得美国就像塑料餐布上的一块热狗。但是慢慢地，改变发生了。你开始认识他们，和他们交朋友。你在他们眼中看到了智慧、敏感、慈悲、人道主义。你开始理解他们的行为、他们的文化。慢慢地，你理解了**他们的宇宙模型。**

当这件事发生的那一刻，你被永远地改变了。在你内在有些东西突然变得清晰了。你开始有了两种看待世界的方式，这是立体的意识，你能够像美国人一样思考，你也能像亚马孙人一样思考，两种方式都有效。一种现实，两个模型。你掌握了关于生命、文化以及感知本性的一些最基本的东西。你也掌握了通过第九宫的关键：**我们对现实的看法都受限于一个未说明的世界模型——而这个模型永远是随机的、有限的。**

没有成功通过第九宫，总是与错误地将一个现实模型当做现实本身有关。也许当我们十八岁时，我们构建了一幅完整的生命图景。而当我们30岁时，我们已经为建构一幅更流畅更完善的图景做好了准备。但是也许我们的心识太僵固了，它无法改变。我们已经太痴迷旧的模型，忘了它只是我们装在头脑中的一幅图画。

从这一刻开始，如果我们一直无法成功适应，我们就生活在一个已经破旧的世界中——一个我们18岁时构建的心识世界中，它对我们来说已经太简单。**旧模型已经不再能够适应和挑战我们的智力**，从前的创造性适应现在成了机械的常规活动，但是我们还是紧抓住它不放，于是我们成了高效的机器人。我们逐渐陷在很多年前所创造的陈旧故事和说教里，让自己无聊至极。

如果成功通过第九宫呢？这就是一种必须不断更新的艺术。简单地说，我们必须学会冒险，必须凭借信念纵身一跳。不管这一跳是心智层面的、情感层面的，还是身体层面的。**我们必须有意识地打破自己的常规行为和思维。**我们必须在自己的生活中为无法解释的东西腾出空间，为神奇腾出空间。

影响第九宫的行星和星座为我们提供了完成这个任务的明确方案，那也许是上学，也许是旅行。只是我们的常规需要被吓走。学习开飞机，爬上陡峭的花岗岩，辞职去灵修院生活，不管采取何种形式，第九宫的体验都会扩展一个人存在的结构。优雅地通过这一宫，之后你的日常生活都有可能给你带来巨大的成长。如果没有通过，你会感觉自己是一个被扔到"芝麻街"（美国的儿童教育节目——译注）的物理学家。你被困住了，无聊而疲惫。

第十宫（中天）

传统名称： 事业宫

对应星座： 摩羯座 ♑

对应行星： 土星 ♄

领域：

● 事业；

● 名声、社会地位；

● 天命。

如果成功通过此宫：

● 在社区中能够表达自我，获得令自己满意的地位；

● 感觉实现了自己的天命。

如果没能成功通过此宫：

● 困在一个没有意义、格格不入的社会角色里；

● 沉迷于权力、地位和表象。

中天，就像我们前面了解的那样，是星盘中一颗行星所能到达的最高点。当它到达中天的之后，就只有一个方向可走了：向下。一颗行星落在中天会是最显眼的。树木、建筑、路灯——如果这颗行星曾想突破这些障碍显现出来，那么就是现在。

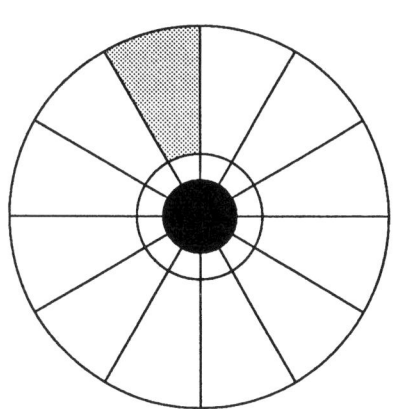

中天象征性地代表了我们**最显眼的那一部分**。就好像是一个人从很远的地方看我们。他看到了什么？身高、头发的颜色、男人还是女人。中天也是这样运作的，不过这里的距离不是物理距离，而是社会距离。它代表我们从一段社会距离外看是什么样子。简单地说，中天描述了**那些不相识的人会如何看我们**。

他们看到什么？他们看到的我们对他们**象征**着什么。他们看到的我们，不是作为人，而是作为不同社会**功能**的象征——非个人化的、二维的、一个阶层的代表。他们看到我们的地位。"他是中央情报局的探员。""她是一个人类学家。"或者医生、律师、印第安部落首领，等等。

事业宫是这个宫的传统名称，但是称第十宫为事业宫是对它的一种限制。因为事业并不是地位的唯一决定因素，还有一些其他的决定因素。"她是一个女权主义者"——这也是第十宫的表述。还有"他是一个共和党人"以及"她是反对核导弹积极分子"，所有这些名称都不太可能为一个人挣得一分钱，但是的确**为我们在公共领域建立了一个身份**。这些都包含在第十宫之内。

这个领域是强加给我们的。不管我们是否喜欢它，我们都必须处理它。我们是社会性的存在。对我们绝大多数人来说，生活总是要基于生存——除非我们完成某种社会性的服务，否则无法付房租。但是一旦我们开始这样做，我们就被纳入了一个神话和压力的网络，它们决定了我们的生活轨迹。

想要成功通过这个领域，我们必须找到自己的**天命**。换句话说，我们必须找到一个跟自己的内在本性相符的社会角色。我们必须找到一种方式来做自己并因此赚钱。

这是一件棘手的任务。不过这一宫的星座和行星会指引我们，它们服务于双重目的：它们在一个层面**描述了我们的天命**，在另一个层面上代表**我们的天性，我们必须先发展出后者，才能够找到自己的天命**。它们指出了那个目标，以及通向那个目标的路径。

想要通过中天并不容易。通常来说，它是一个人最后发展的宫位。在它能够绽放之前，我们必须非常了解自己，我们必须已经理清了那些成长过程中所接收的"医生、律师、印第安部落首领"的程序，而找到自己的天命。如果我们成功了，我们与世界就非常融洽了。这时候，我们的工作、地位、公众身份——都反映出我们的内在状态，我们得以用自己存在的所有力量来支持自己的公众形象。这带给我们力量、创造性和自由，为我们带来自然的权威。我们成为了塑造我们文化的神话和命运的人。

如果我们没能成功通过第十宫，是否意味着我们会穿着破衣服喝着稀汤过日子呢？不，完全不是。我们也可能是富有的，我们也可能是迷人的，可能很有影响力。但是这些都不会反映出我们是谁，而只意味着一个我们被安排来扮演的角色。只要我们还在扮演这个角色，我们就会**感觉不适宜不安全**。我们感觉自己是一个冒牌货。从某种意义上来说，那完全正确。这种不安全感可能会让我们更加绝望地抓牢自己的权力和地位，我们感觉自己对它们的掌握是如此无力，想使它们变得更加稳固。我们在所有的地方都看到对手——敌人、竞争对手、谋害者。我们感觉到如果自己退出，马上就会有一百个人出现填补这个空缺。这的确是事实。因为这个角色并不是我们创造的，我们只是被安排来扮演它。

如果你成功通过了第十宫，情况绝不会是这样。没有另一个人能够扮演我们的角色。那个角色，不管它是什么，都是根植于我们的个性的。它表明了我们是谁，与我们自身独特的内在密不可分。知道了这些，我们会感觉自己的公共身份绝对安全。没有一个人能够从我们这里偷走它，因为没有一个人做得到。它是我们的。当我们死的时候，它也跟随我们一块儿死去。

第十一宫

传统名称：朋友宫

对应星座：水瓶座 ♒

对应行星：天王♅

土星♄

领域：

- 未来、计划、目标、生命主题；
- 跟团体、组织、运动、联盟、所属群体的认同。

如果成功通过此宫：

- 具体翔实的人生方向感；
- 基于自我认识的真实而鼓舞人心的目标；
- 有助和支持个人目标实现的关系网。

如果没能成功通过此宫：

- 目标模糊、游荡；
- 完全无法作出任何承诺；
- 不现实的、堂吉诃德式的、异想天开的目标；
- 只会结识给自己造成混乱和迷惘的朋友。

方向感，这是第十一宫所统辖领域的本质。你要去向何方？你正成为什么？那些给你的日常生活带来意义的希望、梦想和渴望是什么？这个领域很独特，我们无法进入它，它总是在我们的掌控之外。它是变动的、无法确定的、难以测度的，它就是**未来**。它

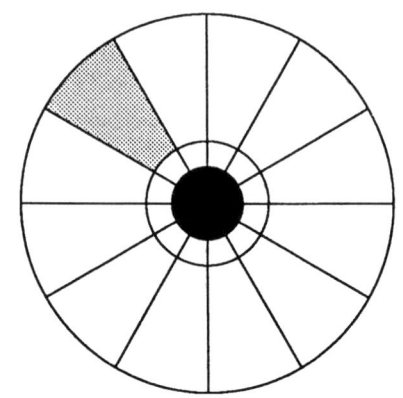

召唤我们，引导我们，不过只要我们一靠近，它就像一只受惊吓的小鹿一样逃跑了。

我们生活在**此刻**。任何忘记这一点的人都会马上作出很多错误的决定。任何一个想要成功通过十一宫的人必须记住这一点。

在第十一宫，我们不会进入未来。那是不可能的。我们会坚定地扎根在此刻。然而，我们会体会到**对此刻有影响的未来意识**。没有人知道自己的宿命，也没有人能够看清自己的明天。这个宫位跟灵视能力无关。在这里我们不过是**意识到自己在时间中的发展**，以及作计划和作决定的需要。

这是一个关键点：未来只是一个幻想。它本身跟我们并不相关，但是对未来的**意识**却是我们所有人此刻都能够感觉到的。妥善处理这一意识对我们个人的发展是很重要的。不管我们是否愿意，我们都在走向一个某处。想要顺利通过十一宫，必须有意识和有意愿地选择未来。我们必须承诺成为某一种人，经历某一些体验，去实现某些目标。我们必须选定一个**人生策略**。我们必须坚持实行它，只要它跟我们现在的生活是相关的。

如果我们失败了，就会游荡不定，变得绝望。即使是此刻，我们也受到了阻挠。没有了目标，就没有了有意义的行动。但是生活就是行动，于是我们的行动就只能是试探性的、突发的、易变的，充满了虚假的开端和空洞的姿态。很快我们会制造出目标来填补这个空白，但是这些目标没有根，它们是异想天开的，不现实、堂吉诃德式的。因此，它们跟我们此刻所真实体验的东西不相关，无法帮助我们。于是我们不停地喂养它们，让它们变得更加详尽、更加宏大。过不了多久，我们就**活在未来**了，开始对一个我们无法抵达的明天充满了痴迷和认同。我们没有顺利通过第十一宫。

为什么第十一宫被称为朋友宫？朋友跟我们的个人目标有什么关系？首先我们必须定义这个词。

朋友在这里跟真正的亲密无关。那种亲密与第七宫相关，而不是第十一宫。我们在这里看到的东西要肤浅得多。我们只看到一片熟悉的面孔。我们的朋友、同辈、大众。我们怎么选择这些人呢？我们选择他们是**因为他们反映了我们的目标**。如果我们向往成为艺术家，就会找艺术家做朋友。如果我们想要写作，就对作家感兴趣。如果我们想要变得更加勇敢，我们就找那些冒险者和胆大的人做朋友。如果我们想要找到生命的意义，我们就跟神秘主义者、瑜伽师，还有哲学学生来往。这些人体现了我们对自己未来的向往，帮助我们坚定自己的目的。对我们来说，**他们代表着未来**。通过跟他们互动，我们自己的目标变得更加真实。

首先到来的是目标，然后是朋友。如果想要顺利通过第十一宫，这是一个自然的顺序。但是也许它不成功，然后，我们会失去方向感，会随意选择朋友。友情随机发生，然后我们会发现自己跟一群对我们的生命战略没有任何贡献的朋友和同辈在一起。他们只是占用了我们的时间。

第十一宫里的星座和行星告诉我们自己在走向何方，以及有谁能够帮助我们到达那里。但是在这里，要特别注意占星的符号是灵活的。第十一宫的状况不会为我们创造未来，它们只是描述我们可能的选择。我们对其可以正面和创造性地反应，也可以懒惰和没有想象力地反应。不管在这一宫里有什么能量，我们唯一知道的是在生命的晚年它们将会慢慢主宰我们的性格——以一种正面或者负面的形式。去驯服这些能量，说服它们来为我们最高的目的服务并不容易，想要独自做到这一点更困难。但是几乎没有什么人必须去独自完成它。支持是有的。朋友宫里的星座和行星就在告诉我们到哪里去寻找支持。它们告诉我们和哪种类型的人交往或者参加哪类活动对我们最有益。它们也告诉我们**自己的能量在哪里最被需要，也将最被欣赏**。我们不但能够从朋友那里获得，也能有所付出。

设定目标，找到那些能够支持它们的人，然后活在当下。这就是成功通过第十一宫的秘密。

第十二宫

传统名称：灾难宫

对应星座：双鱼座 ♓

对应行星：海王星 ♆

　　　　　　木星 ♃

领域：

- 没有结构、没有焦点的意识，意识本身；

- 打乱我们人格认同的事件和体验；

- 自我的死亡。

如果成功通过此宫：

- 自我超越，从对生活起伏不定的担忧中解脱出来；

- 有灵性和超自然体验，及冥想体验；

- 体验到上帝的存在或者更高层次的意识。

如果没能成功通过此宫：

- 自我形象模糊、困惑、不确定；
- 容易逃避，对酒精、食物、睡眠、性、电视以及其他"毒品"上瘾，从而对自身造成伤害；
- 过度敏感、精神不稳定、精神分裂；
- 长期的"坏运气"。

你站在法官面前，他批准你破产。你的企业没有了，那么多年的工作，付诸东流。然后他又批准你离婚，你的婚姻也死了。完了，你什么都不剩了。你走出法庭，走进午后的阳光。表面上看，你是一个心灰意冷的男人，一个垮掉的女人，一穷二白，在这个世界上没有自己的位置。你哭了吗？你会走进最近的酒吧吗？苦涩、愤怒、自我破坏——所有这些反应都是你可能的选择。

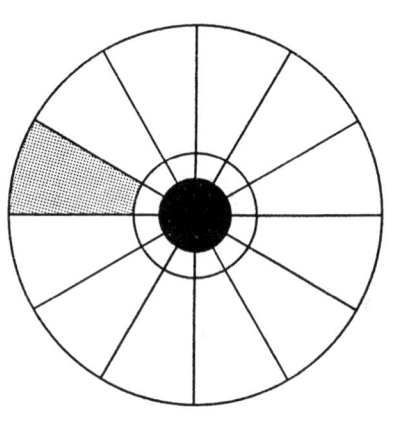

但是让我们想象一下你作出了其他反应。想象一下你离开了法庭，吹着口哨，轻快得像夏日午后的一抹云。

这是发疯了吧？这是拒绝或者压抑吗？也许是，也许不是。一年之前，你生活在一个人间地狱。现在这已经过去了，现在你自由了。不再为了拯救一个企业而徒劳地战斗，不再跟自己实际上早就失去了的丈夫或者妻子进行无休止的争吵和交易。那一个可悲的章节已经结束了。你现在的"一无所有"比从前拥有的东西要好得多。所以你觉得自己解放了。

你找到一张公园长凳,在暖暖的太阳下坐下来。你闭上眼睛,让所有一切都消融掉。你放下了自己的担忧、外在的环境,甚至自我感。有那么几个瞬间,你**体验到纯粹的意识**——没有被标签和责任所妨碍的意识。你的头脑空了。在自己存在的深处,那个非理性的核心,你感觉到一股宁静的泉水。一小时以后你也许会在职业介绍所大厅里流着汗排队,不过到那时候,你已经进入了第十二宫的疆域,而且你的航行完美无缺。

第十二宫,在中世纪被称为灾难宫,人们将它看做是一个不幸的象征,将它跟疾病、贫穷和监禁联系在一起。表面上看来,它常常会带来挫折——即使我们在那里面航行得很成功。**但是我们无须以自怜的态度来应对麻烦。**我们可以利用它,可以转向内在,可以放手。

任何麻烦到来时,我们都有一个内置的逃跑路线。我们生活在这个世界里,必须为自己负责,这是没错的。但是任何时候,当我们需要时,我们都可以离开一会儿。我们可以将自己的注意力从人格的戏剧中转移开来。我们能够将它放在自己内在深处一个宁静的地方,那个地方一直在等待着我们。成功通过第十二宫,必须启动这一个部分。我们可以称这种逃跑路线为冥想、祈祷或者静思,如果宗教语言让你觉得困扰,我们也可以称之为自我催眠。我们称自己找到的宁静为上帝,或者是中心,或者干脆是放松。称谓对这个宫位来说完全不重要。

逃避也是没有成功通过此宫的表现。逃避与刚才谈到的离开不同,它不是在寻找宁静,而是寻求麻木。不是从个性狭窄的窗口跳出,而是待在里面,跟自己的问题完全认同,不做任何事改变它们。**不是暂时隐退到我们的内在深处,**

而是想要彻底抹去意识。我们只想将意识关闭。传统占星将第十二宫跟酗酒联系在一起，现代占星加上了毒瘾。这都是正确的。酗酒者和毒瘾者都是没能成功通过第十二宫的人，他们都部分地抹去了自己的意识。

用这些化学品来麻醉意识只是这个不确定的疆域中的危险之一。每天晚上呆呆地看电视达数小时的人也是在麻醉自己。那些必须不停地吃东西，或者除了性之外无法想任何事的人也是一样。**任何强烈的、重复的、强迫性行为都可能潜在地促成一段不成功的第十二宫之旅**。上瘾阻止人们对这些行为作出任何进一步的正面处理。我们太麻木了，无法动弹。我们感到自己疯了，感到疏离和无情。在一些极端情况下，我们甚至被诊断为精神分裂。而我们总是会抱怨自己"运气不好"。

第十二宫里的星座和行星就像是定时炸弹。它的导火索可能很长，也可能很短，不过你无法掐灭它。第十二宫里的问题迟早都会进行暗中破坏，绊倒我们。**它们让我们面对一些自己无法面对的状况**。一旦这种情况发生，我们可以去酒吧要一大杯酒，但是我们也可以退隐一阵，向内探索，感受自己内在所储存的无尽创造性、生命力以及达观。这样，我们就能够**优雅地放下自己生活中那些正在死亡的东西**，知道当尘埃落定时，我们又可以再度起程。

这种放手并不容易。那些正在死亡的东西对我们来说很珍贵，我们与之牵连很深。它们是我们在这个世界上身份的基础。但是我们在这个世界上的身份是短暂的，**只有意识本身是永恒的**，其他一切都不重要。理解了这一点，灾难宫就不再是灾难宫，它成了智慧宫。而你通过它的旅程，就是一次穿越内在的永恒与和谐之旅。

第三部分 句子

"你会说英语吗?"如果一个秘鲁的印第安人问你这个问题,你可能立即就会回答:"是的。"但是如果莎士比亚问你同样的问题,你恐怕就要在回答之前迟疑一会。语言的流畅是慢慢形成的,而一个人的流利对另一个人来说可能是结巴。占星语言也是一样。我们可以很快地学会基本词汇——你现在差不多已经学会了——却需要用自己的余生来逐渐发展口才。

这种口才的发展就是我们接下来几章的目标。我们知道单词了,现在我们必须组词造句。请记住这个过程就像我们学习用母语充分表达自己一样,总是处在发展中的。总有进步的空间,可以让语言更加微妙,更加引人共鸣。

经过练习和记忆之后,你积累了一定的词汇量。现在就需要我们转换心智的驾驶挡,将单词以一种更好玩和更有自我表现力的形式组合起来。在第八章我们就开始造句,介绍句法和语法,并且加入一些更专业的词汇。这之后,我们就可以构建文章段落。如果你理解了即将介绍的方针,那么你的占星语言就会比"来自秘鲁的印第安人"的英语说得好。如果你努力练习,不气馁,也许有一天你的占星语言会像莎士比亚的英语一样好。

第八章 解盘一：行星落入星座和宫位

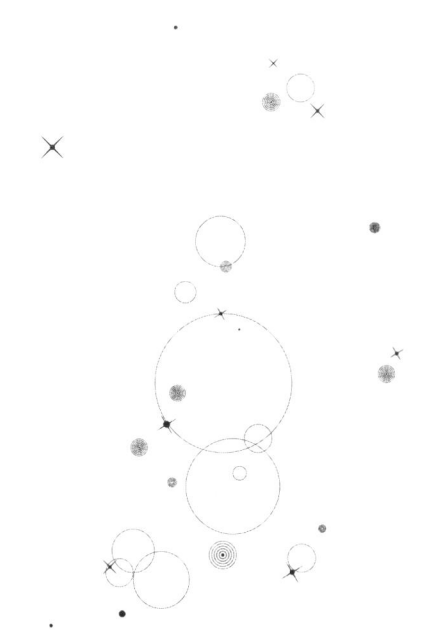

每一个人都有金星，每一个人都被处女座影响，所有人也都要面对第六宫的戏剧。这些是我们作为人的一些标志，但是它们无法描述我们的个人特征。想要做到后者，我们必须让占星学再往前走一步。

金星、处女座、第六宫。它们是什么？不过是抽象概念而已。但是当我们像那个示范盘所做的那样，将它们放到一起会发生什么呢？金星在处女座会怎样？如果这两个的组合落在第六宫又会怎样？这就是魔术开始的时刻。

　　星座、行星和宫位是占星这门古老心理学理论的基本要素，这一理论如今依旧适用于我们所有人。当我们将一颗特定的行星跟一个星座和宫位结合在一起时，我们就停止了谈论理论，而开始谈论人物。说一个人有一颗金星，就像是说一个人有一只眼睛，这有什么意义呢？但是说他的金星落在处女座，就相当于补充说他的眼睛如冰一般冰冷和具有穿透性一样。而说它落在第六宫，就相当于补充说这个人用眼睛瞪着你，手里拿了一把猎枪。

　　每一个"星座—行星—宫位"的组合，都是对一个人最基本的占星陈述，它形成人的心理的一个基本碎片，是具体的、个人的、独特的。而只需要10个这样的碎片，再加上上升星座和一些将它们连接在一起的因素，就构成一张出生盘，给出的是一种清晰、独特、无法被复制的描述。

行星落在星座

　　理解行星和星座之间相互作用的关键，在于记住它们之间的区别。它们各自有其独特的目的，忘记了这一点，你的解读就会像掉进一群猫里的毛线团那样模糊不清。

　　行星问的问题是"**什么**"，星座则在"**什么**"的基础上发展出"**怎样**"和"**为什么**"来。

　　金星是什么？就像所有行星一样，它是一个心理功能。在金星这里，我们专注于**建立关系**的能力。在我们关于金星的所有谈论里，这个问题都是最核心的。这就是它的"**什么**"。

金星本身并没有任何内在的个性。一个人喜欢独处,另一个喜欢聚会,在这两种情况下,都与建立关系有关,焦点是金星。而金星的运作方式——"怎样"和"为什么"——则由这颗行星所在的星座决定,而不是由行星决定。

金星落在处女座,处女座的那套需要和渴望就是亲密关系模式的基础。处女座是什么样的?完美主义者、服务者、殉道者、分析者。若金星落在处女座,那么我们的盘主是一个理想主义者,至少在心灵方面是这样的。处女座保证了这一点,在他的头脑里有一个完美的婚姻或者友情的画面,他为此不懈努力,牺牲了很多东西,甚至牺牲了太多的东西。如果让他的伴侣从神龛上走下来去喝杯啤酒,后果将不堪设想。处女座渴望完美,任何不够完美的事情都是对他的侮辱和背叛。

金星处女座的"**为什么**"说起来容易,做起来很难:那就是创造一段**完美的关系**,一段符合自己理想的关系,而这套理想来自盘主的本能感觉。

"**怎样**"则包括了处女座这个箭筒里的所有箭:一丝不苟地关注关系细节,诚实仔细地评价这些细节,对责任有坚定的承诺,谦卑,能够辨识空谈成长和真正转变之间的区别。

金星处女座的"**怎样**"也有其黑暗面,这个过程可能会短路。这种理想的关系只能存在于两个完美的人之间,两个已经处理了他们所有问题的人之间。比如一对佛陀。金星处女座的人可能会变得毫不讲理的苛求,永远无法满足,总是在挑剔。他们爱上的可能是一个自己想象出来的女人或者男人,却推开有可能发展成伴侣的有血有肉的人,认为他们不够好。他们可能会将自己的真实伴侣神话成一个与其真实本性完全不一样的人，而当伴侣的真实呈现出来时，他们会大呼自己被欺骗了。他们可能会觉得自己没有价值，以至于他们内在巨大的不安全感可能成为驱动他们所有关系的动力。他们可能不会提出正面的要求，陷入一种通过不断在小事上服务来"获得伴侣的爱"的强迫性行为模式。他们可能会进入有辱自己或者破坏自己的关系中。

所有这些负面行为都无法准确**预测**，虽然有很多书宣称这是可能的，那不过是算命。如果你在解读的时候还尊重事实的话，你会发现这些狭隘的解释常常是错误的。

所有这些负面行为都只是可能的风险。金星位于处女座，本身只是一个理想关系的实现过程，那些负面性只是可能会发生的扭曲。一个好的占星解读会揭示这些陷阱，但只是作为警示而已。即使当我们清楚地知道，一个有这种配置的人可能将与其生活在一起的酗酒者看做救世主一般完美，我们也不能把这描述为她的"宿命"。她并没有被囚禁在里面，只要她去选择，她就能作出一个更快乐更敏感的反应。跟我们所有人一样，她能够成长。任何时候，当我们解读一颗行星落在一个星座时，都应该以"什么"、"为什么"和"怎样"来思考。坚持这个原则，你将永远不会沦落为一个算命先生。

行星落在宫位

行星是"什么"，星座是"怎样"和"为什么"，而宫位则是最后一环，它问的是一个最实际的问题："哪里"。

每一场战争都需要一个战场。不管参战的是什么部队，战场本身都将影响这场冲突的调子。这些部队是在森林中交战，还是在寒冷的高山上交战，或是在一望无际的沙漠中交战？不知道这些，我们就无法知道这场战争看起来是怎样的。

火星进入双鱼座时，可能会火花四溅。但是这些火花在事业宫是一种表现，在家庭宫又会是另一种表现。

每一个宫位都是一个独特的战场，代表一个人生活中的某个方面，**他可以在其中作出选择**。每一个宫位也是带着某种给定模式的固定现实，一种特定的地貌。我们可以登山，也可以待在山谷里，但是不管意愿多么强烈，也无法将这个地方变成平地。

"**哪里**"，这个问题比表面看起来要难得多。我们都生活在两个宇宙中。一个是**客观世界**，你可以称它为宇宙，或者物质层面，或者现实。不管我们怎么称呼生活的这个维度，它都充满了规定与界限。它代表个性之外的世界，个性必须学会处理的世界。**它是宫位的管辖之地**，其中包括婚姻、事业、语言的力量和局限、金钱。

但是宫位还可能有第二个管辖之地，那就是生活主观的一面。你可以称它为无意识，或者星光界，或者上帝，或者想象。不管我们使用什么标签，生活的那个维度——由第四、八、十二宫所代表——我们也可以进入和探索。它也是"**哪里**"，是宫位的象征。

算命先生们常常忘记它，对这些内在宫位的解释常常非常肤浅。他们想要将内在的事实转译成外在的名词，却只得到一些模糊的说法。

我们要永远记住，**宫位只是一个意识可以进入，并在其中表现自己的领域。**

这些领域有些是可见的，有些则不可见，它们都能回答"哪里"的问题。

回到那个英国人的示范星盘。我们已经解释过他的金星如何被处女座影响，但这个配置落在第六宫会如何呢？

第六宫是那些较外在和具体的宫位中的一个，金星落在这里，它表达的剧场向公众敞开。我们所有人都有前排座位，看得一清二楚。

第六宫是奴仆宫，在这里我们面对责任和义务。这是一个关于工作的宫位，关于技能、技巧和能力的宫位，我们在此给予身边的人支持。

如果没能成功通过，第六宫就成了做苦力的地方，责任和义务会淹没我们。我们甘于让自己受限和被奴役，屈服在另一个人的意志之下。

第六宫给落在处女座的金星添加了"哪里"这个重要的维度，它规定了行星和星座之间的对话所发生的领域。

从解读角度来说，我们的例子很方便。第六宫和处女座之间有很多对应之处。再提醒一次，星座和宫位是两种以 12 为周期的象征，两者之间有对应性。第六宫的内容和第六个星座相对应——第六个星座刚好是处女座。

星座和宫位是一样的吗？不是。星座所提供的是精神素材——动机、态度、思想状态，而宫位则告诉我们到哪里去寻找精神素材所制造的事件。比如说，处女座代表了通过某种技巧和能力表达自己的**需要**，而第六宫则定义了**一个具体的工作和责任场所**。因为这两者之间有重叠，我们解释金星落在处女座又落在第六宫就变得简单了。我们不用同时抛那么多球。

不管金星落在哪个星座或者宫位，它总是要我们面对亲密人际关系的问题，这就是它的"**什么**"。但是金星所指代的关系并不一定总是浪漫爱情，它同时也是友情和合作的象征，以及与颜色、形状和声音之间的关系。它既是我们建立感情和理解的能力，也是我们对美的反应的象征。

因为金星落在第六宫，所以这个英国人可能在合作中完成自己的大部分工作。建立关系是"什么"，日常工作是"哪里"，前者通过后者得到表达。终其一生他都会发现自己有一种需要：**如果他要成功完成自己所选择的工作，他就必须学会保持和谐的私人关系。**

他喜欢这样吗？他做得到吗？也许会，也许不会。宫位只显示了我们的境遇，而不是我们对它们的感受。也许他喜欢自己独处，那也没有关系。金星在他的第六宫，他在日常工作方面的进展，与他学习如何跟他人平等合作联系在一起。

他在这里会面临哪些陷阱呢？处女座本身已经回答了这个问题的一部分：挑剔、完美主义、过于理想化、不现实的要求和期望。第六宫只是给这个拼图再加上一块：只要我们看到那些破坏性的金星处女座行为，就知道它们不但会破坏他的情感关系，也会破坏他的工作关系。

工作领域之外的友谊也许会更少受到处女座的负面影响，但这些友谊也会在这个人的成长中扮演相对次要的角色，只是对他来说不是那么重要，他生命中的大多数重要关系都从第六宫来。**他的同事是他的灵魂伴侣**，这是他生活的特征之一。对他生命中的这部分，也就是第六宫的领域，他可以创造性地进行反应，也可以愤怒和怨恨地进行反应，但是他永远无法改变它。没有共同的工作就不会有长久的爱，没有朋友和爱人的支持就没有长久的工作，这就是这个英国人的金星所带来的信息。

这些在盘主生命中扮演了如此重要角色的合作者是谁？我们要通过金星来

回答这个问题：他的合作者是金星类型的人——艺术家、咨询者，优雅敏感的人，富有魅力的人。他跟他们在一起做什么样的工作呢？这个问题也需要金星来回答，他所找寻的工作必须表达和发展他的金星功能。也许他从事人际关系方面工作，也许他是一个心理学家，也许他是一个"艺术家"——诗人、音乐家、发型设计师、室内装修设计师。我们无法替他算命，那要看他自己。金星会提供很多选择，不过占星学会缩小这些选择的范围。他的运气与金星紧密相连。在工作领域里，金星代表的心理机制就是他的指路明灯。如果他忽略了这一点，他只能吃尽闭门羹，一直漫无目的地前行。

这就是一个碎片，一个典型的碎片。每一张星盘都有10个碎片，将它们搞懂，然后编织在一起，你就精通了解盘的魔术。让我们分析一下前面所做的，以总结一些适合所有情况的普遍策略。星盘里有很多碎片，但是它们都是以相同的方式运作的。如果我们将这些"什么"、"为什么"和"哪里"弄清楚，那么这些象征组合就不会困扰我们太久。

策略

好，假如你有一颗行星落在某个星座和宫位，它有什么含义呢？你如何解读呢？我们大部分人都不知道怎么办，只能在那些流行占星家菜谱式的占星书里去找对应的段落。你很迷惑吗？没问题。这里有一段关于金星在处女座的文字。哦，金星落在第六宫呢？还是没问题。查查金星落在第六宫的那一段。然后我们松了一口气，开始拼凑一种解读。但是我们越拼凑，越发现自己的解读矛盾重重。原因很简单。与一个人相关的最小占星象征单位就是一个"行星—星座—宫位"的组合，生命有三个维度——身份、目的和情境，只要缺少了其中一个，你的解读就会像B级怪兽电影里貌似可信的地平线一样，它们只是背景里所悬挂的纸，谁也骗不了。

那为什么没有人写一本包含所有"行星—星座—宫位"组合的书呢？答案还是很简单，因为组合太多了，确切地说，一共有1440个，而这些组合之间还会相互影响。例如有两个女人都是火星白羊在第十宫，但是如果其中一人是太阳摩羯座，另一个是太阳双子座，那么这个火星能量的燃料就十分不同了。一本包含所有这些因素的书会有从这里到月球那么厚。

因此我们必须以另一种方式来做这件事。直觉会帮助我们。创造性也是很重要的。不过如果有任何人暗示你说，你需要超感知能力才能成为一个好的占星师，那么他是在搅浑水。解盘最需要的是一个清晰的头脑。一张星盘中的象征互动是如此复杂，以至于如果没有一个系统的处理方式，头脑就会被淹没，只见细节，不见整体。熟悉系统的解盘方式，并花时间去练习，你就会慢慢掌握占星这门"魔术"。这些象征会将你的想法以一种新的方式来组织，你开始在行星、星座和宫位之间建立创造性的联系——你在任何书上都不会看到的联系。

五个步骤

五个步骤是一个系统的方法，用来解读一个占星碎片。在一开始学习这个技巧时要坚持使用它们，一段时间以后，你就无须这么刻板了——除非你又陷入困境。

第一步：

看行星。我们正在考虑的是**什么**心识功能？我们在说心识的哪个部分？是太阳的身份建立，还是土星的纪律建立？

第二步：

看星座。是星座在驱动这颗行星。那颗行星的功能在寻求什么？行动之下有着怎样的"**为什么**"？有哪些隐秘的运作？只有星座能够告诉我们这一点。我们在这里所找到的是一种目的感，进化的方向。如果我们所解读出来的话显得非常分散和漫无目的，那么我们很可能是没有做好第二步。

第三步：

想一想，这个"行星—星座"组合**怎样**完成它的目标？星座提供了哪些相关资源？行星又提供了什么？你可能会需要查一查星座章节里的**资源**部分或者行星章节里的**功能**部分。而如果**你**是这个人，拥有这些长处和责任，**你会如何去得到幸福呢？**

第四步：

想一想，这个"行星—星座"组合可能会被**怎样**地扭曲？哪种行为会跟这个碎片的意义一致，却跟它的进化目的不一致？如果你不确定，可以查看星座章节里的**阴影**部分，以及行星章节里的**可能的缺陷**部分。

请记住，以一种警告的方式来呈现这些可能的缺点，而不是以预言的方式。

第五步：

看宫位。这个"行星—星座"组合的事务会在**哪里**发展？它们会创造出什么样的**行为**？一个人会在生活的哪个部分对这个"行星—星座"组合作出强烈反应，从而改善自己的**境遇**？而在哪里，微弱的反应最可能造成紧张和挫败感？宫位会对此作出回答。

相信这五个步骤，它们是一切的基础。它们适用于我们之前分析的"金星落在处女座第六宫"这个问题，对其他1439种组合也同样有效。让它们引领你，你的解读将会准确而具体，变得个人化而富有创造性。最重要的，它们不会将任何人局限在一个小盒子里，你会成为一个进化占星师，而不是算命先生。

第九章 解盘二：相位、守护星和月亮交点

一个女人在工作中过了可怕的一天。早上10点的时候她用第四杯速溶咖啡咽下阿司匹林，下午两点的时候她才发现自己中午啥也没吃，除了那些阿司匹林。下午五点的时候，她考虑自己是该提早退休还是滥施暴力。她下班回家，丈夫在门口给她一个甜蜜的问候，但是半小时之后，他们之间已经进行了20分钟无意义的争吵。为什么呢？因为她需要发泄自己的怒气，将工作中的压力释

放到亲密关系中就是她的婚姻模式。

另一个女人也过了同样悲惨的一天。同样伴随着阿司匹林，过量的咖啡，还有一样的杀人幻想。她回到家中，丈夫也问候了她，但是她并没有去攻击他，而是扑入他的怀中，让自己得到安慰。半小时之后，他们已经在考虑是吃中国餐还是意大利餐，而她已经忘记了之前的烦恼。为什么会这样呢？并不是因为她比第一个女人"更好"，只是因为她的工作电路和亲密关系电路是以不同的方式连接在一起的，其中一个的压力并不会自动造成另一个的压力，这两部分并没像第一个女人的那样紧密联系在一起。

如果我们更加深入地了解这两个女人的生活，就会发现第一个女人的丈夫对她的工作相当了解，与她一起分享她在工作中的起起落落。他总是及时了解信息，并且给她建议。在第二个女人的婚姻之中，两人有一个不成文的约定，就是工作上的事情不要带到家里讨论，无论丈夫还是妻子都并不清楚对方的工作情况，也不感兴趣。他们都对这种安排非常满意。

因为婚姻关涉"**哪里**"，所以我们马上将占星聚焦点放在第七宫。而工作上的事情，我们则需要看第六宫或者第十宫。所以如果我们不考虑至少两个宫位的话，是无法理解这两个女人之间的区别的。因此，事业和婚姻之间的互动无法通过对单独一个占星碎片的分析来讲明，因为那样的"短语"无法一次包括两个宫位。每一个"短语"里只有一个"**哪里**"。

但这并不是生命运作的方式，就像刚才那个例子中所看到的，事业挫折的确会影响到我们的婚姻。自尊也会影响我们的生命哲学。我们玩耍和表现的能力也跟我们的性有关。在心识之中，没有一件事情是在真空中发生的，所有的部分都是相互联系的，它们都在互动。用占星语言来说，就是**星盘比它所有短语的总和要大。**

解读一张星盘不只是理解 10 个"星座—行星—宫位"组合。我们必须理解它们是如何相互影响的，我们必须意识到每一个短语是如何限制或者加强其他短语的。在解读一张星盘时，**我们必须以一种整合的方式来思考。**拼凑短语碎片的解读方式是没有意义的。

我们如何做到呢？我们如何超越碎片呢？我们例子里的那个英国人的太阳落在天秤座和第六宫。他成为自己的能力（太阳＝"什么"），需要在工作中（第六宫＝"哪里"）围绕他创建和谐的私人关系（天秤座＝"怎样"、"为什么"）而展开。

更仔细地看这张星盘，我们会很快观察到几个跟太阳天秤座相矛盾的因素，这些因素显示出很强的独立性。比如说，他的白羊座上升给了他一种很无礼的外表。为什么这么说呢？在深入了解一个人之前，上升很能代表他所表现的样子，而白羊座给这个英国人带来一种直接、强烈，甚至有些令人畏惧的气质。另一个跟他的太阳天秤座第六宫相反的因素是他的水瓶座月亮。他的情绪（月亮＝"什么"）被独立、古怪以及想要成为一个异于常规的人的渴望所驱动（水瓶座＝"怎样"、"为什么"）。

考虑到这些因素，常识会告诉我们至少有时候他的太阳跟他的月亮和上升会以一种相互矛盾的方式运作。他需要合作，然而他憎恨妥协。于是形成压力，而压力是成长的助力。

注意到这样的不和谐模式是有效解盘的关键。在下一章里，我们将会详细讨论这个技巧。但是现在我们只需要考虑一个更加直接的甄别模式的方式，一种将各个短语正确地连接在一起的方法。

相位

如果说星座、行星和宫位是占星语言中的基本词汇，那么**相位**就是规定这些词语如何组合在一起的**语法和句法**。相位是创造结构完整且合乎逻辑的占星句子的坚实的第一步。

相位是什么呢？从物理上讲，它们只是行星之间形成的特殊角度。每一张星盘都是一个圆。每一个圆包含 360 度。在这个圆上，火星和金星可能会相隔 90 度，这就是一个角度。

占星师经过数世纪的研究发现，有些角度会在行星之间触发很强烈的互动，而有些角度则不会。

比如说火星和金星之间的 90 度角，就是一个关键角度。两颗行星之间如果是这样的一个角度，我们就永远无法将它们分开来讨论，它们是相连的。对一个有这种配置的人来说，火星的问题也意味着金星的问题，而加强金星也是一种帮助火星更加健康运作的方式。

传统占星师将相位分为两种：好和坏。这两个词从来不会给我们带来清晰的占星思考。所有的相位都是功能性的，每一个都有其目的。有些感觉起来比另一些舒服，但那是次要的，常常是那些感觉最好的相位让我们陷入最糟的困境。将**好**和**坏**从你的思考中去掉，至少从你的占星思考中去掉。让我

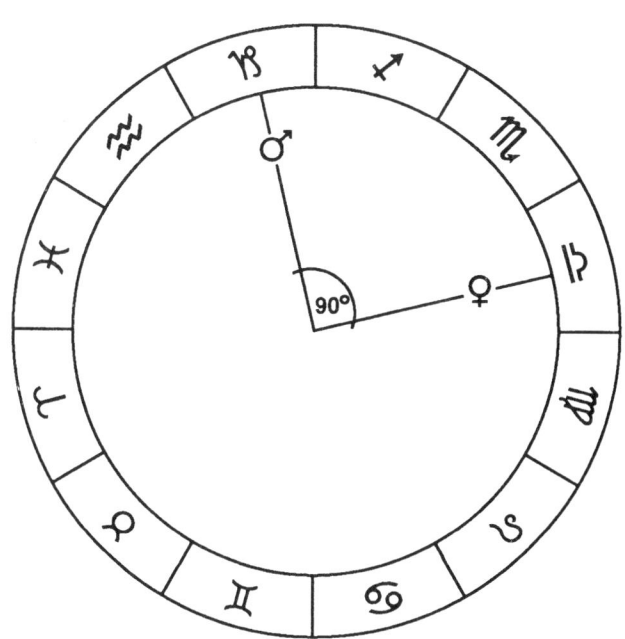

火星和金星的90度相位

们从**功能**的角度来看一看这些相位，而不是从它们容易或者困难的角度去看。

零度：合相

所有相位中最简单的一个就是**合相**。当两颗行星彼此重叠时，就是合相。它们的功能彼此嫁接到一起，彼此为对方添上自己的味道，结合成一个"巨型碎片"，比单个的"星座—行星—宫位"组合要复杂得多。

融合——这就是合相的本质。两个碎片成了一个。

假如一张星盘里的火星和水星相合。一般来说，竞争意识（火星）和智力（水星）在心识中各有自己的疆域，其中一个线路被发动时，不会激发另一个。但是当两颗行星成合相的时候就不是这样了，当其中的一个被启动时，另一个也会被启动。结果盘主就有一个很尖锐、激烈的心智，总是从长处或短处、胜利或失败的角度来考虑问题。水星的所有功能都会带有火星的竞争色彩。

那火星会受到什么影响呢？天生的侵略性会被智性化。这个人不太可能出现在酒吧的打斗中，却可能会在政治或者宗教的讨论中展现杀手本能。头脑和舌头代替了挥舞的拳头。

当然，所有这些都会受到它们相合处的星座和宫位的染色和指挥，并且也会通过相位而影响星盘的其他部分。不过这些都不会改变关键点：在合相中，两种通常是分开和独立的功能会融合在一起。如果不启动其中的一个，另一个不可能运作。

180度：冲相

冲相在古代占星学中是"坏"相位。这个相位的确会制造巨大的紧张，但是这种紧张也能为星盘带来巨大的深度和弹性。这取决于这个人选择如何对冲相所代表的问题进行反应。

张力——这是理解冲相的关键。两颗行星不可调和地**极化**了，一个向左转，另一个就向右转。而且并非表现为反常行为，它们都根据自己的内在逻辑自然运作，但总是相互削弱对方。

比如说一颗行星落在金牛座，它对冲一颗落在天蝎座的行星。落在金牛座的行星的"为什么"是寻找宁静和简单，而落在天蝎座的行星的驱动力恰恰相反，对强度、深度和转化充满渴望。

这两个星座无法好好地相处，这就是为什么传统占星师说冲相为"坏的"。但是我们无须被这样浅陋的思考模式限制。金牛座的行星和天蝎座的行星之间的紧张可能是无价的，它们彼此能够纠正对方的过分或者不足——虽然它们并不喜欢这样，但是这样对它们都更好。

那颗金牛座的行星可能最喜欢做的就是每个周末都待在家里，很安静，也很安全。"为什么要惹麻烦呢？"天蝎座的行星则不这么看——"这个周末去拜访镇上一个出过书的心理学家吧。"

如果出生星盘里有这个冲相的人**能够同时将这两极都放进意识**，让它们达成相互妥协，那么他的生活将变得丰富许多。他会常常放松，有时也会去拜访几个有趣的心理学家。这就是冲相的意义所在——扩展我们的意识，让我们能够看到问题的两面。如果我们成功了，我们就获得了弹性、变化和适应性。

但是如果我们无法跟这个冲相达成和谐呢？会发生什么？那就会有可怕的后果。心识会在两极之间震荡。当其中一面占主导时，另一面就从意识中被挤出去了。我们可能会获得一种简单的心智健康，却失去其他远为珍贵的东西。在极端的情况下，冲相会造成双重人格。两极中的一极抓住了我们的注意力，我们会基于它的需要来作决定，将身后的桥都烧掉了。随后，一套完全相反的需要又来驱动我们，将我们之前所做的一切都破坏掉。我们会这样反反复复很多年，成为自己最大的敌人，一事无成。

90度：刑相

就像冲相一样，**刑相**也被认为是凶相位。但是说它"凶"，只是因为我们没有抓住这种相位所代表的进化问题，并对其作出正面反应。

刑相会带来**摩擦**，如同冲相会带来紧张一样。相比来讲，冲相要更为和谐，相对的两个星座总是有一些共同点。比如说天蝎座和金牛座都很内向，比如说双子座和射手座都很好奇，比如说狮子座和水瓶座都是个性的极端发展。相对的两个星座总是以某种方式联系在一起，它们总是同一个银币的两面，虽然是非常不同的两面，但是至少是同一个银币。刑相则不是这样。

90度相位的摩擦特质是一种绝对的天生的不和。**相刑的两个星座没有任何相互理解的基础**。没有共同点，没有共同语言，只有一堵互不理解的高墙——有一英里那么高。

让我们考虑一颗白羊座的行星和一颗巨蟹座的行星相刑的例子。对落在白羊座的那颗行星来说，"为什么"是勇气的发展，而它的"怎样"总是包含了有意去寻找某种压力——行星及其所处的宫位则决定了那是怎样的压力。

巨蟹座的行星则受到完全不同的内在驱动。它的"为什么"包含了一个广大而深入的主观生活，它的"怎样"则有赖于让一个人跟外在世界的关系安静和稳定下来。这个外在世界恰恰是白羊座想要扰动的。

对巨蟹座来说，白羊座的行为**没有任何道理**。巨蟹座的行为对白羊座来说也同样无法理解。更糟的是，它们其中一个的成功会给另一个带来困惑，它们的目的是交叉的。相刑的行星之间会激烈地争夺对个性的掌控权，其中一个的胜利代表着对另一个的破坏。

如果冲相是对手之间的相位，那么**刑相就是天敌之间的相位**。天敌可是很强烈的词语，从这积怨的相位里怎么可能有任何益处产生呢？

事实上，如果我们选择的话，还是会有很大的益处。自然中充满了天敌，狮子和羚羊、猫头鹰和老鼠、狐狸和兔子，它们的戏剧很残忍，但是它们都服务于一个逃避不了的目的：弱者会被消灭，动作缓慢和衰老的会被抓住，而灵巧和狡猾的会逃脱。

刑相也有同样的目的：**这个相位所制造的摩擦会给两颗行星带来无情的进化压力**。想要生存，它们必须进化。只要滑倒一次，自我放纵一下，就会被践踏。不要妄图去调解一个刑相，你不会找到方法的。刑相是无法被解决的。即使在最好的情况下，它们也是性格中无法停止的焦躁的来源。而理想的情况是，这种焦虑是一种疗愈力量，不是走向宁静，而是走向成长和成就。

刑相的恐怖之处不在于说它们制造了这种"二十二条军规"般的两难境况，那只是这个相位所在的地带的状况。通过这个地带从来都不会让人觉得舒适，但是它总是让我们变得更加强大，让我们丢掉一切可能对其中任何一颗行星作出的软弱反应。其实刑相的恐怖之处是其两端中有一端可能会赢。它可能会成功地粉碎另一个，让那一个变得被动和失去作用。然后我们就成了残废。组成我们人性的10个基本"心理电路"中的一个便被毁灭了，我们很重要的一个部分缺失了。从此以后，与之对应的那一部分生活就成了灾难片，充满了永无止境的失误和挫败。

120度：三合相

这是一个"好"相位，不过让我们来仔细看一看这个说法。相位就像婚姻一样，有些以激情为基础，有些以友情为基础。在每一种类型中，有一些会健康发展，而有些则会生病。对相位来说，问题不是哪种婚姻"更好"。生活远比这种简单思维要复杂得多。真正的问题要更为尖锐：我们如何缓和激情式婚姻的那种爆炸性能量？又如何去激活昏昏欲睡的过于轻松的友情式婚姻？

我们已经介绍过激情相位了：冲相和刑相。它们的陷阱很清楚，总是让我们所有的肾上腺素上冲，就像是在路上开车突然发现车后20码处有蓝色警灯响闪一样。现在让我们面对另一种婚姻，让我们见见友好的三合相位，看看我们能否避免受其引诱而昏睡一生。

对算命先生来说，三合相是相位中的劳斯莱斯，他们只给它正面的描述，将它看做一个只会加强和加深行星力量的相位。你有越多的三合相，就越幸运——这就是传统的看法。不要相信它。认为三合相自动就是"好的"，就像是相信夫妻从不吵架的婚姻就一定是好的一样。

三合相能够像刑相和冲相那样让行星之间的婚姻变得乏味；但是，它们也能像刑相和冲相那样，帮助行星达到它们最高层次的表达。每一件事都有赖于我们选择作何反应。三合相代表**和谐**，相隔120度的行星之间是相互一致的。它们的性质可能非常不同，它们的目标可能互不相干，但是它们是**天然的盟友**。不用去努力或者事先策划，它们就会彼此结盟，而这种结盟是帮助我们还是阻碍我们，则是另外一个问题了。

假设星盘里月亮落在射手座，那么此人对射手座的体验有一种情感的渴望（月亮）。而射手座的体验是那些能够打破生活常规，让我们冲进异域和激动人心的环境的体验。

假如这个月亮跟落在白羊座的火星三合——火星白羊座意味着所有竞争性、冲动性的心智电路（火星）都受到白羊座对冒险、胜利和高峰体验的渴望的驱动——通过这个三合相，火星跟月亮相互连接，形成一个相互支持和加强的模式。它们彼此一致。它们都渴望兴奋。让其中一个开心，也会让另一个开心。因为火星三合射手的月亮，我们可以徒步穿过尼泊尔，或者驾车通过红海的悬崖。我们也可能尝试反绑自己的双手，在一月份游泳横渡过英吉利海峡。

内在和谐——这同时是三合相的长处和弱点。被这个相位所连接的行星彼此之间不会有冲突，但是冲突并不一定是坏的，有时它会孕育出均衡和好的判断力。三合相也许是一个很有效的心理机制，可以让两个部分一起合作去完成更多的事情。它们的"什么"，也许就像火星和月亮那样彼此很不相同，但是"怎样"和"为什么"却总是和谐的。这种和谐是"好的"吗？也许是，也许不是。因为这种内在一致，星座之间会基于共同需要而相互支持，却**让行星缺乏审视自己的视角**。它们可能会像两个嗜酒的酒鬼在考虑是否再要一箱啤酒。

激情的相位——刑相和冲相——就像激情的婚姻一样运作。它们可能要付出很多，因为行星之间会相互要求和捍卫自己的领地，但是这种压力也保证了成长、改变和清醒。对三合相来说就不是这样，它就像一个友好的婚姻，其中主导的是相互依存和让步，没有丝毫压力被推到表面上。夫妻双方可能是快乐的，但这种快乐可能是其中唯一的东西，此外没有学到任何东西，没有任何新体验，内在也没有发生任何改变。一旦出现压力,这段"快乐"的婚姻可能会比那些有战斗伤痕的激情婚姻更快结束。

对三合相来说,重要的是要看到它们代表了生命中那些**拥有无尽成长潜能**的领域。心识之中形成了一对盟友,两颗行星准备为了一个共同目标而共同努力,相互之间不会有任何的摩擦。但是因为缺乏摩擦,也让它们陷入睡眠。我们必须唤醒它们。我们必须想象有什么力量沉睡在这相位之中,然后**以意识和自律的行动来释放它们**。如果我们成功地点燃一个三合相,让它开始运作和发展,那么它将比刑相和冲相带我们走得更远,并且花费的努力也更少。但是如果我们失败了,那么三合相就会浪费我们的活力,我们会像被宠坏的孩子一样,没有动力,懒惰,自我满足,总是寻找那条简单的路,微笑着走在一条浪费才能和自我毁灭的路上。

60度:六合相

六合相是另一个"好"相位,它常常被理解为一个打折的三合相。但是事实上,它的作用是很独特的。就像其他相位一样,六合相可被看做两颗行星之间的一种婚姻,这种婚姻有它自己的逻辑和危机。和三合相一样,它更像是友情,但是相似之处也仅此而已。将三合相和六合相进行比较,就像拿华尔兹和蹦迪比较一样,它们都是舞蹈,但也只有这个相同点。

六合相会制造**兴奋**,它很强烈,多彩,充满活力。被六合相连接的两颗行星都会被激发,更加活跃,充满活力,就好像它们是两个第一次恋爱的青少年。

它们充满了奇妙、幽默以及高涨的能量，却很少会休息和稳定。就如年轻人的第一次浪漫，六合相能够帮助两颗行星变得成熟。就像爱一样，它加速了成长，令一个人的本质更加清晰。但是这一剂药也令人头晕，会带来眩晕和不真实感。热情会迅速燃烧，然后很快熄灭，从中没有产生任何东西。

比如说一颗在狮子座的行星和一颗在双子座的行星之间有一个六合相，驱动第一颗行星的"为什么"是自我表达，驱动第二颗行星的是信息收集。于是狮子座会发射信息，双子座会接收和要求更多，这让狮子座很高兴，发射得更多。如此这个过程会加速，两颗行星都**被激发而进入运作状态**。这就是六合相。

有时这种激发更加微妙。一颗在巨蟹座的行星跟一颗在金牛座的行星可能会形成一个六合相，巨蟹寻求主观和想象的发展，金牛则追求平静和宁静。它们的"为什么"并不相同，但是它们的"怎样"是一样的：都试图稳定和简化自己的外在生活，消除那些令人不安和不可预测的东西。于是我们看到六合相位再次起到激发作用：巨蟹座缩进壳中，令金牛座感到快乐。

另一方面，金牛一直忙于在世上建立安全和秩序，这会温暖巨蟹的心。就像三合相一样，六合相也会因短视而受苦。巨蟹和金牛可能会让自己无聊致死。双子可能会对狮子的表演感到厌烦，然后狮子会感觉受到了背叛。**六合相跟三合相一样，很难看清自己**。就像那些友好的婚姻，它们的致命点是很慢才能看清互动中的弱点。而没有看清这一点，就没有防卫的策略和成长的可能。六合相还有另一个危险：兴奋，它如同青少年的浪漫，常常很短暂。稳定和持久，这些是六合相所缺少的特质。这个相位所连接的碎片之间有巨大的能量流动，但是这些能量可能会毫无目的地燃烧，然后熄灭。多彩，戏剧化，但是毫无用处。

次要相位

合相、冲相、刑相、三合相、六合相,这五个是主要相位,它们代表了行星之间的五种基本互动方式:**融合**、**压力**、**摩擦**、**和谐**、**激发**。理解了它们,你们就朝解盘的方向跨了一大步。

有一些星盘有很多相位,有些则较少。在典型星盘上,也许会有 20 个这样的关系,其中每一个都很重要,每一个都为我们整体理解星盘作出了贡献。

即使是 20 个相位都已经很多了,同时处理它们会让我们应付不过来。它们都是重要的,但是我们必须现实一点,知道自己的头脑能够一次关联的数据到底有多少。在下一章,我们会谈论如何拣选出一张星盘中最重要的相位。我们的注意力应该重点放在那里。一旦理清了主要相位,我们就可以继而转向那些没那么重要的相位。

紧随五个重要相位之后的一些**次要相位**包括:七分相、倍七分相、五分相、补八分相、九分相。每一个都是碎片之间的某种**关系**。如果我们将它们全都算进来,那么每张星盘的平均相位马上就由 20 个跃升为六七十个。我们会发现**每一颗行星都跟其他所有行星有连接**,跟上升和中天也是。这时候,我们就要晕头转向了。

次要相位是真实的,它们也的确有效,有其重要性,但是它们被称做"次要"是有原因的,它们远不及主要相位的意义重大。即使我们只看主要相位都已经看不过来了,因此我对任何正在学习占星的人的建议是,忘掉次要相位,至少在你有多年的解盘经验之前要如此。你能够在没有次要相位的情况下作出有效的解读，而加上它们，你会让自己很乱。

容许度

当两颗行星之间相隔 90 度时，它们就是相刑的。但是如果它们之间的间隔是 91 度呢？这还是刑相吗？

是的。所有的相位都可以有一定的模糊。行星之间并不需要是完全精确的角度才能够发生作用。如果它们在一定角度之间，那就足够了。这种容忍度被称为相位的容许度。

没有一个容许度能够被严格定义。想要定死它们就像是要确定你的小猫哪

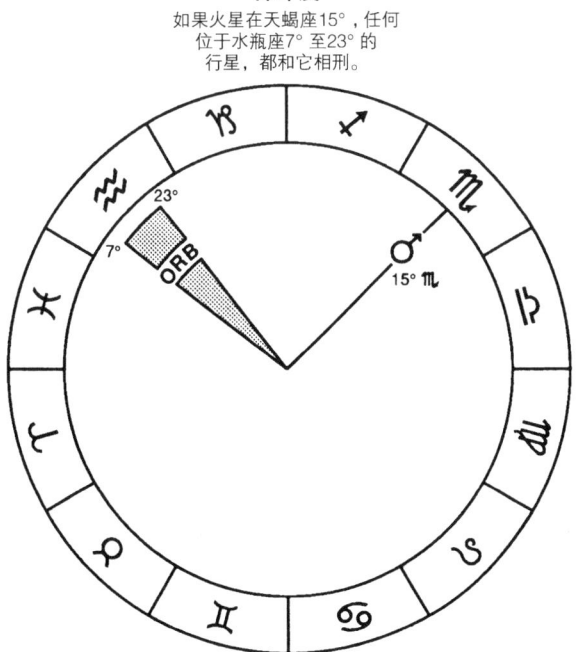

容许度
如果火星在天蝎座15°，任何位于水瓶座7°至23°的行星，都和它相刑。

天成年一样，这不可能。

准确的相位是最有力的，但是一个偏差两三度的相位仍然充满能量。5度的话，也还很强，不能忽略。6到7度的话，也还有效，但是效果肯定减弱了。8或者9度的话，有一点效果，但是非常微弱，这时候我们可以安全地将注意力放在别处了。如果是包含太阳或月亮的相位，那么容许度还可以加上一两度，因为它们是人格中的真正关键点，任何影响它们的东西都需要被非常仔细地检查。

如何辨认相位

快速辨认出相位的关键在于对十二星座要完全熟悉。你可以画一个圆，将十二星座按顺序画出来，然后将它贴在你的镜子上，你就可以在一两个月之内掌握相位。你只需要熟悉哪个星座会落在圆的哪个位置上。

换句话说，你必须学会每个星座跟其他星座之间的位置关系。以此为基础，你再去看行星和角度就简单很多。

最容易看出来的角度就是合相。白羊座跟白羊座是相合的。金牛座跟金牛座是相合的，依此类推。这个没有问题，很容易。

冲相也差不多，很容易，至少当星盘摆在你面前时是这样。你能够看到白羊座跟天秤座相冲，金牛座跟天蝎座相冲，依此类推。

找出三合相的技巧在于记住星座的元素。所有的火象星座彼此三合。所有的土象、风象、水象星座也一样。

刑相则基于星座的模式。选定任何一个星座，都有另外三个星座跟这个星座属同一种模式，即创始、固定或变动模式。对每一个星座来说，都有一个星座跟它是相冲的，另外两个则跟它相刑。

就像三合相一样，六合相也跟元素相关，但是要稍微复杂一点。土象跟水象相互六合，风象跟火象也是。在相互六合的三组星座中，有一组是相冲的，其他两组则是真正的六合。

如果记忆元素和模式对你来说不容易，那么还有一个更简单的找出相位的方法：数星座。

首先选一个星座，我们就叫它1号吧。从它开始数，顺时针或逆时针都行，2号没有相位，3号是六合，4号是相刑，5号是三合，6号是相冲。

每个星座都是30度宽，但相位的容许度只有6到8度，所以如果我们想要看出行星之间的相位，必须在此基础上再进一步。

假设火星落在天蝎座的第15度，我们这样来找出它都有哪些角度。与之相合的行星也会落在天蝎座，但并不是天蝎座的任何位置都可以，它必须落在我们所考虑的这个位置的前后8度以内，任何落在这个范围内的行星都跟火星相合，而那些落在天蝎座的开始7度和末尾7度的跟火星都不相合。于是，在我们这个讨论里面，7度到23度之间成了一个重要的空间。

让我们看看这个空间如何运用在其他的相位上。

金牛座跟天蝎座是相冲的，所以任何落在金牛座7度到23度之间的行星都跟火星相冲。如果有一颗行星落在金牛座的2度或者27度的话就不算了，因为容许度没有这么宽。

像这样，我们看一遍所有跟天蝎座形成角度的星座。当我们看完之后，就知道火星是如何跟星盘的其余部分相连。

不过还有一个复杂因素需要考虑，就是当一颗行星落在一个星座的开头或末尾时，我们需要更加谨慎，因为相位会出现在"错置"的星座之间。

比如说木星落在白羊座的第 26 度。相合的容许度是多少？是 8 度。所以向后的话，它延伸到白羊座的第 18 度，这很清楚，无须解释。不过如果向前的话，我们会算到白羊座的第 34 度。当然，没有这样的度数，因为白羊座在 30 度就终止了，继而是金牛座。所以"白羊座的第 34 度"事实上是金牛座的第 4 度——于是一颗落在金牛座开始部分的行星会跟这颗落在白羊座的木星相合。

同样的逻辑也适用于木星的所有其他相位。**在寻找相位时，最重要的还是度数**。而星座只是一个方便的方法。

当一个相位被"错置"在另一个星座里时，它会被减弱。刑相还是刑相，不过棱角没有那么锋利了。一个很有效的解决办法就是在这种情况下将容许度减小 1 到 2 度，这会将很多不是那么重要的相位过滤掉，只留下那些真正不可忽略的。

一般被辨认出来之后，相位会被标记在星盘上，标记方法有几种。有些占星师会在行星之间使用有颜色的线，更多占星师只是给出一个相位表格，就像下一页的图所显示的，右下角的表格列出了那个英国人示范星盘上的主要相位。

阅读一个相位表格很容易，不过我们首先需要学习一些符号：

合相：☌

六合相：⁂

第九章 解盘二：相位、守护星和月亮交点　255

刑相：□

冲相：⚭

三合相：△

想知道水星跟土星之间有没有相位？你可以找到水星的那一行，在它与土星那一行相交的格子里，你会发现有一个冲相符号。对于所有其他的行星也可以用同样的方法来找到相位。

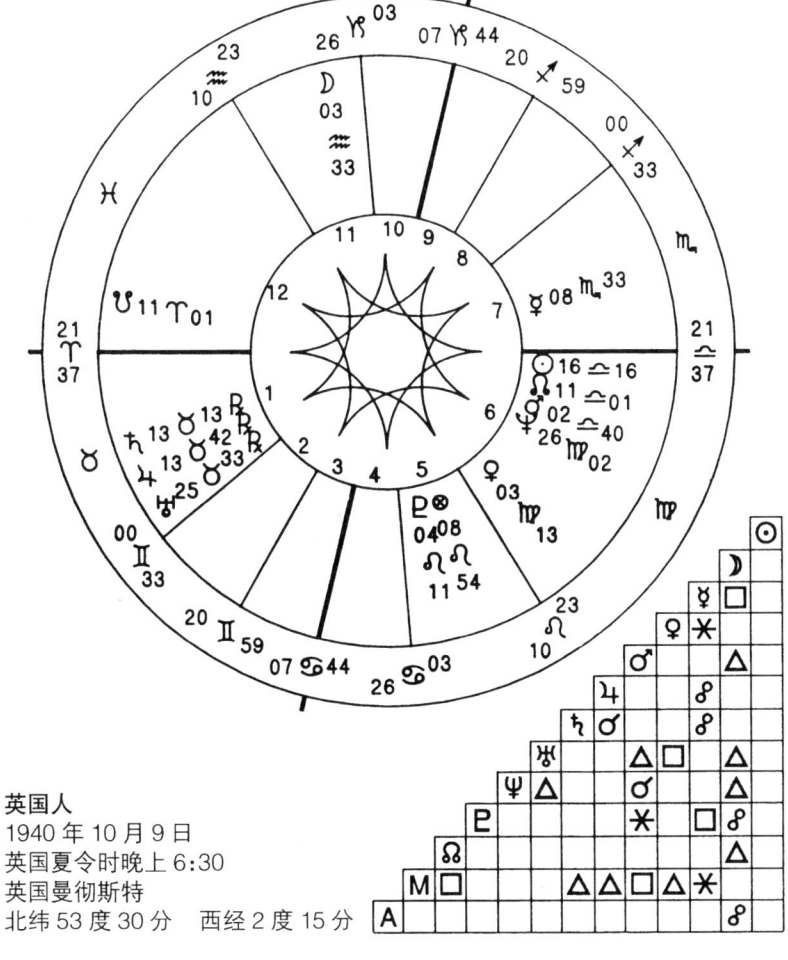

英国人
1940 年 10 月 9 日
英国夏令时晚上 6:30
英国曼彻斯特
北纬 53 度 30 分　西经 2 度 15 分

一颗有很多相位的行星，是一颗重要的行星。它好像是星盘的一个重要战略点，对其他的行星都有重要影响，不过这会是下一章的主题了。就目前而言，我们只需要简单来看一颗重要的行星。

守护行星

行星和星座是完全不同的心智体系。正如我们看到的那样，行星代表了心智的10个基本功能：自我的形成、感受和想象、竞争性，等等。星座则是心理机制以及实现它们的独特目标和方法，比如说勇气的发展、打破常规的能力，等等。

每一种心理机制，以及它的目标和方式，都可以用来给10个功能染色。换句话说，任何一颗行星都可以落入任何一个星座。

某些"星座—行星"组合比另一些更加和谐。比如说，火暴的火星就很喜欢待在白羊座，白羊座是战士的星座；而火星待在温柔、礼貌的天秤座会感觉受困。

每一个"星座—行星"组合都有其含义。每一个都能够制造出正面价值的行为，每一个也可能被腐蚀。没有哪个组合是天生好或坏的，那不是它的关键。我们观察到的是**有些行星会比其他行星更有助于特定星座特质的表达**。

每一颗行星都跟一个或者两个星座有特殊的关系，它们之间有相似的特质，如果一颗行星恰好落在与之有这种特殊关系的星座，就不会产生什么摩擦，两者都会得到清晰的表达。中世纪的占星学给这种特殊关系赋予了一个名字：跟一个星座关系很密切的行星被叫做这个星座的**守护行星**。

守护行星（英文为 the ruler，ruler 有统治者的含义——译者注），这个说法有些不幸。其实这并不是关于统治和屈服的问题，那只是中世纪的思考方式。更准确的说法是，这颗行星和这个星座"彼此喜欢"。不过现代占星学沿用了中世纪的这个表达方式。

跟守护行星相对的，有一个名词可用来描述那些很困难的"星座—行星"互动。当一颗行星落在一个星座里，而这个星座的"怎样"和"为什么"对这颗行星来说都非常陌生时，这颗行星就被称为在这个星座里**落陷**。在这种情况里，行星和星座都必须极大地扭曲自己，以使它们形成能够完成联合表达的共同点。

守护行星和落陷行星是有关联的，它们通过所有相位中最紧张的冲相联系在一起。**一颗行星落陷的星座总是跟它守护的星座相冲**，如果我们知道其中的一个，就知道另一个。

太阳是狮子座的守护星，自我的形成很大程度上要依赖于周围的人对我们的反应。不管是掌声还是嘘声，它们总是能够比漠不关心更能帮助我们形成一个自我形象。基于这个原因，太阳如果落在狮子座这个善于表演和在公众面前表现的星座，它的能量是很强的。而水瓶座，也就是狮子座对面的星座，则是太阳的落陷星座。水瓶座的主要发展方向就是要超越对社会认同的需要，这种冷漠与太阳的特质是相违背的。

月亮是巨蟹座的守护星，月亮所代表的感受在这个主观、内省和想象的星座中会变得更深。而它在摩羯座是落陷的，摩羯座强调的是自律和目标的达成，这使得月亮的情绪表达成为次要的东西。水星守护两个心智突出的星座——双子座和处女座，它喜欢双子座的好奇和聪明，与处女座能为复杂和混乱的环境带来秩序的能力也很契合。双子座的对面是射手座，若水星在此落陷，射手超越事实的直觉式跳跃思维会让水星不舒服。双鱼座对水星来说也不好受：双鱼拒绝生活在一个逻辑的宇宙中，对这颗理性的水星来说，双鱼实在不可理解。

金星守护天秤座和金牛座。作为我们建立关系之能力的象征，金星和天秤座很亲近——爱和伴侣关系对天秤座至关重要；而作为我们平静下来的能力象征，金星受到镇定的金牛座的吸引。

火星，这个传统的战争之神，对和平的金星没有什么好感。因此，毫不意外的，火星所守护的两个星座是金星落陷之处：激烈的天蝎座和凶猛的白羊座。同样的，如果火星落在金星特质的星座里，它的表达也会受到限制，金牛座和天秤座就是火星的落陷之处。

膨胀的木星喜爱射手座的快乐和双鱼座的宽广和信念，木星是这两个星座的守护星。相反，这颗巨行星难以与双子座的观察者和记者的特质共处，因为木星喜欢先跳进去再说。同样的原因，处女座的谨慎也会伤害木星。木星在这两个星座落陷。

土星在摩羯座严谨自律的环境中会得到很好的发展，而它在巨蟹座的敏感环境中会受苦，它在巨蟹座落陷。水瓶座和土星也相处得很好，土星很欣赏水瓶冰冷清晰的心智以及它的自我满足感。轻浮而话多的狮子座，也就是水瓶座的相对星座，则会让这颗带有光环的行星不舒服——土星在狮子座落陷。

我们现在已经讲完了所有12个星座。每一个星座都有一个守护行星，每一个星座也都是一颗行星的落陷之处。在18世纪的时候，守护行星的内容就这么多。但是在那之后我们开始发现新的行星，于是突然之间每一件事都变得更加复杂了。

这些新发现的行星对占星学提出了一些棘手的问题。它们是否也像之前的行星一样守护一些星座？如果是这样的话，它们守护哪些星座？哪些旧的行星又会被取消守护资格呢？或者我们是否应该考虑某些星座有共同的守护行星？

这些问题没有一个被完全解答了。占星学家在如何处理这些看不见的行星的问题上分为两派，有些认为它们作为一些星座的"共同守护星"，跟那些传统的守护星分享权力；另一些认为天王星、海王星和冥王星的发现已经将三个传统的守护星挤出去了。后一派的人还相信，会有更多的行星被发现，最后每一个星座都会有一个单独的守护星。也许他们是对的。

不过我个人倾向于支持共同守护星的一派，因为旧的守护星都很合理，它们都很有效，没有必要将它们挤走。而三颗外行星也跟几个星座有明显的对应性，没有必要去否认这一点。

天王星是个性化的行星，它很叛逆，无拘无束，并且反对偶像。它跟我们称之为水瓶座的特质有一个清晰的联系。它对想要取悦大众的狮子座则有一种同等程度的厌恶，而狮子座就是水瓶座的相对星座，天王星明显在这里落陷。

神秘的海王星跟神秘的双鱼座有一种明显的相互吸引，之间有一个清晰的守护关系。跟双鱼座相对的是处女座，而处女座一丝不苟、冷静的现实主义会粉碎海王星的超世俗倾向。

冥王星给我们带来更大的问题。大多数占星家将它看做天蝎座的共同守护星。天蝎座令人恐惧的强烈气质、个人吸引力，以及钢铁般的意志同样是冥王星的特质。出于同样的原因，白羊座也被认为可能是冥王星守护的。处女座也是，原因是它对服务是如此专注。我个人谨慎地将它看做天蝎座的守护星，而将实际的、和平的金牛座作为冥王星的落陷星座。

分享守护权的确会带来一些复杂性，就像我们会在下一章看到的那样。不过这种处理方式似乎跟事实最符合。如果木星和海王星都"喜欢"双鱼座，那么就没有必要让它成为一个二选一的局面。它们都可以在这个星座的时候能量很强，跟星座彼此不会产生摩擦和消耗。这其实就是守护关系最初的意义——不是统治，而是和谐。

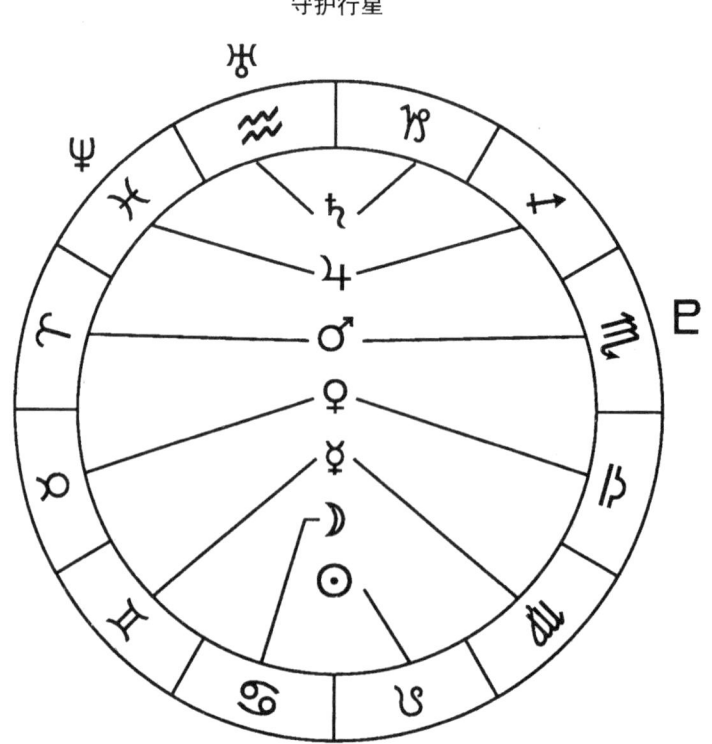

守护行星

守护关系如何帮助我们解盘呢？最主要的一点，它们帮助我们衡量各颗行星的相对重要性。即使当一颗行星落陷时，它也是很重要的，我们也必须理解它。但是当一颗行星落在它的守护星座时，这就是个很有影响力的位置。与它相对应的心智电路——那个"什么"——就在这个人的心理活动中扮演了一个中心角色。比如说，落在双子座的水星代表了很强的口头交流能力，落在天秤座的金星带来个人的魅力和吸引力。相比其他行星功能，这些行星的力量更强，它们带有的特质将在性格中占主导地位——无论好或坏。

如果双子座的水星或者天秤座的金星刚好跟星盘里的其他行星有很多相位，那么就可能让它在各颗行星中占据主要位置。也许只有太阳和月亮会比它更重要。

知道这些会让我们对星盘有一个全观。星盘常常包含很多模糊，甚至矛盾的主题，如果我们知道哪些碎片是最重要的，会让我们知道内在的哪些部分将很明显地发展出来，而哪些部分很可能表达得不那么明显。不过那是第十章的主题。就目前而言，让我们关注一种更简单和更宏大的星盘解读视角——从历史的角度解读星盘。让我们来认识一对象征，它们将星盘跟生前与死后联系在一起。

月亮交点

一张星盘就像一个婴儿的出生，一开始这个小生命并不存在，可突然就降生了。我们可能知道他要出生了，不过还只是很抽象和普遍的印象，但是当我们真正看到这个孩子时——一个男孩，七磅重，棕色头发——我们会有一种无法解释的震惊。一旦我们学习占星，这种震惊还会加深。除开通常的出生证明上的信息，占星学会告诉我们一些关于这个孩子自身的真实信息，以及他来到世上要经历些什么。比如他是一个太阳九宫的水瓶座，上升落在巨蟹第九度，还有一个摩羯座的月亮落在第七宫。出生前的一刻，他还只是女人肚子里的一块隆起；出生的一刻，我们就了解了他生而为人的完整故事。

这就是出生给人的感觉——突然而神奇。真实发生的事情则很不一样。没有任何人来到世间不带有历史的戳记。**即使一个新出生的婴儿也有一个过去。**我们每个人都有一根因果链条，一直可以追溯到两百亿年前，消失在大爆炸开始的瞬间。如果没有抓住这根链条，我们会丧失很多。就好像我们在建立一段关系的时候约好只谈现在，这样的话，亲密是可能的，却会丧失丰富性和相互间更多的理解。

占星学如何越过这个障碍呢？出生盘是一个关于**出生**的星盘，它毕竟只在婴儿开始第一次呼吸时才存在。答案来自占星学里两个最神秘和有争议的象征：月亮的南北交点。从物理上来说，南北交点是很复杂的，它们是月亮轨道跟天球相关联的点。就这本书而言，我们无须在科学意义上去理解它们，我们必须掌握的是它们的象征意义。**月亮的南北交点将星盘跟历史联系在一起。**南交点象征着过去及其对我们的影响，北交点象征着吸引我们的未来方向。毫不意外地，它们总是彼此相对的。在我们曾经所是的和我们必须成为的之间，有巨大的张力。

南交点代表的是什么过去呢？我们必须选择两个模型中的一个，或者同时从两个视角去看，搁置任何最终审判。

第九章 解盘二：相位、守护星和月亮交点　　263

月亮交点

北交点　　　　　　　　南交点
☊　　　　　　　　　☋

第一个模型是基因学模型。通过遗传，我们每个人都从过去继承了一些东西，我们可能会有母亲的鼻子和父亲的气质。如果我们了解自己的曾曾曾祖母的话，我们可能会惊奇地发现自己与她的相似之处。通过基因，她有过的生活会继续在我们的生活里体现。在这个模型中，**南交点象征了祖先对我们的影响**。在出生的时候，一个遗传主题被固化在我们的内在，从那时开始，通过我们的染色体，我们携带了一个集优点和缺点的编码程序。没有一个科学家会对此提出异议，顶多会质疑这个基因学原理跟月亮的南交点有关。

第二个模型则更难被验证或者否认，它基于轮回的观点。在这个模型中，我们每个人都被看做永生的意识存在，会一世接着一世地生活，逐渐向更高层进化。在每一世，我们都会获得新的洞见，不过也会积累坏的习性，这些洞见和习性来自过去的印记，它们成了我们内在的一系列倾向，会影响我们现在所作的选择。印度人称之为**业力**，这个词很方便，所以我们这本书里会用到它。

在轮回模型中，**月亮的南交点象征了我们的业力**。而从实用的角度来说，它的作用和遗传基因模型是一样的，它也代表了"过去的生活"。也许是你的祖母的祖母的祖母18世纪生活在挪威，也可能是你自己在18世纪的时候生活在挪威。都没关系。不管你喜欢哪个模型，那个女人都生活在你的内在。

轮回是一个正确的概念吗？回答这个问题不是占星学家的任务。每一个人都必须去建构自己的信念系统。也许我们有很多世，也许我们只有一世。不管是哪种情况，过去都会决定现在，而月亮南交点都会揭开这种影响的面纱。

月亮的南交点会落在一个星座和一个宫位里，也会跟其他行星形成相位（但只能使用3或4度的容许度）。换句话说，它跟行星一样运作，我们可以像解读其他碎片一样解读它。南交点显示了我们的一种**本能和自动**的行为模式，它所在的宫位则显示了活动领域，在这里，一个人会毫不犹豫地受**自然而不费力的生命之流**所吸引。南交点的星座会为其添加上"怎样"和"为什么"，代表在你内在自然升起的**思维倾向和驱动模式**，这种模式可能永远都不会受到挑战。

正如同没有人能够被单纯地说成拥有一个"好的"或者"坏的"过去，南交点也无法单纯地被看做"好的"或者"坏的"。就像所有其他的象征一样，它包含极高的潜能和降格的扭曲，我们的解读必须包含这两极。关键是要记住南交点代表着过去，它已经完结了，这个人的南交点功课已经完成了。即使它所表现出来的知识和行为还不完美，这个人也必须向前走了，在南交点的领域，他已经做了所有能做的，未来在别的地方。

从南交点里出来继续前行并不容易，我们甚至无法看清方向。一位男士去看病，医生刚好是位女士，他对她说的第一句话是："护士，我的医生在哪呢？"他并无恶意，**但是他的认知建立在一些无意识的偏见之上**，想当然地认为只有男人才有资格当医生。这正是南交点运作的方式——它在生活中设置了一系列强制性的"假设事实",想要从中逃出来,意志必须作出反应,而真正的困难之处在于首先要认出它们。如果我们没能看到自己的南交点所产生的无意识倾向,就像奴隶一般不断地重复这些旧的行为,毫无进步。我们可能会得到世间的成功——这常常会发生,因为南交点象征着我们所擅长的东西,但是我们会觉得不对劲,感到自己就像在水上踏步一样,生活显得机械而毫无意义,一种深刻的内心渴望没有得到满足。在根本层面上,我们感到非常无聊。

解药是什么呢?是月亮的北交点。**北交点象征着我们成长的前沿**。从某种角度来看,它是占星学中最重要的点。它跟南交点永远相隔180度,代表一个总是给过去带来最严峻压力的点。当我们允许自己体验它的时候,就是向一个完全陌生和异域的现实敞开。我们处在极度矛盾的边缘。我们的心智在向往和恐惧之间挣扎,很疲惫。它被吸引着,很兴奋;但是红灯在闪烁,我们内心深处的某一部分想要抗拒这种体验,内在有什么在尖声喊着:"别想了!"

比如说南交点在第十一宫和摩羯座。无论从业力还是遗传的角度来看,这个人本能而自发地是一个"进取者"。摩羯座的自律和进取表现在目标和计划的宫位里,这个人很快就建立了生活策略,任何违反这个策略的东西都立刻会被消除和压抑掉。

跟这个南交点相对的是代表未来进化的北交点,落在第五宫巨蟹座,在这里我们会发现**一些挑战这个人对生活的基本假设的体验**。它们令人畏惧,面对它们的时候,这个人感到笨拙和困惑。它们是什么呢?通过巨蟹座,我们看到一股脆弱而温柔的情感之流被注入心识;而通过第五宫,我们看到一个创造、爱和自我表达的领域,它着眼于当下的生活。所有这些都跟南交点的偏好相反。

挣扎在过去和未来之间,这个人必须作出一个选择。为了成长,他需要发展北交点,但是抵达那儿需要很多的努力,也许还需要寻求帮助,当然也会遇到一些尴尬之事。而另一个选择总是在引诱这个人:再一次上演南交点的戏剧,待在安全的地方,走这条容易的路。如果他选择了这条路,那么他将看起来像一个大师,死的时候却感觉自己像个傻瓜。

第十章 解盘三：将所有元素放在一起

十颗行星，每一颗都被各自的星座和宫位所塑造。五种相位将这些不同的碎片以五种方式连接成网。再加上那些守护行星、逆行、南北交点，以及地平线和子午线。是不是有点头晕？这并不奇怪。占星是复杂的。有时候，看着一张星盘，你可能会觉得自己像一个玩抛球的杂耍者：看到有太多的球在空中。但是请放心，有步骤可以遵循，有专门的地图来帮助我们穿越眼花缭乱的星盘。

只要我们遵循它们，就不会迷路。

当一个新手初次看到一张星盘时，他可能会纳闷：怎么可能有人在这些杂乱无章的线条和奇怪的象形文字中找到任何含义？这些符号根本无法揭示任何东西。而当这个新手学了一些基本的占星学语汇之后，他会面临完全相反的难题：星盘上的各种信息让他头昏眼花。让一张星盘对我们说话从来都不难。占星符号中充满了各种含义，它们完全敞开在我们面前，就像是圣诞节早上等待礼物的孩子的脸。**占星解读最基本的困难在于星盘给出了太多的信息**，所有这些信息都是有效的，它们都有潜在的用处。但是有时候这就像是我们只想看看某个人流鼻涕的问题是否有所改善，却被迫去上医学院一样。

次序、清晰、全局观，如果我们想要掌握占星解读的艺术，就必须坚持这些原则，否则留给我们的只有混乱。我们在这一章所讲的指导原则都为了服务这个目的：让我们能够控制来自星盘的信息流。这些原则都像是放在水龙头上的手。有时候我们需要将水龙头的水关小一点，让水一滴滴地流出来。否则的话星盘将会用一些无关紧要的细节信息来将我们淹没。**将那些本质性的主题分离出来**——这就是成功解读星盘的关键。只有当我们掌握了一张星盘的最本质信息时，我们才能够去考虑微调。

第一步就是找到重要部分。你可以将星盘当做一个爱说话的朋友，只要问它，它就会回答，而当它开始不停地说话时，你不要不敢打断它。它提供的是信息，你提供的是控制。

将一张星盘的最重要主题拣选出来并不总是一件容易的事，有时候它们一点也不明显。但是有一个基本原则永远不会错，那就是六大指导原则的第一条。只要我们遵照了这一条，就能避开过量信息的困扰。这些过量信息让很多占星师需要吃阿司匹林，而客户则困惑得直挠头皮。

第一原则：在你透彻了解太阳、月亮和上升之前，忽略所有其他信息。

这条简单的原则对任何一个学习解盘的人来说都是最有价值的实用信息，我强烈建议你永远不要偏离它。

太阳、月亮和上升的重要性居于所有其他影响之上，它们是**三大巨头**。不管它们在什么星座、什么宫位，有什么相位，它们都是星盘的首脑人物。任何一个不被它们特别支持的特征，都不太可能在个性里表现得太突出。

你可以将三大巨头当做**人格的骨架**。金星和木星可能会为其添上肌肉和肤色，但是太阳、月亮和上升决定了基本的体积和身高。比如说，如果一个人的三大巨头表明他是谨慎和羞怯的，那么即使一颗激进的火星也不会将他变成一头猛虎。相反，如果一个人的太阳、月亮和上升都在火相星座，那么即使位于第六宫的火星待在热爱和平的双鱼座，也无法让他温和下来。在两种情况下，火星都是具有含义的，但是我们需要从整体星盘出发来理解它的含义。要做到这一点，最好的办法就是在我们仔细和完全理解决定生命状态的三大巨头之前，忘记火星。

三大巨头中的每一个元素都服务于一个重要的目的，让我们来复习一下。

太阳构建了**个性**。就像我们在第六章所看到的那样，它代表了**自己**，让我们觉得自己是一个独特的人，拥有某一种天性和某一些无意识的倾向，这些倾向决定了我们的价值观和生命动机。简单地说，太阳，代表了**小我**。

月亮在太阳的后面运作。月亮表现的是主观因素——我们的感受和恐惧、我们的情感需要和我们的喜好，它代表了心识的**本能维度**。月亮是心灵的情绪，一个人一生当中所表现出来的基本情绪。因为它是如此深刻，如此无法理喻，我们可以称月亮为**灵魂**。

上升则是太阳和月亮互动之上的包装，代表两个连接紧密的心理原则：第一，我们每个人在日常生活中必须创造一个自己的简化版本作为工具；第二，这个工具最好很有效，让我们完整的自我得到一个流畅和舒服的表达。换句话说，我们**既躲在上升之下，也通过它来表达自己**。因为这些原因，我们可以将它看成**面具**。

这三者构建了人类心智的一个结构模型，这个模型既普适有效，又简单易懂。将其他行星加在这个模型之上可以使之更加准确，但是也可能会带来混乱，而在看盘的开始阶段，我们必须不惜一切代价避免混乱。我们必须将一只手始终放在水龙头上。

太阳、月亮和上升，分别代表个性、个性背后的灵魂，以及它在世间所戴的面具。三者是如此简单、清晰、有效。

严肃的占星师使用三大巨头的方法很像那些在鸡尾酒会上用星座来闲聊的人，但不是说"我是狮子座"，而是说"我的太阳在狮子座，月亮在摩羯座，上升在射手座"。这之间的区别就像是说"我来自纽约"，还是说"我是一个生于70年代初住在哥伦布大道的爱尔兰血统的佛教禅宗素食者"，这两种方式都告诉别人关于我们自己的一些东西，但是第二种方法提供的信息量大多了。

有12个太阳星座，所以第一种方法将世界分成了12种"类型"。这已经能说明一些问题，因为即使是两分法的类型划分也是有一定价值的，比如说内向和外向。而加上月亮和上升，实际上我们的类型划分就变得相当个人化，现在不是12种，而是1728种。而当我们将月亮和太阳的宫位与星座组合加进来时，又会多出很多。这样，我们就从普遍走向了特殊，从模糊走向了准确。

我们如何做到这一点呢？具体步骤是怎样的？我们需要记住的第一点是，解读太阳和月亮的星座和宫位，就像解读其他的行星短语一样，我们会用到分析水星或者金星时一样的步骤。如果你对这些规则不清楚，可以回头去复习它们，它们在第八章的末尾。下面列出的五个步骤就体现了这些知识。

五个步骤——对三大巨头的分析

第一步：

找到你的太阳，它的"**什么**"就是个性的形成。看看它所在的星座：**为什么**这个人活着？他的进化目标是**什么**？他**怎样**才能最有效地实现它？他所面临的危险是什么？

现在加上太阳的宫位。他在**哪里**会遭遇太阳的自我形成的问题？他生活的主要战场在哪里？

第二步：

找到你的月亮，它的"**什么**"是主观和情绪化的性格的形成。它以哪个星座的形式表现？哪些体验对他的幸福来说最重要？他**怎样**获得它们？当他被情绪和不理性控制时，是如何表达它们的？

现在加上月亮的宫位。他在**哪里**会面临生活中最激烈的情绪问题？他在哪里必须学会以最本能和超越理性的方式作出最实际的选择？在哪里他必须信任自己的"灵魂"？

第三步：

看上升。这并不是一颗通常意义上的行星，不过对它的处理步骤非常类似。对世界来说，这个人看起来是什么样子？他的面具是什么？哪种社会人格对他来说最合适，能够让他有一种舒适的日常身份感？这副面具跟我们在太阳和月亮中看到的有什么不一样？有什么相似之处？这些对比会带来哪些力量或者问题？

第四步：

看看这三者的相位关系。太阳、月亮和上升之间是怎样连接的？你也许会找到几个相位，也许一个都找不到。如果你的确发现了相位，尝试去理解这些主要的人格要素之间是如何连接在一起的。有哪些加强？有哪些危险？

第五步：

这是最难的一步，也是最重要的一步。感觉一下这个人的三大巨头，如果你只能用一句话来描述它们，会是什么？这个人是谁？水相星座和内向宫位被加强了吗？三大巨头的特质主要是外向的吗？爱开玩笑吗？严肃吗？自大吗？害羞吗？掌握它，你就为接下来的占星解读建立了一个氛围。如果没有掌握它，你的解读就会碎片化和分散化。

一个有用的技巧

在解读星盘时，关键问题是星盘用太多的信息来淹没我们，我们会失去平衡。

一开始抓住太阳、月亮和上升是控制局面的最好办法。这就是为什么第一原则是星盘解读的"主要方针",也是为什么步骤五在实际运用中扮演了如此重要的角色——它试图将三大巨头简化成基本要素。

还有一个很有用的技巧,能帮助我们进一步简化和巩固对三大巨头的洞见。它对任何星盘都适用,它在太阳、月亮和上升的基础上,给人格一个即时的速写。

这个技巧有赖于我们在第五章为每个星座给出的**原型**,这些原型是基本的人类形象——勇士、诗人、小丑等,它们抓住了每个星座的一些特色。对每一个星座,我们都提供了几个形象。一旦你掌握了星座,你也可以在这个列表上添上自己的创造。

原型列表

白羊座	金牛座	双子座
战士	大地之灵	见证者
先锋	音乐家	教师
无畏者	沉默者	讲故事者
幸存者		记者

巨蟹座	狮子座	处女座
母亲	国王/王后	仆人
疗愈者	表演者	殉道者
隐形人	小丑	完美主义者
	孩子	分析者

你可以用以下方式来使用它们。

找到这个人的太阳星座,那个星座的原型告诉我们他**是**谁。然后看看他的月亮星座,那个星座原型描述了他的**灵魂**。最后,他的上升星座的原型象征了他的**面具**,他躲在这副面具后面,并且通过这副面具来表达自己。

在我们的示范星盘中,那个英国人的太阳在天秤座,月亮在水瓶座,上升在白羊座。在后一章,我们将会详细分析他的星盘,现在让我们先来看看如何将原型技巧用在他的三大巨头上。

我们可以说他是一个**艺术家**,有着**天才**的灵魂,戴着**战士**的面具。或者说他是一个**恋人**,有着**被放逐者**的灵魂,戴着**无畏者**的面具。

这些原型能够以任何一种让你感觉舒服的方式来搭配。每一个星座都有好几个原型,每一个都会凸显三大巨头中的某一面。如果你能够以一个特定的公式来表达会很好，不过这是一个需要直觉的过程。你可以尝试几种形式，然后看看哪一种**感觉**最对。

这个公式的价值在于它将太阳、月亮和上升糅合成一个易处理的句子，一个有启发性的简单句子。它也是水龙头上的一只手，将流出来的信息控制在可以处理的范围内。

好好消化这个简单的句子，在后面的星盘分析当中，都要记得它。它将帮助你保持一种全局观。当你准备描述一颗行星时，问问自己：我想要说的这句话，符合这个戴着无畏者面具、拥有天才般灵魂的艺术家的特质吗？

接下来要谈的第二个原则，跟第一个原则的作用非常类似：它帮助我们保持对星盘全局观的把握。它让我们在将星盘的某些局部特征扩大化之前，做出一些普遍性的结论。它与第一原则的区别在于，现在我们需要将所有的行星都考虑进去。

第二个原则的重点是：半球侧重。大多数行星是落在东半球还是西半球？是落在水平线以上还是水平线以下？或者是均匀地分布在整个圆里？

原则二：暂时忘记那些行星的具体含义，只是去观察它们中的大部分是落在四个"半球"中的哪一个。

如果你对各个半球的含义有些模糊，那么你需要回到第七章进行复习。让我们在这里简要地复述一下，以加深我们的认识。

地平线将星盘分为上下两个半球。上半球代表**客观**，下半球代表**主观**。当大部分行星落在地平线之上时，这个人的生活主要集中在客观领域中，他会通过设计一系列的**事件**来获得成长，通过它们将正在进化的个性**在公众面前表现**

出来。但这种格局并不总是代表社交和外向的个性，不过它暗示从长期来看，这个人不会情愿从世界退出。世界是他的广场，如果他从那里退出，就不可能成长。而如果没有成长，也就不可能快乐。

大部分行星落在地平线之下则有相反的含义：这个人的生活更多地聚焦于主观领域。他可能会像一只喝醉的猴子一样贪玩，或者像拿破仑一般有野心，但是所有的成长都发生在内心深处，在思维和主观反应的世界中发生。就像行星大多落在上半球的人必须设计一些**事件**一样，行星大多落在下半球的人必须寻求**领悟**。那是他们快乐的源泉。

星盘的竖直线——**子午线**——将星盘分为东西两个半球，这就形成了另一对两极。东边象征着**自由和个人选择**，西边则代表**命运或宿命**。（请记住，东边在左而西边在右！）

再一次申明，星盘侧重东半球或者西半球并不能告诉我们这个人的**个性**。一个易怒和个性强烈的人可能所有行星都落在西边，而一个犹豫和懒惰的人的行星可能主要集中在东边。**侧重于某个半球，描述的是生活的样子**，而不是这个人的个性，也不是构成一个人本质的基调和结构。它所揭示的是游戏规则，而不是游戏者的个性。

我们如何实际使用半球侧重原则呢？在我的工作中，通常我不会为盘主提到这个。不过在我整体描述星盘的时候，半球侧重总是为我提供了选择词语的基础。大部分的行星落在东边的人，会听到很多关于个人责任感的建议，我会为他展示一个空白的生命模型，等待着他去填充。游荡和懒散会被描述成违反自然规律的行为，充满了危险的影响生存的后果。

为什么呢？**因为这是那个人真正所生活的世界**。不管他的本性如何，东半球侧重都告诉我们：对他来说，有意识地使用个人自由是决定他满足度的**最关键因素**。

大多数行星落在西边的人则会听到另外一些建议。我们会强调弹性的价值，以及辨认出掌控我们生命的更宏大的模型的能力。这个人是棋盘上的小卒，这张棋盘比他以为的要巨大得多。这就是宿命控制我们的方式。并不一定要懒惰和犹豫不决，只是需要去倾听生命所给的预兆。而这种预兆对那些大多数行星落在东边的人来说，可能一直等到世界末日都不会到来。

那么水平线所造成的分割又是怎样的呢？

对大多数行星落在上半球的人要使用关于成功、挑战和冒险的语言。他们必须在世界上留下一个印记，一些死后还会存在的事情。而对大部分行星落在下半球的人，我们必须呈现一个更加主观的世界模型。我们会告诉他每一件事都围绕着**意识本身**打转，所有的事件、所有的关系、所有的外在胜利和失败，都是根据它们**对心识结构的影响**被赋予意义的，而它们本身只是被看做实现这个最终目的的手段，有时候需要，有时候则可以省去。

关于半球侧重需要记住的关键，是它们**构建了生活的框架**，游戏的规则。而且这些规则不像这个世界中的法律，它们是不会被打破的。一个太阳和月亮都落在白羊座的人也许很希望听到自己可以自由地做自己喜欢做的事情——但是如果他的太阳和月亮落在第七宫，而且其他八颗行星都落在那附近，那么这种简单的自由他就得不到。**他的生活情境不允许它发生**。他可以向左游，也可以向右游，但是不管他是否喜欢，都有一条河流带着他向下冲。当他意识到这条河流时，他的自由就被加强了。

是不是需要所有行星都在地平线之上，才是上半球加强型呢？当然这种情况是典型的，但是即使只有三颗或者四颗行星在地平线之上，也可能是上半球加强型。这里有一个简单有效的计算规则：比如说太阳和月亮算三分，其他行星都算一分，假如一个半球积累了九分或者以上的分数，这个半球就得到了加强。

当一个人的星盘没有半球侧重时，他的生命规则是更为复杂的。这时我们最好的策略是忽略这个问题，专注在其他的解盘技巧上。

从现在开始，我们在星盘里的旅程就充满更多的风雨了。我们必须开始考虑个人行星的意义。占星地图里的全部力量都在我们眼前摊开。水龙头被打开了，这股持续的信息流会让我们看得更清楚还是使我们迷惑，则取决于我们的准备了。如果我们坚持了前面两个原则，那么很可能已经可以跟随这股洪流戏水了。

每一颗行星都会带来它自己的特殊问题和疑问，为三大巨头以及半球侧重所建立的机制作一些微调。不过并不是一个出生盘里的所有行星都有相同的力量。所有的行星都有其重要性，不过有些会主控这个人的生活，而其他的则隐藏在背景之中，等待被激发。

我们下一步是要找到那些主要行星的影响。我们称这些行星为**焦点行星**，因为它们代表一个人性格中的心智能量的聚焦点。在寻找它们的过程中，我们的目标没有变：我们努力保持对星盘的全局观。但是现在我们的任务更艰巨了。太阳、月亮和上升都是关键点，这永远不会改变，但是任何一颗行星都可以是焦点，而且很可能不止一颗行星是焦点。我们现在必须对每张星盘作出特殊的评估。

第三原则：在理解三大巨头以及星盘的半球侧重之后，找到星盘中的焦点行星，并且理解它们在星盘中所扮演的角色。

很多因素都可以将某一颗行星聚焦在灯光下，使它较其他行星更为突出；也有很多因素会使一颗行星的影响变弱，使它的影响变得更加不重要。中世纪的占星家们称这两种情况为**得势**和**失势**。这些说法依然可以用，只要我们不将它们等同于"好"和"坏"。

一颗入旺的行星就是一颗焦点行星，但是我们如何认出它来呢？找到它们并不总是那么简单。在实践中，即使一颗非常强的焦点行星也可能受到一两个因素的削弱。我们必须均衡各个因素，再作判断。

我们要做的第一步，就是了解使得一颗行星成为星盘中的重要力量的因素。一颗行星如何获得成为焦点行星的资格呢？

上升星座的守护星

每一张星盘都至少有一颗焦点行星，找到它很容易，那就是**上升星座的守护行星**。不管它如何被其他因素减弱，它都是一个力量很强大的行星。如果上升星座是双子座，那么上升星座的守护行星就是水星；如果上升星座是天秤座，守护行星就是金星；如果上升星座是射手座，守护行星就是木星。如果你对守护行星不清楚，可以复习前面章节的相关内容。为了方便起见，这里再次给出有关守护行星的图表。

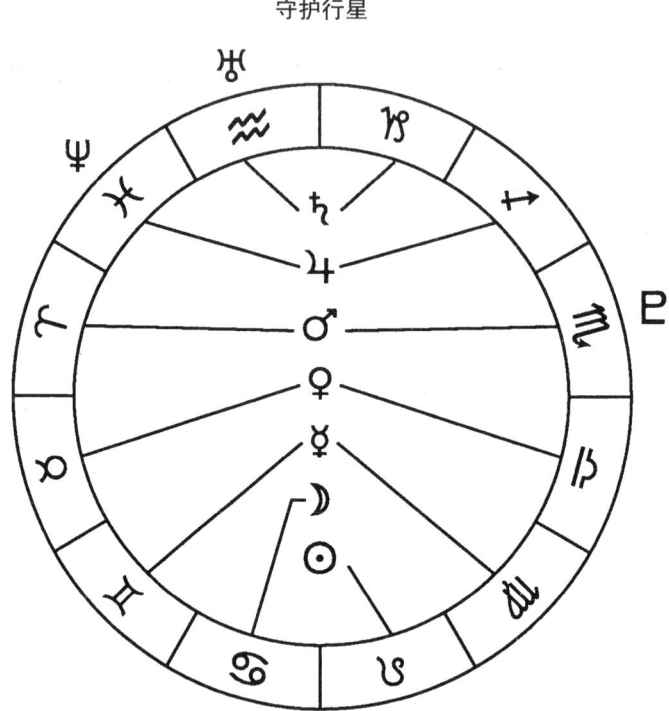

守护行星

其中三个星座有两颗守护行星,这会带来一些含混性。占星家的意见有所分歧。我个人的意见是,在这种情况下,两颗行星都是焦点行星。如果双鱼座是上升星座,那么木星和海王星都是上升星座的守护星,它们都会得到加强。

只是知道一颗行星是焦点行星,并不能为我们提供多少信息。我们必须走得更远。我们必须理解这种加强是如何在星盘中表现出来的。

到底上升星座的守护行星有何**功能**?为了回答这个问题,我们必须回忆上升星座本身的作用。它是面具,是我们的社会人格,我们躲在它的后面,同时也通过它来表达星盘的其他部分。从一个进化的角度来说,上升星座会告诉我们如何最好的为自己**构建一个社会人格**,对我们来说很有效的人格,能为我们带来一种自信和优雅,一种归于中心感。

上升星座的守护星推动了这个归于中心的过程。你可以将它看成上升星座的大使,被派到星盘的另一个部分去,不过扮演的是同一种功能。不管它落在哪里,它的活动都会为这个人在**建立个人独特性和身份感**的方面起到关键作用。它会帮助他定义自己。

我们像处理其他碎片一样处理上升星座的守护行星。首先通过星座和宫位理解它的运作,找到它和其他行星之间的相位,尤其是和三大巨头之间的相位。然后分析**这些功能跟个人的自我形象是如何紧密联系在一起的**。对它们的强烈反应可能意味着对自我的正面感觉以及对日常生活的成功适应;对它们的微弱反应则意味着相反的东西——角色冲突、尴尬,感觉自己笨拙和不正常以及社交恐惧。

如果上升星座有两颗守护行星,那么处理方法也是一样的。将它们各当做一个碎片,根据它们各自的意义加以考虑。只有当它们相刑或者相冲时,我们才应该认为它们相互之间有冲突。

落在自己所守护的星座里的行星

水星很喜欢待在双子座,土星很享受通过摩羯座的过程,海王星在通过双鱼座时会更闪亮。不管上升星座是什么,也不管一颗行星落在哪个宫,只要它落在自己所守护的星座里,它都被加强了。它就会成为焦点行星。

不过知道一颗行星得到了加强还只是第一步。它应该带来一种全局观:我们必须对这颗行星格外关注，不管它做什么都很重要。我们的下一步是找到这颗行星的**含义**是什么。为了做到这一点，我们也像处理其他碎片一样处理它。此外没有新的技巧或者把戏，守护关系只是提醒我们在处理一颗焦点行星。

落陷的行星（如果你需要复习什么是落陷，请参看第九章）是减弱了的，它们可能是焦点行星——比如说，它们可能是上升星座的守护星——但是它们的作用被抑制了，被与其性质相反的星座所扭曲。我们的处理方式还是一样：我们只是注意到它被削弱，然后以通常的方式来处理它。不管是否被削弱，这颗行星都有其含义。不管它是强还是弱，我们的工作都是去发现其含义。我们只要不将一颗被严重削弱的行星的作用太当真就行了。

就像行星喜欢某些星座一样，行星也会喜欢某些宫位。水星很喜欢双子座，也就是第三个星座。出于同样的原因，它也会喜欢第三宫。同样的逻辑也适合所有其他行星——每一颗行星都有其守护星座所对应的守护宫位。落在自己的宫位里的行星力量会得到加强。这样的行星也是一颗焦点行星。

跟太阳成合相的行星

任何一个跟太阳成合相的行星都是一颗焦点行星。对太阳星座占星师犯了很多错误，不过他们的确认识到一个非常基本的占星真理：太阳是人格的核心。它象征着我们的本质，以及决定我们生活的核心心理动机和倾向。当一颗行星跟太阳相合时，它的特质就跟太阳嫁接在一起了，如果我们想要了解这个人，就必须很认真地去研究这颗行星。

如果土星跟太阳相合，那么性格当中就不缺少力量和自控，独处、纪律和努力在这个人的生活当中就扮演了很重要的角色。但是同样要面临这颗带有光环的行星的陷阱——可能有阵发性忧郁，以及因为过度控制自我和太少表达个人感受而引起的孤独感。

即使星盘的其他部分都很轻松，所有上述影响还是可能显现出来。这就是行星与太阳相合对一个人的生活造成的巨大影响。这样的行星成为了三大巨头的荣誉会员，我们必须以几乎同等的尊重来对待它。低估它的影响是一个致命的错误。

星群

当三颗或三颗以上的行星落在同一个星座和宫位里时，就形成了**星群**。考虑到一共只有十颗行星，而它们必须分布在12个星座和宫位里，所以星群这种模式毫无疑问代表了心识能量的一种集中。

即使这些行星单个都较弱，但是它们作为星群合在一起所产生的力量，会对星盘的整体特质产生巨大的影响。星群成了聚焦点，它们所在的那个星座的需求或者那个宫位的事件，就成为人生经历中很重要的方面。

太阳常常会跟金星还有水星形成一个星群，这是因为水星、金星永远不会离太阳太远（你可以在第六章当中复习其原因）。这个天文事实大大提高了以太阳为中心的星群的可能性，这是最强的星群类型。但是其他星群类型也存在。在下一章，我们会研究一个木星、土星和天王星都落在金牛座和第一宫的星群案例。

不论其中包含哪些行星，分析一个星群都是很棘手的，星群让这些行星的"什么"变得很难理解。我们的步骤就是单独解读每一颗行星，然后将它们编织在一起，在它们之间找到的一种妥协模式。在这样做的过程中，我们必须记住星群所在的那个星座或者宫位的巨大影响，它的影响笼罩了整张星盘。

合轴行星

星盘的四个轴——上升、下降、中天和天底——是力量之点，任何一个跟它们相合的行星马上就被放到一个极端重要的位置，成了一个拥有过度力量的焦点行星，影响力堪比太阳、月亮和上升。

低估合轴行星的重要性的话，一定会在解盘时失去对星盘的全局把握。

合轴的行星是最显要的，但是落在任何一轴之后宫位里的行星也是重要的。就是说，第一宫、第四宫、第七宫、第十宫，这些宫位是本位宫位，落在这些宫位里的行星，地位也都会得到提升，成为一颗焦点行星。

上升点是四轴中最敏感的一个。一颗跟上升相合或者落在第一宫的行星必须被认真对待，要像对待上升的守护星那样。解读它的逻辑也跟上升是一样的，同时它已经成为个人面具的一部分，强化或者大大改变了上升星座的信息。就像上升一样，它会影响这个人的外表和气质。

虽然这些行星极度重要，也是一个碎片，我们仍然用解读其他行星的方法来解读它们。它们之所以重要，是因为本位宫位对生命的影响非常重要，分别代表身份、最深的驱动、最亲密的关系、宿命。任何涉及这些敏感问题的行星都会马上被放到舞台中心，我们马上能认出它是一颗焦点行星。

孤星

孤星就是一颗单独落在任何四个半球中的一颗行星。可能会有一个月亮交点与其落在同一个半球，却没有其他行星分享那一片天空。

这样的格局给这颗行星带来了很大的负担。那个半球的关键问题——客观、主观、自由或宿命——完全有赖于它。为了补偿这种不平衡，心识会增加这颗行星的影响，这颗行星的特质会弥散到整张星盘，远远超过我们通常期待一颗行星、星座、宫位或者相位会做的。

比如说，一颗孤立的金星，会给人带来艺术兴趣和亲切感，即使星盘的其他部分并不支持这种特质。同样的，一颗孤立的木星会带来乐观，一颗孤立的土星，会带来自律和严格，等等。

孤星并不常见，而一旦出现，它们必定成为关键的焦点行星。忽略一颗孤星一定会丧失全局感。

静止行星

当一颗行星在天空中停止下来，准备逆行或者恢复顺行时，它就**静止**了。（如果你想要复习一下相关的天文知识，可以回到第七章。）这样的一颗行星在星盘中会有更高的地位，它也是一颗焦点行星，虽然相比其他焦点行星来说没那么有力。

可以这样来看静止行星：如果它通过其他的因素获得了突出，那么这颗静止行星马上变成一颗关键的焦点行星；但如果这颗行星的位置并没有其他特殊之处，那么太过重视它可能会影响你解盘的准确性。

强烈相位

任何一颗有很多相位的行星都是一颗焦点行星。为什么呢？因为它在每颗星那里都要插上一脚。不管我们跑到哪里，都发现必须理解它才能理解星盘其他部分的运作。它跟火星相刑，跟太阳三合，跟天王星相冲，跟木星六合，等等。它被如此紧密地编织到星盘之中，以至于它的影响渗透到这个人所做的任何事情上。不去认真了解这颗相位很多的行星的长短处，而想要了解这个人是不可能的。

行星跟太阳、月亮，或者上升之间的相位尤其重要。任何一颗跟太阳和月亮有相位的行星，即使它没有其他相位，也是一颗焦点行星。它也许看起来像是一颗影响很小的行星，但是不要被迷惑了，它就好像是一个每周四晚跟总统玩扑克，每周六给第一夫人做头发的人。认真对待它，它的影响很大。

我们什么时候可以说一颗行星有很多相位呢？并没有什么固定的规则，变数很多。跟一颗焦点行星之间有一个相位，其重要性相当于跟一颗失势行星之间有三个或四个相位。一个精确的相位比几个偏差达到 6 度或者 8 度的相位加起来还要重要。在一个相位很少的星盘里，一颗有两个相位的行星有可能就很重要。而在一个相位很多的星盘里，同样有两个相位的一颗行星可能远没有那么重要。如果一定要有一个必要规则的话，那就是将每一颗行星跟星盘里的其他行星比较一下。哪一颗跟星盘的交织最紧密，哪一颗就是你的焦点行星。

保持焦点行星的全局观

孤星、星群、守护行星、静止行星，还有有强烈相位的行星，在我们还没开始进入解盘的第三原则之前，这些已经让人忙不过来了。水龙头若被开大，要想保持漂浮可不容易。

保持秩序是最重要的。一旦我们越过三巨头这道安全线之后，总会受到诱惑，想要开始漫无头绪地解盘，不考虑任何策略，不考虑哪些碎片是重要的。这种做法是灾难性的。

轻松下来，慢一点。跟星盘在一起待几分钟。哪颗行星守护上升星座？那一定是焦点行星。有孤星吗？没有。星群呢？它们总是很容易被看到。有合轴行星吗？这也很容易看到。有没有相位很多的行星？看一看相位网络，是不是有一颗行星不断出现？它跟太阳、月亮或者上升有连接吗？看一遍这样的清单。有的时候好像每一颗行星都想要掌握这张星盘；而有的时候，好像它们都躲在看不见的角落里一样。星盘就是这样的。

但是最通常的情况是，两个或者三颗行星会显得更加突出。也许你找到了一颗合轴的火星，它守护上升天蝎座；也许天王星合天底，跟太阳相刑，跟月亮六合；也许海王星跟中天相合，落在双鱼座。

多练习一下，你会找到感觉的。

传统占星家有时会使用一种计分系统来找出一张星盘的强势和弱势行星。上升星座的守护星加三分，落陷减两分，静止行星加一分，等等。最后火星可能得了22分，木星19分，火星成了这张星盘的王者，而可怜的木星只能给它煮咖啡。

但这种处理方式并不合乎现实。

焦点行星的作用不在于决定哪颗行星可以消灭其他的行星。心识不是这样运作的。每一颗行星都有自己的独立疆域，它在那里都有自己的主权，不会受到挑战。换句话说，每一个心识都为所有十颗行星的功能留了位置。

焦点行星的作用是帮助我们**组织处理行星的步骤**。它们告诉我们哪些行星的功能在一个人的个性中最鲜明地表现出来了，而哪些行星的作用是次要的。**我们在确定焦点行星的过程中所寻求的是一种重要感**。在除去太阳、月亮之外的八个行星功能中，哪个是基础？哪个是此人最强烈认同的？哪个会带来最核心的发展压力？

焦点行星答得最好的，是一个纯粹的实际问题：我们应该先说哪些行星？优先次序是什么？如此而已。

月亮交点

从严格意义上来说，月亮交点永远无法成为焦点行星。它们并不是行星，其作用是不同的。它们在自己的层面上运作。

如果你觉得需要复习一下关于月亮交点的内容，那么请参看前一章的末尾。简单地说，月亮的南交点象征着出生之前的时间，以及它对这个人的后来发展的影响。它可以被看做一个人的**业力**的象征——一个人前世所遗留下来的人格，或者被看做来自我们祖先的遗传和基因模式。不管哪一种，南交点代表的都是从前的生活。

北交点总是象征着我们未来的进化。不管我们是以遗传还是转世的角度思考，它都代表了我们未来要走的方向。北交点对我们来说是完全陌生的处女地，它为我们带来了似乎完全无法驾驭的挑战。如果我们走向它们，我们会感觉到压力以及满足。如果我们忽略它们，生活中则会弥漫着一种潜在的无聊感和毫无新意的可预见感，我们会感到漫无目的——就像一个 10 岁的小孩被困在一套西装里。

月亮交点有什么重要之处呢？还是全局观。月亮交点让我们知道星盘中的哪些因素是基于过去的体验，而哪些又是构建于稀薄的空气之上，其发展有赖于有意识的努力。

了解这一点是了解第四个原则的基础。

原则四：确定月亮的南北交点对星盘上其他元素的影响。

总是要先看南交点。它落在一个星座和宫位里。也许它还有一些相位，不过注意要用较严格的容许度——两三度已经很多了。然后像解读其他行星一样解读它的意义，要记住它的"什么"，是指出生之前所发生事件的残留影响。

现在将你从南交点中所得到的信息跟星盘给你的总体印象进行一下对比。

你已经看过三大巨头了，也总结过半球侧重了，还找到了一些关键性的焦点行星。它们的普遍特质是什么？它们跟你从南交点所得到的信息是和谐一致的吗？

我们这样做的目的是：**通过比较南交点和整张星盘，我们断定这个人从前所做的和现在想要完成的事情之间存在什么特别的张力。**

这是很重要的。它会告诉我们哪些行星最可能成为盲点——这些是以头撞墙才能看清楚的地方。但是也有积极的一面：南交点能指出哪些行星功能会很快发展出来。为什么？因为**那种能力此人早已具备。**他生来就拥有它。

我们可以这样来打个比方：假如有一个吉他手踩在香蕉皮上摔成了失忆症，而六个月后，在一千英里外的地方，她又拿起一把吉他，几个星期之后，她的吉他就弹得如此之好了，就好像她在娘肚子里就已经学过吉他一样。但如果让那个吉他手去从事电脑咨询或者机车组装，她会跟我们一样不熟练。这就是南交点运作的方式：有一些尝试是被我们过去的经验所支持的，虽然我们差不多已经忘记了。还有一些从根本上来说可能是对我们更重要的尝试，则没有被过去经验所支持。

北交点的运作更加微妙一些。过去是无法改变的，它是已经发生了的，这由南交点来代表：南交点是一种固定的模式，以一种可预测的方式来影响我们。北交点则不同，在这里一切都是不确定的。

如果南交点告诉我们自己过去所是的样子，那么**北交点告诉我们自己必须成为什么样子**。北交点代表的不是命运，不是宿命，只是方向。它只是一个建议，如此而已。决定权在你这边。那些星盘中跟北交点相应的部分代表了巨大的挑战。从某种意义上来说，它们是沙滩上的城堡游戏，其中没有任何继承而来的性格，不管是业力上的还是基因上的，让我们无从着手。但是它们却让我们着迷。我们被内在的一种无法抗拒的好奇所驱动，想要探索这个未知领域。在这样做的过程中，我们常常会摔得四仰八叉，但是我们也让自己获得一种成长和转变的感觉，感受到生活是无尽的奇迹，等待着去尝试和理解。

假设你是百老汇的一个演员，今天是一个星期二的晚上，外面下着雨，你的头挺痛的。幕布拉开了，这是你第112次演出这部戏剧，经过无数次重复所带来的技巧，你将角色扮演得无懈可击。你得到了观众们长时间的起立鼓掌，然后你就回家上床睡觉。这就是南交点的生活，程式化，确定化，不过通常令他人感到惊叹。

假设你是一个得到自己第一辆自行车的孩子。你摔倒在地，再次爬上去，又再次摔倒。就这样经过了两三小时，你可以摇摇晃晃地骑着它从你父母面前经过，他们的眼睛睁得斗大，充满赞叹。在那一刻，你感觉自己像上帝刚刚创造完世界一样。这就是北交点的感觉：危险、新鲜、胜利。

那些算命先生对月亮北交点毫无兴趣。他们想要知道一个人有哪些"特征"，而北交点对此无法提供什么帮助。进化占星家则以一种完全不同的角度来看它，成长和改变是他们的生活哲学，对他们来说，代表可能性和潜能的北交点是星盘中最重要的象征。其他的一切——星座、行星、宫位——都是手段，北交点则是目的地。

第五原则：找出星盘中的模式和主题，发现行星之间的联系，注意意义的丛集以及主题之间的张力。

有的人学占星学已经很多年了。他们很勤奋，熟记了单词和短语。他们能感觉到这个系统的力量，能欣赏它的美。但是当有人要他们解盘时，他们就被吓住了。所有的单词和短语都背叛他们，句子也无法形成。为什么呢？主要是因为没有组织。他们必须学习一直放一只手放在水龙头上。如果你坚持前面四个原则的话，那么这个问题就解决了。它们给你带来秩序和全局观，这对有效的解盘来说至关重要。

如果你想要真正掌握这门古老的语言，你还必须再向前一步。你必须开始将星盘作为一个整体来理解，你必须学会将它当做一个人而不是一堆概念去体验和感觉。用你的心、你的直觉，还有你的智慧去感觉它。

第五原则在这个方向上帮助了我们。在我们所介绍的所有的规则中，这一个原则是最重要的，是必不可少的。不过它排在第五位是有原因的：没有对前面四个原则的掌握，第五原则就像把泳衣拿到南极洲一样无用。

如果我们连上升和十颗行星的信息都没有弄懂，我们可能认不出模式、主题和意义的集合。就好像不懂任何斯瓦希里的词汇就准备参加他们的控制军火辩论一样，这完全不可能做到。

我们对星盘的最初处理主要有赖于智力，按照步骤来。我们在记忆库里为每一个象征找到对应的内容，或者查书来复习一下，然后进行分析。我们均衡那些相互矛盾的论述。我们像是在寻找让一个人心识运作的齿轮和滑轮，直流发电机和推杆。

然后，如果我们允许的话，一些奇妙的东西将开始出现。星盘活了，它会对我们说话。它会说些什么呢？可能是任何东西。在人类历史上，大概有800亿人在地球上生活过，每一个人都有一张星盘，而每一张星盘都不一样。一张星盘的语言界限来自一个人的想象，这些界限越不僵化，你的解盘艺术可能越高。

也许你已经注意到，在使用前四个原则时，你会很多次使用**独立性**这个词。太阳落在白羊座，月亮落在射手座，上升是摩羯座。一个包括上升星座守护星的星群在水瓶座。天王星和火星落在天底。

所有这些格局都有它们各自独特的重要性，但是**独立性是它们的共同特征**。你发现了很多分开的因素之间的共同联系。而在占星解读这个棘手的领域中，你发现了宝藏：你找到了一个**主题**。

时不时地，你会发现一张如此简单的星盘，它有一个清晰的主题，所有的碎片都围绕这个主题展开。这种完全一致性是很不寻常的。心识很难这样单一。

也许海王星像一个发炎的大拇指一样突显出来：它落在下降点之上一点点，落在巨蟹座；它是合轴的，并且跟太阳相刑；它一定是一颗焦点行星。不过它告诉我们什么呢？盘主是一个梦幻、浪漫的人，充满了激情，也许需要一些努力才能克服有点过分的依赖性和占有欲。

不对吧？刚才盘主还是一个拥有吉卜赛灵魂、戴着隐士面具的战士。怎么突然成了一根爱攀附别人的葡萄藤？

不是的。我们通过三大巨头和其他焦点行星所得出的主题是最主要的，现在只是发现了一个与之不和谐的音符，过度强调它可能会对全局观造成一个致命损失。如果盘主星盘的其余部分支持这个海王星主题——比如有很多天秤座和双鱼座模式——那么我们可以以一种直接的方式来解读它。如果没有的话，我们必须更加谨慎。

海王星并不会简单地被其他行星的影响所吞没，这一点我们可以肯定。没有哪一颗行星的功能会消失。但有时候它必须在一个充满敌意的环境中找到自己的位置。

我们应该如何处理呢？从这里开始我们就没有地图了，必须靠自己判断。但是我们每个人手上都有两张王牌：一些常识，以及我们至少跟一个心识——我们自己的心识——很亲密地在一起生活了很久。

当我们面对星盘上的**主题冲突**时，就是出这两张王牌的时候。

放开你的想象力，成为那个盘主，将自己放在她的位置上。你想象她会有什么感觉？

也许她会尽力埋藏这颗海王星。也许她会将它藏在非常有说服力的自我满足的外表之下。如果她想要这样，她完全可以让人信服。她的三大巨头让她有这个能力。

但是如果她选择这么做，我们可以肯定海王星会不时打破墙壁钻出来。她很可能已经不止一次坠入爱河，并且被自己完全未预料和不符合自己个性的依赖性和不现实性所吓倒。

算命者常常会在这里陷入泥潭。他们会花很多精力去描述这些剧情，也许会将它们编码成关于这个女人的过去，甚或更糟，编码成对她未来的预测。这样的描述可能会被证实为非常精准，但是对她并没有帮助。

进化占星师则会以一种完全不同的方式来对待这样的主题冲突。他们可能会描述海王星的这种破坏模式，但只是作为这个女人可以选择的一条路，并且很清楚地指出并非最快乐的那条路。

这个女人有哪些其他选择呢？再一次地，你可以运用自己的常识。忘掉占星学，忘掉星盘，这些象征已经完成了它们的工作，将一系列印象、个人的戏剧模式告诉给你。吸收它们，让你的头脑向它们敞开，让你的心也向它们敞开。如果这个女人是你的朋友，她带着这个问题来找你，哭着或者正在生气，你会给她什么建议呢？你要给出你个人的建议，而不仅仅是一个占星学上的建议。

也许你会告诉她，她的隐士面具在将别人推开。也许你会告诉她，她白羊的行为方式和吉卜赛的灵魂将别人吓走了。也许你会说，她的确是强大、坚强和自我满足的，但是也有柔软的一面。也许你会说你认为她柔软的一面让她自己感到害怕，因此很多年来都想逃离它，而如果她不停下来面对它，她将会在余生里继续逃下去。也许你会告诉她，每隔一阵她都会被自己柔软的部分所绊倒，伤害自己以及亲近的人。也许你会告诉她这个世界上唯一能够中断这种模式的人是她自己，而这取决于她自己的选择。她可以选择成长，也可以选择重复播放这些行为的磁带直到死亡。

话很尖刻，但能帮助她。这是你在紧急关头会对朋友们说的话。这也就是进化占星学的语言，它指出主题冲突是生活的一部分，但不是一个无法改变的部分。当我们可以作出改变时，我们会更加意识到自己的内在状态，从而让它们变得更好。简单地说，我们可以决定自己的命运。

原则六：当你对前面五个原则掌握自如之后，就丢掉它们。占星学已经完成了它的任务，它已经帮助你看到了一系列生活问题的本质。现在要使用你自己的心和思想去找到解决问题的方法。

我们所有的原则都跟保持全局观有关。最后一个原则是其中最有价值的，也可能是最难做到的。最初，占星象征对我们来说是如此陌生，我们的第一反应是丢掉它们。这没有持续多久。当我们开始学习这门语言和试着造句时，有些改变发生了。那些象征诱惑着我们，吸引着我们的注意力。我们在各种复杂的短语之间迷失了，被它们能够扩展我们意识的力量所催眠了。

这是学习占星学的职业危险之一。这种混乱的表现之一，是我们的语言常常充满这样的描述——"那个水星的问题"，或者"比尔的那个令人无法忍受的狮子座月亮"——这种说法常常让我们的朋友感到困惑和不快。

另一个更具破坏性的结果是，我们也没有成为合格的占星师。我们的解读变得机械。就好像我们建了一艘很大的太空飞船，将它发射到大气层之外，而到了那个冰冷的高度之后，我们却忘了看窗外的景色。

第十一章 一个英国人的星盘解读

我们用的示范盘是谁的星盘？让我们将这个秘密保留得再久一些。任何一个公众人物的身上都充满了精彩的矛盾，我们这个英国人也一样。也许排除任何先入之见去研究他的星盘，我们能更加真实地理解这个人。

在这里，我们有他完整的星盘信息，你已经在前面章节中看到过。不过现在，所有的数字和符号对你来说都显得更加熟悉了。不过如果这张星盘在你看来还很混乱，不要泄气，让我们逐一用上一章所学习到的解盘原则来解析它。

我们的第一步就是要抛开所有一切，只看太阳、月亮、上升三大巨头。这会丢掉大量杂乱的实在信息，不过也让我们能够控制印象之流。

下面的图还是那张示范盘，不过只显示了三大巨头。你们没有必要在解盘时像这样将星盘重新画一次——但这是你在脑海里需要做的。将它简化成这样

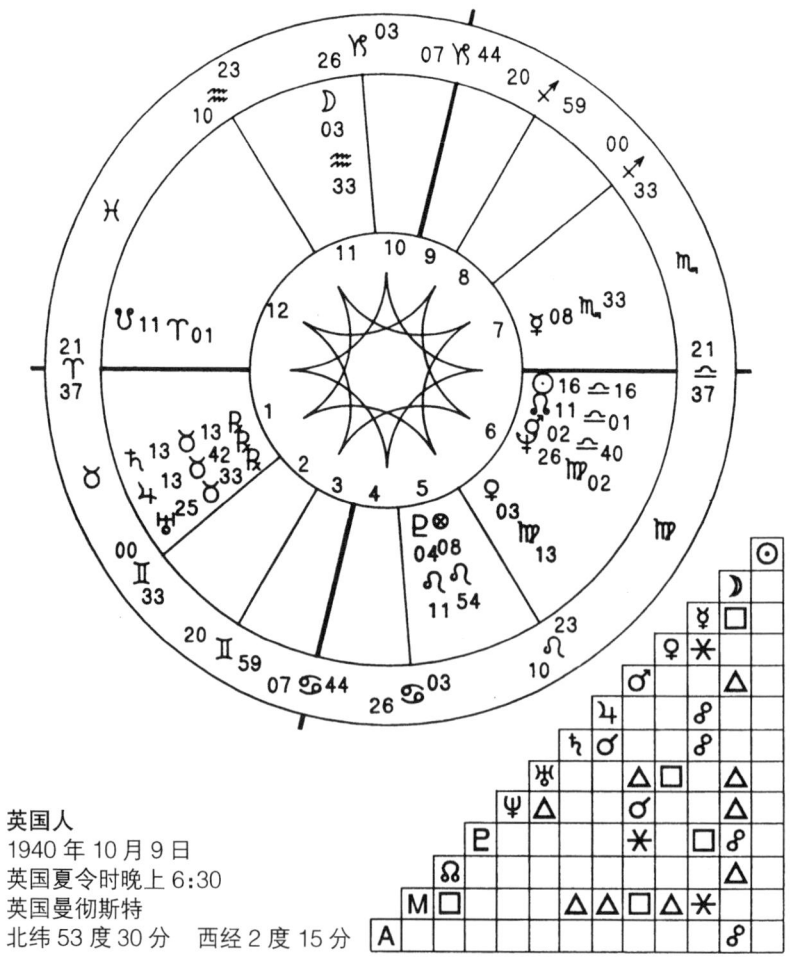

之后，你就给了自己一个很好的开端。如果以任何其他的方式来进行解读，会像有人生来就已经是一个成年人一样，让你感到非常困惑。

我们看到了什么？太阳落在第六宫天秤座；月亮落在第十一宫水瓶座；上升是白羊座。其中两个是风象星座，一个是火象星座：这是一个智性、以概念为中心的人，不过带着一种火象星座才有的充满活力的尖锐。

让我们使用前一章介绍过的简单公式。基于他的三大巨头，他是谁？他的太阳告诉我们他是一个**艺术家**（或者恋人，或者调解人）；他的水瓶座月亮又为其加上一个更深的维度，他拥有一个**天才**（或者被放逐者，或者说真话者）的灵魂；他的上升则告诉我们他如何将自己展现给世界，他戴着**战士**（或者先锋，或者无畏者）的面具。

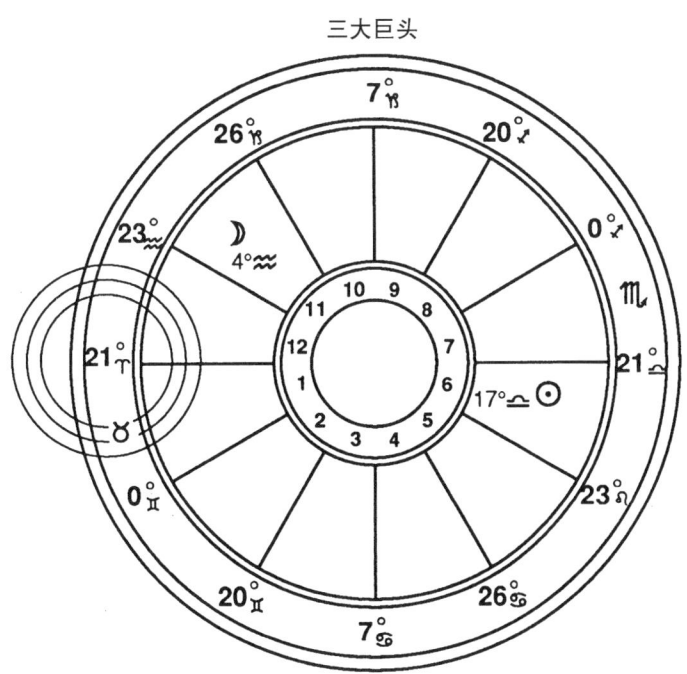

如果从现在开始我们的任何描述违背了这个公式所给出的基本印象，那么毫无疑问我们对这张星盘的解释就已经不对了。

一个戴着战士面具拥有天才灵魂的艺术家，这是什么意思？不要用占星学来思考，就用朴实的语言来思考。我们谈论的这个人是什么样的？他是一个艺术家——一个创造美的人，一个能够在色彩、形状和声音之间创造出**和谐关系**的人；同时也是一个能够在人与人之间创造和谐关系的人——请记住天秤座的原型还包括恋人与调解人。这个人的**个性**（太阳）被这种建构关系（天秤座）的活动所支持，没有了这些活动，他的生命就会枯萎。

他有天才的灵魂，于是他本能地想要**将自己跟传统以及可预见的生活分开**。他被一种很强烈的情感需要（月亮）所驱动，去想那些无法想象的东西，去做那些让人感到意外的事。限制，尤其是那些权威所施加的限制，对他来说是无法接受的。他无法忍受被别人命令去做什么。

他有战士的面具：强烈、直接、激情，也许还会有些粗鲁——这是他的"风格"。人们在鸡尾酒会上碰到他的时候，他就是这个样子。从表面上看，他是很有力和过于自信的，这些是被他放大的特征，为的是建立一个独特的人格。请记住上升并不只是一副面具——它是我们表达自己的工具。如果我们不去扮演它，我们就会找不到自己的身份。

艺术家、天才、战士。真是一个大杂烩啊。我们已经看到一种内在的冲突：太阳天秤座的和平阻碍水瓶座月亮的叛逆以及白羊座上升的直接。而当我们考虑宫位的时候，情况会变得更加复杂。

这个英国人的太阳落在第六宫。从传统上来说，这是奴仆宫，与熟练掌握并能够分享有益于他人的技术技巧有关。如果他无法成功通过第六宫，那么他会跌入服从、苦力以及低自尊的陷阱。

他如何避免这种情况发生呢？他要发展出哪些技巧或者技能才能使自己创造出一些有意义的东西呢？

答案在天秤座那里：用艺术家的技巧，或者说成为一个善于建立关系的人，一个调停者。这些是他必须经过的内在发展之路，然后将它们以技艺或者职业的方式表现出来。他必须找到一种工作，在其中他能够表现自己的天秤座特质。在这样的过程中，他能够综合自己太阳的宫位和星座。

月亮落在第十一宫——朋友宫，这使得月亮拥有一个很大的视角——计划、梦想、生命策略，以及我们所吸引到的能支持它们的盟友。

我们的这个主人公会被怎样的未来所吸引呢？他要走向何方？走向月亮，走向水瓶座——这是可以肯定的。我们会看到他在岁月中变得越来越"柔软"，变得更为居家。换句话说，变得更加月亮。但是我们也看到他会越来越跟自己的水瓶座特质相认同——他逐渐变得更像一个局外人、一个叛逆者。他越来越接近被放逐者的原型。

谁会帮助他完成水瓶座的特质呢？谁是他的"朋友"呢？再一次地，月亮落在水瓶座会告诉我们：他会跟其他的局外人、其他的叛逆者、其他的"天才"越来越认同。但是这些人的好战性也必须被月亮加以修正才会吸引他。他们必须很有想象力，梦幻，充满深情，同时也是被放逐者。只有这些人才会是他的盟友。

让我们停下来看看自己已经学到的东西。我们也许会在解盘的细节中迷失，那将是个灾难。因为在解盘时，全局观是最重要的。

从总体上感觉，这是一个复杂和模糊的个体。太阳表明了从本质上来说他是一个很温和的人，有着热爱和平以及艺术的特质（天秤座），以及一种很强烈的想要对他人有益和有帮助的欲望（第六宫）。太阳也表明他可能会在作决定以及承诺方面有些困难（天秤座的可能缺点），也许还会因为一个较弱的自我形象而加重这一问题（第六宫的可能缺点）。

这就是他的太阳内核，就其本身来说是很简单的。但是当这个太阳开始照亮其他心理部分的时候，就开始变得复杂了。对世界来说，他显得很粗鲁和自信，这是白羊座上升的表现。而这个形象跟他的水瓶座月亮是一致的——他从月亮那里得到了无尽的对改变和自由的热情。将它们放在一起，我们看到一种典型的因自卑而向人挑衅的心态：一种凶猛好战的外表，掩盖了一个远不是那么确定的内在。

一个人的命运无法通过占星学被算得很准确。从一个人出生的那一刻起，他就是自由的。但是我们可以说至少在这个英国人的早年生活里，他会表现出三大巨头的这种拉扯，通过创造一副粗鲁和挑衅的面具，而将自己更加温和缺乏自信的一面留到更加可控的场景里。

我们注意到他的太阳基本上没有什么相位，这就更加印证了我们开始说的：他的天秤座特质不会自动在他的日常生活中扮演一个明显的角色，他将这些特质隐藏起来。虽然这样很具破坏性，但很可能是他对这些问题的第一反应。

他会不会就陷在这种困境里呢？不会。除非他自己选择这么做。如果这让他高兴的话，他可以选择至死不变。但是他并不是非这样做不可。他能够改变。他能够将自己的三大巨头整合得更加和谐，而进化占星学鼓励他这样去做。

如何做呢？找共同点，这就是答案。**他必须为这三个因素找到一些共同表达的基础**。他可以找到一个任务，在这个任务里他需要太阳、月亮和上升这三者的共同努力。这样，他就会开始在它们之间构建一种和谐，并且不会让自己的心识分裂成很多独立的"自我"碎片。

我们如何判定这个任务的特质呢？在定义它的过程中，逻辑起到很大的作用。想象也是。我们知道太阳代表着他的本质，所以是这个任务的中心。这个任务是艺术性的，也许需要和谐的人际关系。它以一种**工作或者责任**的形式表现出来，那是第六宫的贡献；天秤座还为其加上了另一条，那就是为了完成这个任务，他必须跟至少一个人建立一种合作关系——并且确信他会在那里建立起真正的信任和亲密。

一旦这个任务确立了，它必须以一种白羊座和水瓶座的方式呈现在大众面前：绚烂而充满信心，带着一种挑战和明确，以一种很大胆的方式呈现出来。这个任务本身必须是天秤座的——和谐、热爱和平、善于建构美——但是它必须以一种会激怒别人和让人不快的方式呈现，使得别人去进行新的思考和检验自己的基本价值。这个艺术家必须树立一些敌人，但这种敌对反应应该是在人们观看他的艺术创作时出现，而不是因为他所表现出的一种类似青春期的不羁。当我们看到后面那种模式出现时，就知道他又退回到起点。因为共同点又没有了。

天秤座希望自己被人喜欢，这本身是没有问题的，但是如果他假装成自己所不是的样子来获得别人的喜爱就有问题了。在一个纯粹的天秤座那里，这种危险可能会表现为一种过分礼貌、压制冲突的个人风格。然而这个英国人却不是这样的。他的外在很粗鲁，所以他对温情的需要可能很容易蜕变为一种**对任**

何反应的需要。只要人们关注他,任何反应都行。

如果他想要找到能够协调自己的太阳、月亮和上升的任务,那么必须打破这种模式。丑闻和暴行是不行的,它们是廉价的解决办法,对他来说很容易办到,但是不能成就任何事情。想要真正实现整合,他必须做更多。他必须表达自己的敏感、艺术感以及脆弱——他的太阳特质,并且让它们去遭受抨击,而不是去安全地表达他内在已经很强硬和无情的部分,这部分不会受到任何困境的影响。

做到这一点并不容易,但是他有一张王牌。他的半球侧重让他有这种弹性。

下面这张图是我们第二眼看出生星盘时应该看到的样子。我们第一眼只看三大巨头,其他的都被忽略了。我们的第二眼应该看到包括三大巨头在内的所有行

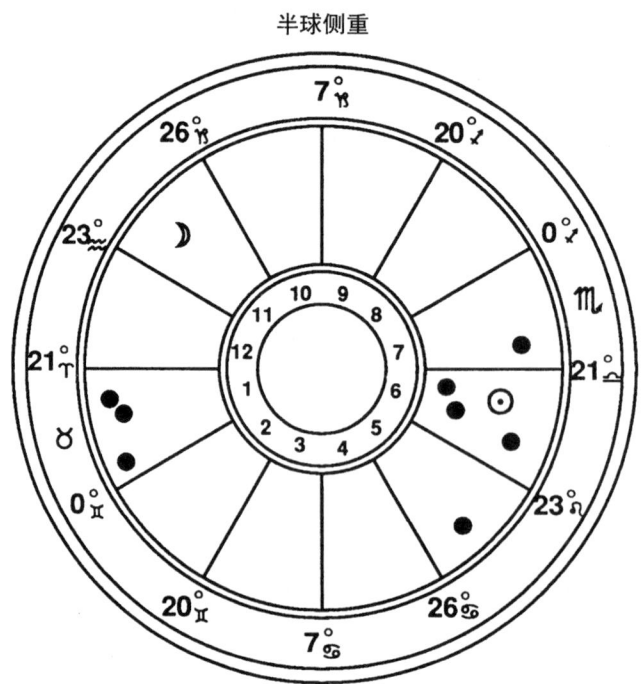

半球侧重

星，但三大巨头之外的行星都以小黑点的形式出现。

哪个黑点是哪颗行星呢？现在我们不知道，也不在乎。我们只在意这些行星在什么地方。我们只在意是否存在半球侧重。

我们立刻注意到行星集中在地平线之下，不过水星和月亮在地平线上面。这算是一个下半球的侧重吗？

让我们使用之前的法则。太阳和月亮计3分，其他的计1分，如果我们有9分在下半球，就是一个半球侧重。

在地平线之下我们看到7个黑点，不管它们是什么行星，总共为7分。再加上太阳的3分，一共是10分。很清楚地，我们看到一个隐秘的下半球侧重。我们这位英国人的星盘侧重于下半球。

这说明他的世界是**主观**的。他关注的是**意识**而不是事件。这并不表明他是害羞的，或者他的生活单调乏味，只是说他更倾向于内在，更注重获得**领悟和意识**，而不是去建造帝国。

这些是他的生活游戏规则，而这些规则会帮助他。但他还是必须在这个世界中做自己的工作，没有一种半球侧重会让他从自己的第六宫责任中解脱。**但是对他来说最重要的是人生体验对他的心识的持续影响**。也许是记忆、想象、智慧——这些是他的目标，被人认同则是第二位的。

这为什么是一张王牌呢？因为这会让他自由。如果他将自己外面锋芒毕露的招牌天秤座能量释放到社会中去，因此而被人接受和称赞，那当然不错；但如果他被人扔烂西红柿，那也没有关系。从下半球的角度来看，生活不过是一场很大的电子游戏，只有意识是重要的。对他来说，重要的不是游戏，而是对游戏的记忆。

拥有一个天才的灵魂的艺术家，通过战士这一面具表现出来——这个英国人的命运模式正慢慢清晰。他的强项、他的弱点，生活给他设置的陷阱、生活给予他的奖励，人生旅途中能与之携手的盟友——所有这些都合并成了一套总体形象。星盘开始对我们说话了。

到现在为止，它的语言都是有序和清晰的。通过剔除所有额外的因素，我们避免了让星盘对我们喋喋不休，用细节的洪流来困扰我们。我们的一只手一直放在水龙头开关上。

我们必须继续控制水龙头，不过从现在开始，控制水流会更难一些。在此之前，我们使用的是对任何星盘都适用的基本方法。现在我们需要换挡了，进入更加不确定的领域。

从现在开始，星盘会自己制定规则，只要我们跟着它们走就不会迷失。但是想要跟随它们，我们首先必须分辨出它们。要做到这一点，我们需要将那些小黑点变成行星。我们必须让自己面对占星象征的全部复杂性，同时要保证自己不被淹没。

我们必须找出那些**焦点行星**。

我们的第一步就是扫描各颗行星，寻找那些一眼看去就比较突出的行星。两个星群马上吸引了我们的注意力。三颗行星落在金牛座第一宫；还有包括太阳在内的四颗行星落在第六宫，它们分别落在天秤座和处女座。这两个星群都会造成心智能量的关键性集中。

除开这两个星群，只剩下三颗行星了。其中一颗是月亮，它本身就是一个重要的影响。冥王星跟月亮很精确地相冲，落在第五宫狮子座，这个相位本身就使得冥王星的作用变得重要。最后只剩下水星了，它落在第七宫，与下降点合轴，并且比其他所有行星相位都多，同时还是孤星。很显然，水星也是一颗焦点行星。

我们的第一次扫描有些过于有效了，每一颗行星都是焦点行星。这让我们回到起跑线上，我们还是不知道从何入手。

我们从中知道了什么呢？当然，所有的行星都扮有重要的角色，让我们更加确定这个英雄是一个非常独特、非常显眼的人。一旦碰到，他肯定令人难忘。我们可以说在他的社交圈中，**他会是一个焦点人物**。当一个人拥有如此鲜明的个性，他会集合周围的人，将他们的能量聚焦，为他们指明方向。

我们的扫描还让我们获得另一个洞见：那两个星群主导了星盘，将他的最大能量集中在两个宫位的领域——工作和责任（第六宫）以及自由意志和个性发展（第一宫）。这两个领域的拉锯与互动，显然就是这张星盘的关键主题。

但我们还是处在窘境之中。我们该从何开始呢？这个问题没有唯一正确的答案。有些星盘的确会提供一个清晰的起点，但这一个却没有。但是这并不表明我们应该一头扎进去，然后按照字母顺序进行解读。它事实上提醒我们必须更加小心，慎重地选择我们的路，并且随时保持警惕。这样的一张星盘给粗心大意者布满了低级陷阱。我们要避开它们。

让我们再次退后，放松下来，慢慢地看。将水龙头关小，请求星盘只传递那些**最明显和最本质的信息**。然后，我们发现那两个星群还是冒了出来。虽然这些行星相对来说没有那么重要，但是它们所处的宫位会有持续不断的活动。

从很大程度上来说，它们告诉我们**这个人的生活发生在哪里**。如果我们对此不详加了解就继续向前的话，就完全失去了全局观。

由哪一个星群开始呢？这又是一个难题。第一宫是最重要的一个合轴宫，在这个最敏感的领域里，星群会聚焦非常大的心识能量，足以与太阳、月亮和上升匹敌。

但是第六宫也是强大的，因为它包含了太阳。而上升星座白羊座的守护星火星也在这里，这就更加加强了这个宫位。此外这个宫位里还有海王星和金星，它与第一宫的群星孰轻孰重实在是很难决定。

我们立即看到一些互相对立的主题：那就是自由与责任、自私与给予、独立与依赖的合作关系，以及其他类似的第一宫与第六宫的难题。这些是这个英国人的关键生活主题。

哪一宫占主导呢？没有明确的答案，**问题本身就是答案**：第一宫和第六宫是均衡的，处在一种动态的拉扯之中，没有哪一方会被另一方吞没。

从实际的角度来说，让我们从第六宫开始。因为在我们讨论他的太阳的时候，已经介绍了这个部分。让我们完成这个已经开始的工作，然后再去探讨第一宫。

在太阳所在的第六宫里还有三颗行星，一开始这并没有给我们带来更多的信息。我们在讨论三大巨头时就已经知道，在第六宫，工作、责任和服务都是很重要的事务，而它们的阴影——苦力和屈辱——在这个人迷失自己的时候会困扰他。想要了解更多，我们必须单独地看每一颗行星。

上升星座的守护星火星是一个自然的起点。

火星是战神，它是主动、意志和勇气的象征。如果我们在面对这些功课的时候变得软弱，那么它就成了冲突和没有意义的争论的象征。这就是它的"什么"。

它的"怎样"和"为什么"是由天秤座提供的，火星特质被释放到艺术和合作关系中，这并不是火星最喜欢的工作——这是它的落陷之处。我们从中看出了什么？**这个人的竞争性的基本驱动来自去建立关系的渴望**，这些关系也许是个人关系，也许是社会关系，也有可能是声音、形状和颜色之间的关系。不管它们具体是什么，这个英国人都必须为这些关系奋斗，他必须为了和平（天秤座）而战斗（火星）。

如果他没有这样做，我们将发现他会陷入一个冲突不断的关系纠缠网之中，摩擦和拉扯会不断出现在他的天秤座合作关系中。因为他的上升是白羊座，我们还可能在这个领域看到暴力。他可能感到自己在关系中比较倒霉，但实际上**他遭遇困难的真正原因是由于他自己在那些亲密关系中缺乏直接面对的坦诚**。这会导致他在每天的日常交往中面对更多激烈的交战和争斗——这种情况我们之前在分析三大巨头时已经提到过。

这些火星天秤座的问题尤其可能在工作关系中显现，这是第六宫决定的，它定义了"哪里"。

因为火星是上升星座的守护星，所以建立一种正面的、自我肯定的处理工作方式，并且创造出有效的工作合作关系，避免愚蠢的耸人听闻的事件，有助于他建立起一个清晰而有效的自我形象。对火星的负面反应不但会破坏天秤座和第六宫，也会破坏上升，损害他在日常生活中所展现出的人格。

火星跟月亮三合，这表明他的火星功能跟他的自由而无礼的情感特质之间有一个结盟。水瓶座月亮会支持他在爱情和工作关系中所寻找的那种清晰和直接，而在这些领域中的成功也会给他的月亮提供更广阔的自我表达的舞台。不幸的是，另一种选择也是存在的：火星和月亮可以结盟，制造一种抽离式的讥讽，通过恶毒犀利的语言来释放，而跟人没有真诚的交流。在后面部分我们会看到，他的天蝎座水星会支持这种令人不愉快的表达方式。

一个进化占星师会将这些火星主题都列出来，对每一种都进行讨论。这个英国人可以作出自己的选择，然后承担选择的后果。

海王星落在处女座的后端，跟落在天秤座的火星相合。它是我们第六宫之旅的下一站。

海王星是最原初的、未聚焦的、未被定义的意识，充满神秘。让人头脑放空，心不在焉。它的"什么"是自我超越，或者从负面上说，是人格崩溃。

可怜的海王星在这里被处女座的完美、清晰和精准所驱动，它很为难。这又是一颗落陷的行星，是对我们主人公的又一个极具挑战的配置。

无序，充满魅力，超越世俗，这些是他工作环境的特色，那里发生的事情不符合逻辑。在这个领域，他必须信任自己的直觉，并且准备接受一个理性的人不会预设的职业发展。而在此过程中，他必须一直把握处女座的愿景，那就是想让自己的工作变得**尽可能完美**。无论那是什么样的工作，它必须反映他的理想。

海王星在坚持这种处女座的高标准过程中，也会激发火星，因为这两颗行星是相合的。他在工作上的理想主义和常常错综复杂的环境，会引发他在关系中突然与人发生冲突的模式，这在之前分析他的火星时已经讲过。

他第六宫群星里的最后一颗是金星，落在处女座。我们曾经在第八章对金星进行了详细的分析，现在让我们再来简要概述一下。

他建立关系的驱动力（金星的"什么"）被处女座所规定，使得他对自己的合作伙伴有很高的要求，尤其是对自己的生活伴侣。他带着很强烈的责任感进入这些关系中，但是也可能对自己和他人有不合理的要求，当现实与之不符时，他会进行破坏性的自我批评，或者严厉斥责他人。忍耐和原谅是他必须培养的美德，否则的话他只能和一个想象中的女人建立关系——这对一个充满爱的天秤座人来说是非常糟糕的命运。

他的金星还提醒我们，他会在工作环境中遭遇这些关系戏剧，因为它的"哪里"也是在第六宫。这是一个不断重复的主题。他的太阳启动了这种模式，他的火星又为其加上爆发性，现在爱之女神也落在工作宫里，我们又一次在他的工作关系中看到了激烈的情绪冲突。

我们现在很难想象，如果这个英国人的妻子不是他事业的一部分，他如何获得婚姻的幸福。大致来说，如果一个人跟他的工作无关的话，他甚至都不会觉得有跟他／她交朋友的冲动。这显然不是一个"正常"的情况。不过在这张星盘中，工作和关系完全融合了。**如果他对自己的星盘作出成功的反应，那么他将会因一段创造性的亲密关系而为人所知**。那也许是婚姻关系，也许是严格的商业关系，无论哪一种，其建立都是他通往个人成就的重要奠基石，而且也将迫使他丢弃自己的莽撞和自大的虚假面具，把天秤座的能量释放出来。他得学习如何和人打交道，一切都有赖于此。没有合作关系，就没有一切，甚至连一份有意义的工作也不会有。

第一宫的星群可能会帮助他也可能会阻碍他去完成第六宫的事务，它们会给他带来强大的意志力，但也可能会导致自私和暴君行为。作为选择和正面行动的宫位，第一宫给予落在它里面的三颗行星大量表达的自由，这个人可以做**他选择做的**事情。但是同时，它们也可能会服务于一个较低的目的：可能会为他所构建的自大之墙添砖加瓦。另外，不管他作出什么选择，都会很坚持，因为这些行星都落在金牛座——正是金牛座衍生出了这句俗语："倔得像牛。"

即使这三颗行星只是小黑点，我们也可以看出第一宫和金牛座的这些基本主题。对于星群，第一步总是要掌握它的星座和宫位，这带给我们一种全局观。我们就是这样来定义这个区域的，之后我们才仔细地看那些行星的特性。

木星和土星有一个精确的合相，在第一宫占主要位置。在第一宫的末端，我们还发现了天王星，它跟海王星形成一个很紧密的三合相位。这三颗第一宫的行星都是逆行的，它们都会为这个人的"战士面具"添上自己的颜色，会改变和发展上升星座的特质。

木星和土星的合相是很难解的一个难题。这两颗行星的意义是相反的，它们的"什么"是相互矛盾的，但是在这张星盘里，它们被迫结合了。木星是扩张、快乐、乐观的象征，是明亮的信念的象征；土星是现实、实际、自律的象征，是黑暗的孤独之神。它们如何互动呢？这就好像袋鼠上尉（美国的一个有趣的卡通人物——译注）跟星球大战里的黑武士被困在同一个电梯里，他们甚至都不知道如何跟对方交谈。

我们的第一步是分别理解它们，然后尝试将它们融合在一起。

那些第一宫里有木星的人会有怎样的面具呢？他的言行举止会像那个爱说

话爱玩闹的"众神之王",滑稽、坦率、慷慨——这些都是他的特征。

如果第一宫只有土星的人又会怎样呢?那差不多是完全相反的。我们会遭遇一个很严肃的人,甚至带着一种幽暗和忧郁的气质。负责、实际、沉默寡言——这些是他的行为方式。

这两种完全冲突的影响在这个英国人身上融合在一起了,所以简单地说,他是一个很复杂的家伙。

我们的问题是:它们其中一颗的影响会更大吗?它们都落在第一宫,所以这两颗星都是焦点行星,但是其中的一颗会更强吗?如果是的话,应该是那颗在这个人的行为中直接显现出来的行星。我们并不是说另外一颗行星的影响会消失,而是说它会被迫扮演服从的角色,而只有在某种激发下才会表现出来。

不幸的是,这种处理方式并不适合这里的情况,因为这两颗行星差不多对等地被星盘的其他部分所支持。土星落在金牛座,它喜欢金牛座的内向和实际,而且比木星更容易接受逆行的状态——这颗带有光环的行星不喜欢面对外在世界。但是木星跟活跃和爱表现的白羊座上升很投缘,并且很容易跟友好的天秤座太阳相处。所以这是一个僵局。不管是木星还是土星都不会退让。不过,它们必须达成和解。

当然,在这个人的性格中有一种很深的不确定性。他就好像在这两个相反的行星作用之间不停来回转换一样。这一刻他很调皮,爱玩闹,下一刻又像瘟疫一样严肃;这一刻他愿意支持别人,好话连篇,充满乐观,下一刻又变得非常有距离感,话语中充满各种严峻的事实和责备;这一刻他看起来像个快乐的小孩,下一刻又像一个记得冰河时代的巫师。

举棋不定，这并不是我们第一次遭遇这个主题。当我们开始分析他的第六宫天秤座太阳与月亮和上升之间的拉扯时就已经碰到这个主题了。木星和土星的相合也陷入同样的主题。木星为他那带有欺骗性的不服管束的外表添加了顽皮和快乐的特质。而倾向于保守一切秘密的土星则加倍掩盖了太阳的温和和自省的特质。

解决这两颗行星相合所产生破坏性的左右摇摆的最好办法还是一样，找到一个让它们得到共同表达的方法。我们的主人公必须设计一种很有发展性、比生命更大的任务（木星），然后用土星的勤奋、完美主义和自律来完成它。木星喜欢玩耍，土星喜欢工作，那么唯一的希望就在于找到一些任务，玩耍在其中被提高到一个需要高度自律的层次。通常在一个不是那么倾向于工作的星盘里，我们可能会从其他领域寻找共同点。但是这张星盘的奴仆宫里有星群，并且是倾向于工作的金牛座在为这个木土合相提供"怎样"和"为什么"，所以木星和土星的融合最好发生在工作领域。

虽然线索很微妙，但是我们又发现了证据，表明这个英国人在一种创造性的工作中做事将获益匪浅。因为创造性的工作里具有玩耍的成分，这看起来是解开这张星盘里众多基本冲突的关键。

他的天王星也落在金牛座，不过跟木星、土星之间的度数差了12度，这已经超过了合相的容许度，所以需要单独考虑这颗行星了。

对天王星来说，它感到被单独对待是很舒服的，因为它是自由和个性的行星，它阻止我们成为社会中一个循规蹈矩的成员。它也是这个人的月亮星座——水瓶座的守护星，这就加深了它的影响。不过即使没有这种加强，天王星也是焦点行星，落在第一宫本身就足以担保这一点。

天王星告诉我们什么？大部分影响之前都已经说过了。天王星影响这个人所投射的自我形象（第一宫），其效果跟三大巨头之一的月亮落在水瓶座所造成的影响很类似——自主性强，喜欢惊世骇俗，对公众道德和社会领袖不尊重。如果这个人的月亮落在其他星座的话，我们可能需要更加努力来发展这个主题，但是在这里，水瓶座的月亮会加强天王星的影响，所以这颗行星的重要性已经建立了。天王星的关键贡献是让这些水瓶座特质直接显现在这个人的日常行为中，这是他面具的一部分。他不但拥有一个被放逐者的灵魂，他的外表和行动也会像一个被放逐者。

以上就是对他的两大星群以及两大相应主题的分析。除去它们和三大巨头，我们只剩下两颗行星没有解读了。所以我们只需要再解开水星和冥王星的秘密，然后就可以去观察月亮交点的作用了。

水星是我们解读的下一个理性选择，它是一颗经典的焦点行星。在大部分星盘中，这样一颗重要的行星会放在三大巨头之后马上讨论。只是这张星盘很特殊，它有两群云集的行星，我们才没有这样做。即使是这么晚才讨论这颗水星，我们也不该因此犯错，这可是一颗力量巨大的行星。低估它的影响是一个巨大的错误。

什么东西给了水星这么高的地位呢？首先，它是合轴行星。虽然它没有跟下降相合，但是它落在第七宫，任何落在这个重要的婚姻宫里的行星都会被标记为一颗焦点行星。在这张星盘中，水星的影响比这还要大，因为他的太阳落在天秤座，所以关系问题对他的发展来说至关重要。太阳象征着一个人的本质。我们主人公的太阳落在天秤座，所以当任何行星对关系和婚姻有话要说的时候，他的耳朵就会竖起来。

水星的地位实际上还要更高，只要快速地扫描一眼相位就能看清这一点。水星不但是合轴行星，而且其相位比月亮以外的任何其他行星都要多。它一共有五个相位。它最强的竞争对手是火星，而这颗战神也不过有四个相位。

它既是合轴星，同时又处于相位繁忙的交叉路口，所以如果我们不想丢掉这个英国人的心理锁链中的重要一环，就最好对他的水星有一个非常清楚的了解。

即使在我们开始详细解析这颗行星之前，只是知道它是如此的突出就已经很说明问题：我们的主人公是一个爱说话的人。他喜欢说话。他的太阳和月亮都落在风象星座，这表明他是一个很知性的人。而他的水星是如此强，这就为那些风象的想法找到了一个出口：他的嘴。他肯定是个爱讲故事的人，或许还是一位作家。

我们还能了解更多。水星的"什么"是发射和接收信息，而他的水星被天蝎座的"怎样"和"为什么"所驱动，在第七宫的"哪里"得到表达。这些都给这颗行星带来**个性化意义**。

天蝎座：侦探、魔法师、催眠师。它喜欢窥探，直达人们动机的最深处，刺穿他们的虚伪。它比任何其他星座都更有洞察力，但是它的致命弱点是会对所看的东西失去全局观，有时候为了一点小的真相会舍弃很大的善意。

因为天蝎座驱动他的水星，我们的主人公显然是一个拥有破坏性的机敏而又聪明的人。这一点跟他的白羊座上升还有第一宫的天王星和土星联合起来，让他成了一个可怕的口舌之敌。他能够直戳人们最脆弱之处。他不会说"你的妈妈穿着行军鞋吧",而会说"你那压抑的同性恋倾向如何了?"——尖锐、刻薄、致命。

而他的水星喜欢在哪里表达呢?在第七宫,在他的合作者和最深的爱情之中,在他最亲密的人那里。

如果他对自己的水星作出一个健康的进化选择,那么我们会看到他的人际**关系会很独特,其中有绝对的诚实**。如果他感觉到什么,他就会说出来。这些关系当中会充满激烈的言辞。他和他的伴侣会分享彼此的想法和观点,分享各自对世界的看法,尤其是他们对彼此有如 X 射线般犀利的天蝎式扫描。

学会这些人际关系的技巧是他成功通过第七宫的钥匙。但是所有的关系都包含了至少两个人,即使他掌握了这些水星的才能,若是他跟一个傻瓜结婚的话也没用。他本能地知道这一点,甚至在他知道如何与他们相处之前,他会发现自己**受到那些水星功能很强的爱人和合作伙伴的吸引**。聪明、语言和智慧——它们像磁铁一样吸引他。

但是如果他不选择成长的话会怎样呢?如果他将那颗水星设为自动驾驶状态,然后等待着世界用银盘将他的灵魂伴侣托到自己面前,这时会发生什么呢?他将会等待很久。

那条懒惰的路上将会充满痛苦。因为他的太阳在天秤座,所以他的个人满足感很大程度上有赖于有意义的人际关系。如果他在那里失败了,他性情的重心就会崩溃。他就什么都没有了,只剩下一个空壳。对第七宫的虚弱反应将会加速这种崩溃。

这时，洞见和亲密就会被尖锐和伤人的言语所取代。任何时候，当有人想要靠近他的恐惧和防御时，他首先想到的是发起攻击。他的火星天秤座的所有缺点都会被带出来，并且会跟他刻薄而好斗的面具联手运作。他还是会被他人的聪明所吸引，但是现在这些关系会蜕变为口头上的击剑比赛，而他的心则永远不会被感动。

不管怎样，他的土星和木星都为这颗水星带来了一些独特的挑战，它们与水星对冲。如果他想要控制自己话语的水龙头，就必须付出努力。他会在说得太多（木星）和说得太少（土星）之间来回摆荡。无论好坏，我们在第一宫当中所看到的合相现在都跟他的说话方式联系在一起了。

水星跟金星的六合相也很重要。无论好坏，这两颗行星会相互激发。处女座的完美主义在关系领域得到体现，因为"爱神"落在这个星座。我们可以很容易地发现，第七宫天蝎座的水星带着不断想要探究自己伴侣心识的内在动机，跟那个要求自己不断向前的金星能够很和谐地合作。两颗星会永不停止地向更深处前进，走向两个人在心灵和头脑上的完美融合。

另外有一个让人不那么舒服的相位出现在他的月亮和水星之间，我们在这里发现了一个刑相。这是一个区别第十一宫所代表的朋友和第七宫所代表的深层关系的好机会。

落在第十一宫水瓶座的月亮让这个人进入一堆从本质上来说较为肤浅的关系中，这并不是说它们是虚伪和利用的关系，只是不够深入。就像我们之前讨论过的，他会被那些群体的努力和活动所吸引，在那里他跟一些有水瓶座和月亮特质的人互动，在那里他也会成为水瓶座和月亮的角色：他是一个天才和被放逐者、说真话者，带着爱心和丰富的想象力。

这种公众个性跟他的隐秘个性之间有激烈的冲突。他真正亲密的人会看到他性格中完全不同的一面，更符合他第七宫天蝎座水星的一面：更拘谨，更激烈，更严厉，也更尖刻。

他性格里的月亮和水星会彼此打架，相互纠正对方的过度之处。当他在亲密关系里的一次口角中准备狠狠给对方足以致命的一击时，他的水瓶座月亮会让他更为豁达，更为和善；而当他想维护一个理想关系的定义时，水星会让他想起自己与伴侣共度的十年是如何艰难。这两颗行星都不喜欢对方，但是它们的战斗对彼此都有利。

冥王星，我们最后分析的一颗行星，跟月亮还有水星都有相位。它位于狮子座第五宫，跟水星相刑，跟月亮相冲。

冥王星是十颗行星中最抽象的一个。它是我们把握社会脉搏的能力，是我们贡献社会、造就历史、超越自我的能力。如果它在我们内在变馊了，那么它就会让我们把自己的观点强加到别人身上，还幻想着这样做是在替上帝说话。

这个英国人的冥王星使命很容易揭示：冥王星在自我表达的狮子座，并且落在创造、表演的第五宫，他在历史上留下印记的能力跟他的天秤座技艺无可置疑地联系在一起，互相激发。天秤座提供了对美的敏感，冥王星则提供一个方向——"怎样"和"为什么"还有"哪里"。他不但需要为了整合自己的心识而去创造美（太阳天秤座），还必须以某种方式把这种美**传达给社会还有公众**。他的艺术必须改变世界。

危险是这些都可能变成教条式的传道、受意识形态奴役的艺术，借由他的水瓶座月亮、白羊座上升以及他很强硬的第一宫群星，使他成为一个高姿态的煽动者，并利用这个角色成为一个布道者和说教者，以此坚固自己的盔甲来掩盖柔软和不确定的内心。如果他被这种诱惑所害，那么他将会扮演一个很可笑的公众角色：成为一个**反对布道者和说教者的布道者和说教者**，并且从来看不到自己的荒唐之处。

这样的错误很可能过去就曾经发生在他身上，或者说，通过他父母的基因而传递到他身上。他月亮的南交点恰好落在凶猛的白羊座，落在危险的第十二宫里。

这是来自业力还是基因呢？就像我们在第九章介绍月亮交点时所指出的那样，这无关紧要。这两个模型可以互换。我将在这里使用转世的模型，如果你更喜欢以染色体的概念来思考，那么请自行进行转换。

南交点落在第十二宫白羊座。这是什么意思呢？

在他的过去世中，他一直在学习跟这两个象征相关的课程。这是一个有趣的组合：通过白羊座获得勇气和意志力，通过第十二宫获得自我超越。白羊座通过让我们面对压力来传递它的讯息，我们面前有一座大山，我们要么去攀登它，要么会终生颤抖地活在它的阴影之下。而第十二宫的讯息则通过失败来传递给我们，我们会面对一个不可能完成的任务：我们还是要爬这座山，不过现在它成了被冰雪覆盖的陡峭花岗岩，我们没有绳子，两条腿还是断的。完全没有希望，我们唯一的选择就是放弃攀爬。我们必须超越自己，带着优雅和尊严来接受由此所带来的任何损失。**我们必须在上帝的臂膀中放弃自己**。要么是这样，要么是疯狂地谋划，并与上帝讨价还价，直到有一天他的利剑从空中刺下来。

我们并不知道这个英国人在面对这些不可能完成的任务时作出了什么选择，但是我知道他一定面对过它们，并且这些经历形成了他现在个性的基础。

用一句话说，这个人的业力形象就是**一个在战争中失败的勇士**。而这些伤疤，以及让他学习到的功课，驱动着他进入了这一世。他的那种激烈好斗的面具以及第五宫的冥王星，都得到这个南交点的支持。他可能生来就如此好斗易怒，也可能到死都将这样，不过他可以作出选择。

也许他在前一世已经有过很大的灵性进展，在那时已经意识到成功和失败不过是过眼云烟，转瞬即逝。他当然已经学会了不去信任这个世界所提供的。

他在过去世的模式是独处和独立的，那也符合白羊座和第十二宫的特点。他知道忠诚和奉献，但是从业力倾向来说，他对亲密感是完全陌生的。

然而他却是一个天秤座！

这是一个最有挑战性的南交点格局，因为这个人的个性基点——他的天秤座太阳——在他的过去世完全没有基础和体验。想要维持住基本人格，需要他在稀薄的空气里扎下自己坚实的根。

即使不去看月亮交点，我们也看到他的太阳有迷失在白羊座上升的吵闹面具背后的倾向。自始至终这都是他的出生盘的一个关键主题。现在我们看到这个问题有多么深，并且清楚地看到了它的根源：他出生时完全没有任何天秤座的经验，他必须完全靠自学。

而他的北交点——他成长方向的象征——也毫不奇怪地落在天秤座，离太阳只有6度。

北交点落在第六宫的天秤座，这并不会为我们带来任何新的信息，只为我们之前充分讨论过的事情提供了一个新的视角。之前我们用心理学语言在说的东西，现在换另一种更宏大的话语来理解——**他的灵魂来到这个世界是为了学习天秤座和第六宫的功课。**与此相比，说他需要以同样的投入来维持日常人格的稳定，就显得没那么有力了。

不过从实际上来说，这并不会带来任何区别。不管我们说的是永生的灵魂还是日常的生活，问题都是一样的。无论灵魂还是人格，它每天早上都会从同一张床上起来，吃同一份早餐，被同一双放错位置的鞋绊倒。它们的经历相同，只是这些经历的意义会不尽相同。

不管是对它们两个中的哪一个来说，这个英国人的快乐都有赖于创造一段充满爱的伴侣关系，通过这段关系，为这个社会带来一些能够长存的美丽。如果他在这关系中失败了，他将会变得麻木。他会退缩到一个令人畏惧而空虚的虚假面具之后。而他的灵魂，躲在自己的心里像一个黑色的秘密，会因为他在世间的空虚生活而枯萎。

这个英国人到底是谁呢？他的名字是约翰·列侬。

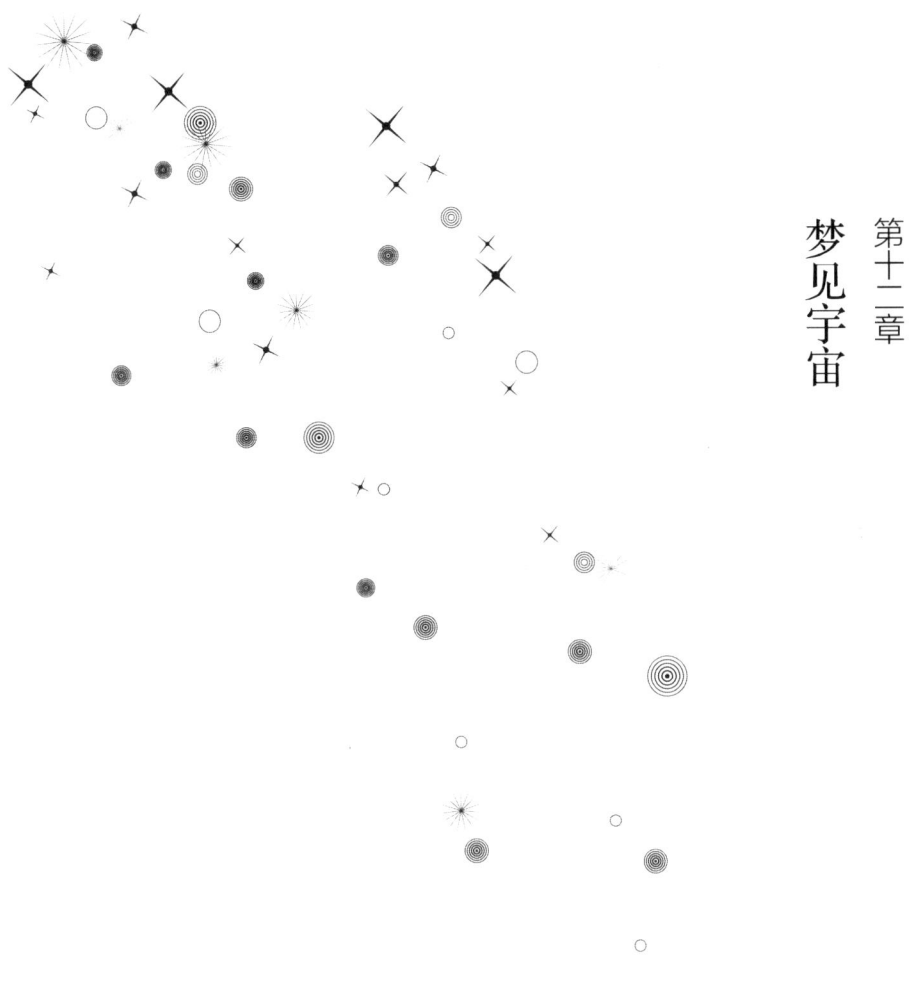

第十二章 梦见宇宙

　　我喜爱地图，即使当我还是个小孩的时候，就会花很多时间来看它们。为想象中的大帆船导航，让它们穿过波利尼西亚群岛，计划去征服斯里兰卡和缅甸。

　　年龄并没有给我带来太大的改变，只是拿走了我那些过于夸张的部分。我还是很喜欢地图。我还是会计划一些我不太可能会实现的旅行，只不过现在我的确会时不时地消失一下，去到我所居住的北卡州海岸线的森林，或者到海湾中驾驶帆船。

不久之前，我的梦想又涌现了。于是我买了一张包括附近大部分野营和划船路线的地图，将它摊开在厨房的桌子上，一会儿就沉迷进去了。我感到自己像一个征服者那样面对着这些乡间小径和小河，直到突然看到地图上的一句话，绘制地图的人在罗盘上写道："地图并非实地。"于是我梦想的肥皂泡破灭了。我可以在一小时之内就勇敢地探索完地图上的每一个角落，但是想要真正走完这些水路和小径，我可能需要用一生来完成，用一生去面对自己的各种胆怯和脚底磨出的老茧。

占星学也是这样，它是一张地图。它描述了人类心识中的各个领域。但是地图并非实地。

想要真正体验这份占星心识地图所显示的东西，我们需要系上靴子，然后开始探索。我们必须将星盘放在一边，直面心识本身。没有其他的办法。不停地盯着星盘无法将我们带到任何地方。我们必须咽下自己的恐惧，将地图放在口袋里，然后走进树林里，准备面对彩虹，或者眼镜蛇。在这一点上任何地图绘制者都无法帮助我们。

就像任何探险一样，占星旅程也需要提前准备。在我们进入实地之前，必须学习关于地图的基础知识，熟悉那些象征，然后我们才能够靠自己独闯野外。

这就是本书的内容，它是占星地图解读艺术的入门书。通过学习星座、宫位和行星的词汇，通过学习如何解读一张星盘的各个互为抗衡的部分，通过最后在约翰·列侬的生活中看它们如何被整合在一起，我们已经学习了一门新的语言。

但是一幅地图又算是什么语言呢？它只是又一套来自不可知领域的象征。

下一步就看你自己的了。还有很多其他的书、其他的方法可以参考。我自己也在计划写一本新书，一本关于预测技巧的书——它告诉我们未来两年而不是这一辈子会发生什么。不过不要被愚弄了，如果你只是去读书的话，即使等到有一天太阳都冷却了，你也不知道该如何对待占星学。想要真正掌握它，你必须对星盘敞开自己的心，然后张开自己的嘴去说出自己所看到的。承诺、冒险，怀着信念跳下悬崖，这是唯一的方式。

这是非常令人恐惧的。

当你第一次拿着一张朋友的星盘坐下来时，很可能会体验到自己大脑皮层的严重断电现象。这几乎会发生在每一个人的身上，即使他已经潜心深入地学习过这些象征了。眼前仿佛突然出现一堆巴比伦象形文字，一个日期，以及一座城市的名字，而桌子对面是朋友耐心、信任和期待的目光。这可是场噩梦。

不要绝望。如果你当即放弃，喃喃地说你需要回去再看看书，那么你也许永远无法穿过这道墙。你也许会将自己的余生都花在研究地图上，而从未开始真正的探险。

慢慢来。将一只手放在水龙头上，依照我们之前列出的步骤去做，你不会失败的。

你花了多少时间才了解这个朋友？一个星期？一年？

而你又花了多久研究他的星盘呢？才几分钟而已。所以慢慢来，不要急。这张星盘几乎跟你的朋友一样复杂，只是防御系统没有那么复杂而已。如果你最初 5 分钟的解读没有达到准确惊人的效果，不要惊恐。理解一张星盘和理解一个人一样，需要一些时间。你需要不慌不忙、有组织地进行，给星盘一个对你说话的机会。

最重要的一点，是要信任这些象征。它们是不会撒谎的。你也许会误读它们，但是如果这个人的出生信息是准确的，那么你可以信赖这张星盘所传达的信息。给解读造成困难的并非占星象征本身的准确性，而是你自己的理解。

即使星盘像一个精神分裂的保险律师一样喋喋不休时，你也要信任它。即使当你的朋友脸上的表情冷如冰霜时，也要继续。说出你所看到的。你需要信任这些象征，它们不会误导你。

占星学是完美的吗？不是。其中还有很多有待发现。经过许多个世纪的沉寂之后，得益于天文学和心理学的突破性发展，这个古老的艺术与科学的结合体正在苏醒。占星思考的复兴才刚刚开始。几十年后，占星家们将像一个世纪前的总理一样被认真对待。

但是我们无须等到它备受尊崇的那一天，我们现在就可以使用它。即使它还有一些不完美之处，这个系统仍然是有效的。

占星学也许有一天会变得完美，但那只能发生在我们对人类心识的完美理解之后。那将是遥远的未来，当人类"开悟"和"所有的家务都做完了"以后才可能发生的事情。我们可以充满希望并且为之祈祷，但是我们最好不要屏住自己的呼吸。

今天就开始使用它，它今天就很有用。明天它也许会更有用。

在任何占星解读中，你都有可能碰到不准确和不确定的解读。有些来自占星系统本身的弱点，但是大部分来自一个更加平常的地方：你自己的偏见、投射以及恼怒。尽管占星学还不完美，但是我们对这些象征的信念越强，我们就会越来越弱化那些由我们自身人格所造成的更大误解。

当然，我们可以直接纠正这些个人的扭曲，我们可以进行一项最令人敬畏的占星任务：解读我们自己的星盘。

对每个人来说，这都是起跑线。一手拿书，一手拿自己的星盘——如果我可以设计一尊占星初学者的雕像，那么这就是它的形象。

研究自己的星盘没有什么不对。完全没有。

你自己的星盘是你的实验室。除开解读星盘的棘手过程可以锻炼你的大脑外，它还能以最快的速度教会你星座、行星和宫位的意义，比阅读任何教程都快。

问题是你自己的星盘永远是最难理解的那一个。因为这时候，你不但要面对占星象征本身的复杂，你还需要用自己的心智去解开一系列被设计出来保护它的防卫系统。这就好像要求老鼠去守卫奶酪一样难。

你可以从自己的星盘开始，也可以从一个朋友的星盘开始，也可以从一个名人的星盘开始。每一条路都有它自己的困难之处和优势之处。不管你选择了哪条路，你还是会一次又一次地回归到自己的星盘上来，每一次你都会更加客观地看待它，带着更多的谦卑，同时也因自己已经走出的每一步而满怀希望地拥有更多诚实的自豪。

不管你如何做，需要记住的是：星盘只是一张地图，你的内在才是实地。你迟早需要停止描画各个相位而直接去处理你令自己惊惧的害羞感或拿破仑式的自大症。占星学也许可以为你指明穿越树林的最近路线，但是要想真正穿过它，你必须开始抬起脚走出那一步。

在这一点上，不管是对那些来找你解盘的人还是你自己，都是如此。

星盘是一张地图，到现在为止我们都是以比喻的方式在使用这个说法。但是就像我们之前所学到一样，这个说法在字面上也是真实的。星盘真的是地图，它们就是天空的照片。简单、准确、直接，它们告诉我们当我们出生时行星的位置，不多也不少。

然而这些谦卑的天空地图却蕴藏着通往我们快乐的钥匙，我们生命的蓝图，以及对我们最深层的黑暗的解读。

所有这些都来自一幅天空的地图！

当你将这门古老的地球语言练习得越来越流利时，不要忘记常常走到外面去看看天空。不要忘记星盘是天空的地图。那个泛着晕光的蓝色苍穹是整个占星系统的母亲。那个在傍晚落入湖中的月亮就是那个给你带来喜悦和悲伤的月亮。东方那颗黯淡的黄色星星就是那颗让你不断挑战自己成长极限的土星。

你在天空中所看到的，就是你在心识之中所感觉到的。两种语言，一种实相。

忽略对天空的这种有意识的参照，我们还是可以作出有效的占星解读，不过有太多的东西会被忽略。从这种室内的视角出发，占星学不过是心理学的一个奇特分支，只是另一种需要被熟记的枯燥理论。

当我们有了将占星学跟真实的天空联系起来的意识，星盘可以带我们进入更深的地方。

我们都想要魔法。我们都想要一种神秘感与力量感，一种生命符合宇宙秩序的感觉。我们都想要感觉到自己是天与地的孩子。占星学可以为我们带来这些，并且不会要求我们因此而放弃自己的理性。

我们唯一需要做的只是去看。

选择一个晴朗的夏日夜晚，四周一片漆黑，群星在空中闪耀，璀璨如钻石，有些显得很近，有些则显得很远。放松下来，敞开你的感受。你在哪里？

你飘浮在一个三维虚空之中，这里是一片纯粹的黑暗与炫目的光，我们称之为宇宙。

如果你将自己关在衣柜里，使劲闭上双眼，乃至把眼周围的肌肉都弄疼了。吸气，再呼气。看看会发生什么。你现在又在哪里？

你现在飘浮在一个三维的虚空之中，这里是纯粹的黑暗与炫目的光，我们称之为心识。

我们又一次看到，两种语言，一种实相。在我们之外的宇宙和在我们之内的宇宙，它们是一样的，根据同样的法规构造而成，甚至感觉起来也是一样的。这种原始的认知就是占星学的基础，也是它令人无限惊叹的原因。

心识的原料和天空的材料，我们观测到的宇宙和我们梦见到的宇宙，它们是一样的。不管我们看向何处，看见的都是心识。不管我们想象什么，我们都看见宇宙。

那我们是什么呢？是谁在观察呢？

这是所有谜题中最难的一个，解答它是永远不可能完成的任务，而这个任务使我们成其为人。

占星学无法为我们解答这个谜题，但是也许它能够带领我们走得近一些，让我们变得聪明一些。在占星学里，我们拥有更加广阔的生命。我们居住在岸边，看到意识的波浪冲击着物质世界的岩石和沙丘；我们存在于两个世界，而两个世界都反映出我们。

在占星学里，我们是做梦者，而我们所梦见的是宇宙。

常用占星词汇表

风元素（Air）：四大元素之一；风象征着警觉、清明的感知能力与智力。

轴线（Angel）：一宫、四宫、七宫和十宫的宫头，在地平线或子午线的两端。

原型（Archetype）：人类集体意识中的基本形象；神话中的雏形，从中产生了个体特性。

上升（Ascendant）：东方的地平线，或指落在那里的星座；整个第一宫。

相位（Aspect）：行星之间或行星与轴线之间形成的几种关键角度。

相位表格（Aspect Grid）：一个出生盘中显示所有相位的表格。

占星学（Astrology）：一门艺术与科学的结合体，运用人们出生时刻的天相来看清其一生的基本主题。

吉星（Benefic）：传统意义上的"好"行星，即金星（小吉星）和木星（大吉星）。这是已过时的说法。

出生盘（Birthchart）：一张天空地图，是在某人出生的彼时彼地看到的天空图。

（占星）碎片（Bit）：任何一个行星、星座和宫位三者的组合。

基本模式／创始模式（Cardinal）：三种星座模式之一；代表主动的、创始的和决定的；基本星座包括白羊、巨蟹、天秤和摩羯。

合相（Conjunction）：两个行星之间相位为0度，象征行星之间是融合关系。参见容许度（Orb）。

星群（Constellation）：一组星星，它通常有一个星座的名字，但是不要与星座混淆了。

宫头（Cusp）：一个宫位的开端；实际上，它是一个有点模糊的区域，其范围是宫位的开端往两边各延伸1.5度。

下降（Descendant）：地平线的西端，或落在那里的星座；整个第七宫。

失势（Debility）：任何明显削弱行星影响力的星盘配置。参见入庙（Dignity）、落陷（Fall）。

强势（Dignity）：任何明显加强行星影响力的星盘配置。参见焦点行星（Focalizer）、守护（Rulership）、孤星（Singleton）、失势（Debility）。

前进（Direct）：行星正常移动通过一个星座。参见逆行（Retrograde）、静止（Stationary）。

土元素（Earth）：四大元素之一；土元素象征着耐心、实用性、现实主义、稳定。

黄道（Ecliptic）：太阳、月亮和行星在恒星背景下环绕地球的轨迹；即Zodiac。

昼夜平分点（Equinox）：一年中有两天昼夜长短相等，其一是春天的第一天（春分），另一天是秋天的第一天（秋分）。

元素（Element）：火、土、风、水。四个基本的心理模式或意识方向。

落陷（Fall）：行星落在它所守护的星座对面的星座，是一个能量减弱的位置。

火元素（Fire）：四大元素之一；火元素象征着意志、进取心和权力的形成。

固定模式（Fixed）：三种星座模式之一；代表稳固、坚定的目标、清晰的身份、顽固。固定星座包括金牛、狮子、天蝎和水瓶。

焦点行星（Focalizer）：出生盘中一个被突出强化的行星，或一个占有重要位置的行星。参见强势（Dignity）。

算命（Fortune-telling）：一种腐朽的占星形式，它参考人们的出生星图，用静态的语句来描绘一个人的命运。

半球（Hemisphere）：任何出生盘中都有四个"半球"：地平线的上半部，地平线的下半部，子午线的东半部，子午线的西半部。

半球偏重（Hemispheric Emphasis）：行星集中在出生盘的某个半球里。

地平线（Horizon）：出生盘中的横轴，两端为上升和下降。

宫位（House）：星盘上被分为12份的任何一个空间，代表生活的基本领域，心识进入其中去体验。

业力（Karma）：印度教的说法，意指前世遗留下来保存在个性当中的好习性或坏习性。参见月亮交点（Nodes of the Moon）。

凶星（Malefic）：传统意义上的"坏"行星，即火星（小煞星）或土星（大煞星）。这是已过时的用法。

子午线（Meridian）：出生盘中的纵轴，两端是天顶和天底。

天顶（Midheaven）：地平线以上最高的黄道点；接近于中午太阳的位置；第十宫的开端或整个第十宫。

次要角度（Minor Aspects）：除开 0 度、60 度、90 度、120 度和 180 度的相位。

角度中的分（Minute of Arc）：1/60 度，常简称为"minute"。

模式（Mode）：星座能量的三种表达方式：基本、固定和变动。

变动模式（Mutable）：三种星座模式之一；代表变化的、反应灵敏的、流动的；变动星座包括双子、处女、射手和双鱼。

天底（Nadir）：地平线之下最低的黄道点；接近太阳在午夜的位置，第四宫的开端或整个第四宫。

月亮交点（Nodes of the Moon）：代表着个体进化过程中过去和未来的两个点；南交点代表遗传或业力的影响，北交点显示需要去吸收的新经验。

北交点（North Node of the Moon）：见月亮交点（Nodes of the Moon）。

冲相（Opposition）：两个行星之间呈 180 度的相位，象征行星之间是两极化或对立关系。参见容许度（Orb）。

容许度（Orb）：相位被认为起作用的角度范围；这是可变的和主观的，但通常取 7 度左右。

行星（Planet）：任何在黄道平面内以可预测的路径移动的天体；在占星学上，行星也包含太阳和月亮。

基本象征（Prime symbol）：包围着我们的球形空间；象征着完美、合一与永恒；代表意识或上帝本身。

三大巨头（Primal Triad）：太阳，月亮和上升，三者一起组成了人的个性的"骨架"。

逆行（Retrograde）：行星在空中明显"向后"移动。参见前进（Direct）。

守护（Rulership）：行星与星座之间明显的相近特质，相互间可以清晰地表达双方的特质。

六分相（Sextile）：两个行星之间呈 60 度的相位，象征行星之间是相互激发关系。参见容许度（Orb）。

孤星（Singleton）：行星单独落在某个半球。

至日（Solstice）：一年中夜晚最长的一天（冬至），或夜晚最短的一天（夏至）。

南交点（South Node of the Moon）：见月亮交点（Nodes of the Moon）。

刑相（Square）：两个行星之间呈 90 度的相位，象征行星之间是摩擦关系。参见容许度（Orb）。

静止（Stationary）：一个静止的行星，是说它相对黄道面看起来是不动的，接下来有可能逆行或顺行。

静止顺行（Stationary Direct）：静止，然后将要顺行。

静止逆行（Stationary Retrograde）：静止，然后将要逆行。

群星云集（Stellium）：有三颗或更多的行星聚集在一个星座里或宫位里。

三合相（Trine）：两个行星之间呈 120 度的相位，象征着行星之间是融洽关系。参见容许度（Orb）。

水元素（Water）：四大元素之一；水元素代表主观性、情感、深度及爱的能力。

黄道（Zodiac）：太阳、月亮和其他行星围绕地球运行的轨道面；十二星座。

图书在版编目（CIP）数据

内在的天空/（美）福里斯特（Forrest, S.）著；
郭宇译.—昆明：云南人民出版社，2012.3
ISBN 978-7-222-08884-9

I.①内… Ⅱ.①福… ②郭… Ⅲ.①占星术—通俗读物 Ⅳ.①B991-49

中国版本图书馆CIP数据核字（2012）第024035号

责任编辑：宁　琳
装帧设计：成　劼「北京大诚艺术设计机构」
责任印制：洪中丽

书　名	内在的天空：占星学入门
作　者	[美]斯蒂芬·福里斯特　著
译　者	郭宇　译
出　版	云南出版集团有限责任公司　云南人民出版社有限责任公司
发　行	云南人民出版社有限责任公司
社　址	昆明市环城西路609号
邮　编	650034
网　址	www.ynpph.com.cn
E-mail	rmszbs @ public.km.yn.cn
开　本	787×1092　1/16
印　张	22.5
字　数	169千
版　次	2012年11月第1版第2次印刷
印　刷	河北省三河市华晨印务有限公司
书　号	ISBN 978-7-222-08884-9
定　价	42.00元

Copyright © 1988 by Steven Forrest
This edition arranged with Melanie Jackson Agency, LLC
through Andrew Nurnberg Associates International Limited